한국사 시민강좌

제41집

일조각

Number 41 AUGUST 2007

The Citizens' Forum on Korean History

ILCHOKAK

독자에게 드리는 글

이번 호의 특집 주제는 '역사와 소설, 드라마'로 잡았다. 민주화와 햇볕정책의 물살을 타고 이념성을 강하게 띤 역사 소설들이 여러 편 나와 대중적 영향력을 발휘했고, 최근에는 동북공정 문제와 관련해 주요 공영 텔레비전 방송들이 경쟁적으로 고구려, 발해 관련 역사 드라마를 방영하여 시청률을 높였다. 이런 현상은 대중의 역사에 대한 관심을 한층 높인 공이 인정되지만, 한편 대중 사이에 문학적 상상을 역사적 사실로 오인하는 현상이 일어난다면 우려를 금할 수 없다. 이번 특집은 이런 부작용에 대한 경각심을 일깨우면서 역사와 문학의 바람직한 공존관계, 다시 말하면 이 시대의 대중문화를 바르게 이끄는 길을 함께 모색하는 기회로 삼고자 하였다.

필자들이 써 보내준 옥고들은 이번에도 편집위원들을 감동시켰다. 진지한 논조로 펼쳐진 소중한 견해들이 기대를 훨씬 넘어섰다. 이 자리를 빌려 감사의 말씀을 올린다.

여호규 교수는 중국의 이른바 동북공정에 대한 대응이란 명분 아래, 최근의 '거대하고 찬란했던 고구려와 발해의 복원' 일색의 드라마 제작이 과연 현명한 것인지를 물었다. 특히 높은 시청률을 기록한 텔레비전 드라마 〈주몽〉의 경우, 재미는 있었지만 고구려 건국설화를 고조선 부흥으로 치환시킨 것이 남긴 득과 실은 무엇인지 하나씩 꼼꼼히 짚어보았다.

민현구 교수는 1960년대 중반에 나온 김성한의 『이성계』를 리얼리티 역사 소설로 보고 "드물게 역사자료에 충실한 문학작품"이란 평가를 내렸다. 작가가 이 소설을 쓰기 위해 중요 역사자료를 대부분 펼쳐 보았을뿐더러 역사와 역사학에 대한 깊은 관심과 조예를 느끼게 하는 성공작이었다고 했다. "조선 건국을 바라보는 싸늘한 시선"이 오히려 리얼리티 추구의 동력이 되었다는 것으로, 이번에 특집 주제를 다룬 7편의 글 가운데 긍정적 평가를 받은 것은 이 하나뿐이다.

정두희 교수는 1950년대, 1960년대에 상영된 영화 〈단종애사〉, 그 원작에 해당하는 이광수의 동명 소설 그리고 1990년대에 텔레비전 드라마로 제작된 신봉승의 역사 소설 『한명회』 등을 다루었다. 정 교수는 작품들 각기의 시대성에 주목하여 일제하, 6 · 25전쟁, 5 · 16 군사 쿠데타, 1990년대의 경제개발 등 현대사의 중요한 순간에 제작된 각 작품은 한결같이 시대분위기를 반영하고 있다고 지적했다. 신봉승의 『한명회』의 경우, '단군 이래 처음'이라는 1990년대 경제성장을 반영이나 하듯 한명회에 대한 500년간 불변이었던 매도 수준의 평가를 뒤집어놓았다. 그러나 정 교수는 그렇다고 모두가 한명회처럼 살기를 작정하고 나선다면 이 세상은 어떻게 될 것인가를 물었다.

이순신 소재의 소설을 담당한 이민웅 교수는 먼저 신채호의 『이순신전』과 이광수의 『이순신』을 비교했다. 전자가 이순신을 구국영웅으로 다룬 것은 당연시되지만, 후자가 친일성을 노골적으로 드러내 이순신을 일본군에 대해 경의를 표할 줄 아는 명장으로까지 그렸다는 데는 충격을 금할 수 없다. 최근작으로 독서계에 돌풍을 일으킨 김훈의 『칼의 노래』(2001)와 김탁환의 『불멸의 이순신』(1998, 2004년 개작)에 대한 분석에서는 두 작품이 모두 역사의

'사실'을 지나치게 무시해버린 점을 지적했다. 그리하여 암울과 허무주의를 상징한 『칼의 노래』, 원균에게 용맹한 장수의 자리를 내주고 평범한 인간으로 돌아온 『불멸의 이순신』이 과연 무엇을 남기게 될지를 물었다. 이 교수는 소설가의 이런 '자유'를 그동안 전쟁사 연구를 외면해온 역사학계가 가져온 것이라고 자성의 화살을 날리면서, 동시에 독자에게는 "소설은 소설일 뿐 역사로 보지 말아달라"고 간구한다.

홍명희의 『임꺽정』에 대한 최정운 교수의 분석은 날카롭고 신선하고 격이 높다. 그는 진정한 조선 민중을 대표한다는 이 소설이 실제로는 '조선 민중으로서의 임꺽정'과 '부르주아로서의 임꺽정' 두 가지로 구성되어 있다고 분석했다. 전자는 신채호의 저항민족주의 이념에 따라 창조된 '민중'인 반면, 후자는 소설의 재미를 위해 괴테의 『파우스트』의 틀을 도입하여 탄생한 서구 부르주아로서의 모습이라고 하였다. 서림 등의 유혹에 끌려 서울 색주가로 향하는 임꺽정, 그것은 메피스토펠레스의 유혹으로 욕망을 충족하는 파우스트를 방불케 한다는 것이다. 다만 『파우스트』의 이성과 욕망에 비해 『임꺽정』의 증오와 욕망의 구도에 도입된 반지성주의는 역사와의 대화를 현실적으로 어렵게 하는 문제점을 남겼다고 비판했다. 사회과학도가 분석한 민중의 심장과 부르주아의 심장이 엇갈린 박자로 뛰는 임꺽정이 문학계로부터 어떤 반응을 받을지 벌써부터 긴장된다.

이태진은 정비석의 1980년 작 『민비』의 부정적 이미지가 1910년 7월 한국병합 직전에 나온 기쿠치 겐조의 『대원군전』에서 유래했음을 밝혔다. 기쿠치는 황후 시해에 가담한 자로, 시해의 책임을 대원군에게 떠넘길 목적으로 이 책을 썼다. 그리하여 대원군이 나서서 죽이지 않을 수 없을 정도로 비행을 저지른 명성황후가 이 책에서 처음 '조작'되어, 그 부정적 이미지가 일제하에서 구르고 굴러 정비석의 작품에서는 권력욕에 불타는 포악한 여성으로까지 발전한 과정을 추적했다. 이런 소설적 역사상이 우리 근대 역사인식에 남기고 있는 폐해를 극복하기 위해 고종황제가 쓴 「황후 평전」, 일본 측에서 위조한 「폐비 조칙」 등을 부록으로 붙였다.

양동안 교수는 조정래의 『태백산맥』을 '허위의 기록'이라고 극렬히 비판했다. 작가 또는 그 지지자들이 이 소설을 "역사의 진실한 기록", "역사보다도 더 역사적으로 서술된 민족사적 대실록"으로 자평했지만, 전문가로서 그 내용을 들여다본 결과가 그렇다고 했다. 정치사적으로 중요한 대목인 대한민국 건국, 경찰과 군에 관한 서술 내용 두 가지에 한정해 살폈지만, 반사실성反史實性 외에 달리 표현할 바가 없다는 것이다. 특히 대한민국과 미국에 대해서는 전면적으로 부정적 서술로 일관하는 한편, 대한민국에 반대하는 세력들에 대해서는 전부 다 긍정적으로 서술하는 작가의 태도를 문제 삼았다.

본래는 특집의 맨 앞에 방민호 교수의 「한국 근현대 역사 소설의 전개」를 서론 격으로 실으려 했는데 방 교수의 개인적인 사정으로 그렇게 하지 못하였다. 독자들의 양해를 빌어 마지않는다. 대신 '역사학 산책'에 실린, 서지문 교수의 「역사의 사실과 문학의 진실」, 최성철 교수의 「역사이론의 앵글에 잡힌 역사 소설」이 역사와 문학의 관계를 안내해주는 역할을 다해줄 것 같다. 서 교수는 문학의 입장에서, 최 교수는 역사의 입장에서 양자가 공존 협력할 수 있는 길을 찾고 있다. 특히 후자는 문학과 역사의 역사적 맥락, 18세기 말 역사 소설의 탄생의 역사 등을 정연하게 소개한 다음, 역사 소설보다 '역사서사'란 장르가 더 바람직하다고 제안하였다. 두 글은 역사 소설이 존재해야 할 이유와 존재 형식을 모색하는 데 큰 도움이 될 것으로 믿어진다.

이번 호의 '한국의 역사가'로는 『매천야록』으로 널리 알려진 황현을 택하여 홍영기 교수에게 집필을 의뢰하였다. 소론계, 양명학 성향의 인사들과 교분을 나누면서도 지리산 구례에 칩거하던 끝에 일본에 의한 강제병합 소식을 듣고 절명시를 남기고 자진한 시대의 선비 황현. 그가 남긴 '동학비당'의 봉기를 유학자로서 자성한 역사적 기록인 『오하기문』과, 이를 기반으로 당대사로 발전시킨 『매천야록』 등에 대한 이해가 이 글로써 한층 선명해졌다.

김태영 교수는 '나의 책을 말한다'에서 『朝鮮性理學의 歷史像』을 소개했다. 성리학의 국가 교학화, 왕정의 모색, 세조의 패권통치와 그 여파, 사림의 역사적 과업, 이황의 자아 정립운동, 이이의 왕정기필론, 왜란 · 호란기의 척화 · 강화론, 북벌론과 주자주의 등 조선성리학 사상의 주요 논제를 다룬 이유와 의의를 밝혔다. 사회경제사를 거쳐 사상사를 수십 년 연찬한 노대가의 학문적 문제의식이 그대로 읽혀진다.

유봉학 교수는 화성(수원)의 진실을 밝히는 글을 써주었다. 한신대학교에 몸담으면서 정조시대 화성유수부의 역사를 줄기차게 천착해온 유 교수는, "화성은 화성시에 없고, 수원시에는 옛 수원이 없는" 대한민국 행정의 무지를 개탄하면서 정조대왕이 화성 신도시 건설을 통해 이룩하려던 역사적 과업이 무엇이었는가를 열정적으로 소개해준다. 유네스코 세계문화유산 목록에 오른 '수원화성'의 정체성을 우리가 바르게 이해, 인식하는 날이 속히 오기를 바랄 따름이다.

김형국 교수는 「한국사학을 읽는 방외자의 넋두리」에서 한국사학에 대해 많은 제언과 충고를 주었다. 역사에 대한 관심은 인간이 타고나는 것이므로 역사를 업으로 하는 사람들이 져야 하는 무거운 책무에서 기론하여, 그 때문에 삶의 희로애락을 담은 역사서라야 공감을 얻을 수 있다는 점, 전문가도 범하는 실수, 아마추어가 보여주는 전문성, 국궁을 양궁식으로 쏘는 텔레비전 사극의 수준, 길이 발달하지 않은 역사 등을 꼬집으면서 의미론적 한국사 해석, 진정한 한 · 중 · 일 교류사 연구 등을 촉구하였다. 끝으로 한국사는 많은 사람들의 관심과 호응이 확대될수록 발전할 것이라고 하였다. 한국사 전공자들이 귀담아 들어야 할 지적들이다.

이번 호도 독자들에게 유익한 지식을 전달하고 역사를 다시 생각해보게 하는 의미 있는 편집이 되었다고 자평하고 싶다. 특히 특집의 논제가 시사성이 풍부한, 반드시 짚고 넘어가야 하는 문제이기 때문에 관련 분야의 많은 관심을 끌 것으로 기대된다. 이렇게 의미 있는 편집이 될 수 있도록 도와주신 집필자 여러분에게 편집위원들을 대표하여 다시 한번 깊은 감사의 말씀을 드린다.

2007년 8월

편집위원 이태진

| 차례 |

독자에게 드리는 글 iii

■ **특집—역사와 소설, 드라마**

고구려 드라마 열풍의 허와 실 | **여호규** • **1**

고려말 · 조선초의 영웅담에 담긴 역사성 | **민현구** • **23**

〈단종애사〉와 텔레비전 드라마 〈한명회〉 | **정두희** • **47**

역사 소설에 그려진 이순신 | **이민웅** • **64**

조선시대의 민중세계를 다룬 소설 『임꺽정』의 공과 과 | **최정운** • **85**

역사 소설 속의 명성황후 이미지 | **이태진** • **103**

소설 『태백산맥』 속의 대한민국 | **양동안** • **141**

■ **한국의 역사가**

황현 | **홍영기** • **170**

■ **나의 책을 말한다**

『朝鮮性理學의 歷史像』 | **김태영** • **189**

■ **역사의 진실을 찾아서**

화성의 진실 | **유봉학** • **203**

■ **한국사학에 바란다**

한국사학을 읽는 방외자의 넋두리 | **김형국** • **216**

■ **역사학 산책**

역사의 사실과 문학의 진실 | **서지문** • **231**

역사이론의 앵글에 잡힌 역사 소설 | **최성철** • **259**

고구려 드라마 열풍의 허虛와 실實

—드라마 〈주몽〉을 중심으로—

여호규

1. 들어가며
2. 고구려 드라마의 기획의도와 제작배경
3. 고구려 드라마 열풍의 대내외 배경
4. 드라마 〈주몽〉의 구성과 내용 검토
5. 올바른 고구려사 이해를 기대하며

1. 들어가며

지난 1년간 안방극장에서는 이른바 고구려를 다룬 드라마가 절정의 인기를 누렸다. 고구려사를 공부하는 필자로서는 여간 반가운 일이 아닐 수 없었다. 시청자들이 드라마를 보면서 자연스럽게 고구려사에 대해 관심을 가지게 되고 나아가 고구려사를 더욱 깊이 이해할 수 있을 테니까 말이다. 필자와 같은 연구자들이 해야 할 일을 방송국 제작진이 대신 해준다고 생각하니 감

余昊奎 한국외국어대학교 사학과 부교수.

논저로 『高句麗 城』 I · II(국방군사연구소, 1998 · 1999), 『아! 그렇구나 우리역사—고구려사』(여유당, 2005), 「압록강 중류유역에서 고구려의 국가형성」(『역사와현실』 21, 1996), 「중국의 東北工程과 고구려사 認識體系의 변화」(『한국사연구』 126, 2004), 「'광개토왕릉비'에 나타난 고구려의 對中認識과 대외정책」(『역사와현실』 55, 2005) 등 한국고대사, 특히 고구려사에 관한 것이 많다.

사한 마음까지 들었다.

그리해 필자도 아주 기꺼운 마음으로 텔레비전 드라마로 고구려를 보고 읽는 대열에 동참했다. 물론 시간 사정상 방송 3사에서 방영하는 모든 고구려 드라마를 시청하기는 힘들었지만, 평소 가장 관심이 많았던 그리고 신화적 요소로 인해 작가의 상상력이 많이 동원되어야 하는 고구려 건국 이야기를 다룬 〈주몽〉을 호기심 어린 눈으로 시청했다. 제시간에 드라마를 보지 못하면 인터넷에 접속해 이용료를 지불하면서까지 보았으니 꽤나 열성적으로 시청한 셈이다.

〈주몽〉을 시청하는 동안 필자는 가급적 연구자라는 생각을 버리고 드라마에 몰입하려 했다. 그것이 혼신의 힘을 다해 드라마를 만든 제작진에 대한 예의라 여겼고, 나 자신을 위해서도 바람직하다고 생각했다. 출연자들의 빼어난 용모와 화려한 의상에 감탄하며, 얽히고설킨 남녀 삼각관계에 푹 빠져들기도 했다. 그러면서 다른 한편으로는 은근히 아직도 베일에 가려진 고구려 건국사를 새롭게 규명할 영감이 떠오르기를 기대하기도 했다.

그렇지만 드라마 방영이 횟수를 거듭할수록 그리고 시청률이 올라갈수록 오히려 드라마에 몰입하기가 힘들어졌다. 드라마를 보면 볼수록 나는 어쩔 수 없는 고구려사 연구자구나 하는 생각이 더욱 또렷이 들었다. 만약 〈주몽〉이라는 드라마에 끝까지 몰입할 수 있었더라면 그 좋았던 느낌을 오랫동안 간직하기 위해서라도 이 글을 집필하지 않았을지도 모른다. 그런데 불행히도 필자는 순수한 시청자의 입장에서 〈주몽〉이라는 드라마에 완전히 몰입할 수 없었다.

역사 소설과 텔레비전 사극의 성격이나 문제점에 대해서는 이미 많은 문학가와 역사학자들이 다각도로 검토한 바 있다. 대체로 문학가들이 역사적 사실성보다 작가의식이나 문학적 상상력을 중시한 반면, 역사학자들은 역사적 사실에 대한 엄밀한 고증을 요구하며 지나친 상상력에 따른 폐해를 경고했다.[1] 필자가 〈주몽〉이라는 드라마에 완전히 몰입하지 못한 것도 다른 역사학자들처럼 지나친 상상력, 곧 허구적 요소에 대해 반감이 일었기 때문인지도 모른다.

그렇지만 이 글에서 드라마의 세부 내용을 일일이 검토하거나 허구적 요소에 대해 시시비비를 가릴 생각은 없다. 또한 굳이 그럴 필요성도 느끼지 않는다. 사극史劇은 비록 역사를 소재로 삼지만, 어디까지나 드라마이지 역사 그 자체는 아니기 때문이다. 만약 실제 역사적 사실로만 가득 채워지고 실존인물만 등장한다면 그처럼 재미없는 사극도 없을 것이다. 독특한 캐릭터를 가진 가상의 인물이 다수 설정된 상태에서 작가의 상상력이 풍부하게 동원될 때 비로소 '진정한 사극'으로서의 필요충분조건을 갖출 수 있을 것이다.

그런 점에서 필자도 사극이 그 시대의 총체적인 역사상을 제대로 묘사하고 주제의식만 바람직하다면, 작가의 상상력과 허구적 요소는 풍부하면 할수록 좋다는 입장에[2] 동의한다. 〈주몽〉을 시청하던 초창기에는 이러한 입장을 갖고 출연자의 용모나 의상, 남녀 삼각관계에 푹 빠져들며 사극의 묘미를 맛볼 수 있으리라 잔뜩 기대했다. 이 정도면 역사학자로서는, 그것도 고구려사 전공자치고는 비교적 관대한 입장에서 〈주몽〉을 시청한 것 같은데, 왜 드라마에 푹 빠져들지 못했던 것일까?

2. 고구려 드라마의 기획의도와 제작배경

문화방송(MBC)이 막대한 제작비를 투여해 제작한 〈주몽〉은 지난 2006년

---

1 권덕영, 「역사와 역사소설 그리고 사극」, 『역사와현실』 60, 2006, 143~150쪽 참조.
2 위의 글, 150쪽.

5월 15일에 처음 공중파를 탔다. 〈주몽〉은 방영 첫 회부터 비상한 관심을 끌더니 매주 시청률 고공 행진을 이어갔고, 인기가 워낙 높아지자 60회까지 방영하려던 애초 계획을 변경하여 81회까지 연장 방영했다(2007년 3월 16일 종영). 특집 방송 6회까지 더하면 무려 87회를 방영한 셈이다.

문화방송에 뒤이어 서울방송(SBS)과 한국방송(KBS)도 경쟁적으로 고구려를 다룬 드라마를 방영했다. 2006년 7월 8일 처음 공중파를 탄 SBS의 〈연개소문〉은 지난 6월 17일 100회를 끝으로 대단원의 막을 내렸고, 2006년 9월 16일 처음 방영된 KBS의 〈대조영〉 역시 현재 발해 건국을 목전에 두고 100회 방영을 향해 치닫고 있다. 게다가 MBC는 조만간 광개토왕의 일대기를 그린 〈태왕사신기〉를 방영할 예정이라고 한다.

가히 고구려 드라마 시대라 부를 만하다. 특히 〈주몽〉의 평균 시청률은 40퍼센트를 넘나들었고, 34주간 연속 시청률 1위를 기록했다. 텔레비전 채널과 영상매체가 다양화된 현 상황에서는 거의 불가능하다는 50.6퍼센트라는 기록적인 시청률을 달성하기도 했다(2007년 2월 27일). 〈연개소문〉이나 〈대조영〉도 20퍼센트 전후의 시청률을 꾸준히 유지하며 세인의 관심을 많이 끌었다.

그럼 방송 3사는 왜 이처럼 경쟁적으로 고구려 드라마를 방영하고 또 시청자들은 거기에 기록적인 시청률로 화답하고 있는 것일까? 드라마 〈주몽〉을 제대로 이해하려면 먼저 방송 3사가 고구려 드라마를 경쟁적으로 방영하는 이유, 그리고 이에 대해 시청자들이 기록적인 시청률로 화답하는 열풍의 배경부터 파악할 필요가 있다. 방송 3사의 제작진은 고구려 드라마의 기획의도를 다음과 같이 설명한다.

〈주몽〉의 제작진은 기획의도를 '거대함'이라는 단어로 압축해 표현했다.[3]

---

3 http://www.imbc.com(〈주몽〉의 기획의도).

이들이 말하는 '거대함'은 다시 '오늘보다 거대한 고구려', '신화보다 거대한 영웅', '역사보다 거대한 사랑' 등으로 세분된다. 고구려가 오늘보다 거대한 이유는 '우리 민족이 가장 아름다웠던 시간'이고 '우리 민족이 세계의 중심이었던 시간'이기 때문이라는 것이다.

또한 '신화보다 거대한 영웅'이란 남주인공 주몽을 지칭하며, '역사보다 거대한 사랑'은 여주인공 소서노의 몫이다. 거대함이라는 코드를 남녀 주인공의 캐릭터에 그대로 적용한 것이다. 주몽이 '신화보다 거대한 영웅'인 이유는 단순히 신화로만 기억되었던 인물이, 실제로는 혼자 몸으로 수천만 대군을 상대해 고조선의 하늘을 되찾고 고구려의 하늘을 열었기 때문이고, 소서노의 사랑이 역사보다 거대한 이유는 모든 역경과 시련을 삼키고 시대를 압도하며 새로운 역사를 창조해나갔기 때문이라고 설명한다.

결국 드라마 〈주몽〉은 '신화보다 거대한 영웅 주몽'과 '역사보다 거대한 사랑의 화신 소서노'가 힘을 합쳐 '오늘보다 거대한 고구려'를 창조해나간 과정을 그린 것이다. 이처럼 드라마 〈주몽〉은 남녀 주인공의 캐릭터부터 전체 줄거리와 시대적 배경에 이르기까지 '거대함'이라는 코드로 시종일관했다. 그런데 이러한 '거대함'과 이를 구현하는 주체인 '영웅'이라는 코드는 SBS의 〈연개소문〉과 KBS의 〈대조영〉에서도 거의 동일한 형태로 반복된다.

가령 〈연개소문〉의 제작진은 '고구려는 우리 민족의 웅지를 가장 잘 대변했던 초강대국이었다'고 전제한 다음, 광활한 대륙으로 영토를 넓혔던 광개토왕, 수나라를 무너뜨린 을지문덕, 당태종 이세민을 무릎 꿇린 연개소문과 같은 영웅이 있었기에 고구려가 중국과 당당히 맞설 수 있었다고 설명한다.[4] 그러면서 신라가 당의 힘을 빌려 삼국을 축소 통일한 이후, 이들 영웅에 관한

4 http://www.sbs.co.kr(〈연개소문〉의 기획의도).

역사를 왜곡하고 폄하해 없애버렸기 때문에, 이제 영웅 연개소문을 극화하여 묻혀 있던 고구려 역사를 되살리고, 이를 통해 우리 민족의 정체성을 확인해서 세계를 향해 웅비할 수 있는 대한민국의 미래 비전을 제시하겠다는 포부를 당당히 밝혔다.

드라마 〈대조영〉에서도 고구려는 수나라를 굴복시킨 나라, 당 태종의 30만 대군을 무릎 꿇린 위풍당당한 대제국으로 설정했다.[5] 그러한 고구려가 패망하자, 새로운 영웅 대조영이 분연히 일어나 당 지배하에 신음하던 유민들을 구해내고 흩어진 군대를 규합해 새 나라 발해를 건설했고, 새 나라 발해 역시 고구려의 전통을 이은 동북아의 최강국으로 묘사했다. 즉 〈대조영〉 제작진들은 '대조영과 발해'를 그리는 일이 찬란한 한민족의 역사를 복원하는 것임과 동시에 민족의 미래에 대한 새로운 비전을 제시하는 작업이라고 당당히 표방하고 있는 것이다.

이상과 같이 방송 3사의 핵심적인 기획의도는 '거대하고 찬란했던 초강대국 고구려와 발해의 복원'에 초점이 맞춰져 있다. 그러면서 과거는 현실을 비추는 거울이고(〈대조영〉), 역사는 내일을 위한 어제의 이야기이므로(〈연개소문〉) 단순히 고구려나 발해를 복원하는 것에 그치지 않고, 이를 통해 세계를 향해 웅비할 수 있는 대한민국과 한민족의 미래 비전을 제시하겠다는 포부를 당당히 밝혔다.

결국 방송 3사의 드라마 기획의도는 거대하고 찬란했던 지난 역사를 복원함으로써 역시 거대하고 찬란한 미래를 창조하기 위한 원동력을 마련하겠다는 것으로 요약된다. 동북공정東北工程을 추진하고 있는 중국학자들의 방식대로 표현하자면 '고위금용古爲今用', 즉 과거의 역사를 현재의 목적을 위해

5 http://www.kbs.co.kr(〈대조영〉의 기획의도).

활용하겠다는 의도가 강하게 투영되어 있는 것이다. 그럼 방송 3사의 제작진이 복원하겠다는 '거대하고 찬란했던 역사'는 과연 무엇일까?

〈주몽〉의 제작진은 고구려가 오늘보다 거대한 이유는 '중국제국을 무릎 꿇리고 두려움 없이 세계와 맞섰기 때문'이고, 또한 주몽이 거대한 영웅인 이유는 '혼자 몸으로 (중국제국의) 수천만 대군을 상대해 빼앗긴 고조선의 하늘을 되찾았기 때문'이라고 설명한다. 고구려나 주몽이 거대한 이유를 중국제국과의 대결과 그 승리에서 찾고 있는 것이다.

〈연개소문〉의 제작진 역시 고구려가 초강대국이었던 이유를 '중국에 당당히 맞섰던 것'에서 찾고 있으며, 〈대조영〉의 제작진도 발해 건국을 '수나라를 굴복시키고 당 태종의 30만 대군을 무찌른 고구려의 전통을 계승한 것'으로 묘사했다. 방송 3사의 제작진은 거대하고 찬란했던 역사의 기준을 모두 중국왕조와의 대결에서 찾은 셈이다. 또한 주몽, 연개소문, 대조영 등 드라마의 주인공이 영웅인 이유도 중국왕조를 굴복시켰기 때문이라고 설명했다.

이러한 점에서 방송 3사의 고구려 드라마는 고구려사나 발해사의 전모를 그렸다고 보기 힘들다. 방송 3사는 고구려사나 발해사를 온전히 복원하는 것에 관심을 두었다기보다는 중국왕조와의 대결에 초점을 맞추어 드라마를 제작했다고 볼 수 있다. 이에 대해 〈연개소문〉의 제작진은 "중국은 동북공정이라는 역사기만을 획책하여 고구려 역사 없애기에 급급하고 있다"며 그동안 묻혀 있던 고구려사를 되살리겠다고 선언했다.

결국 명시적으로 선언한 것은 〈연개소문〉 제작진뿐이지만, 〈주몽〉이나 〈대조영〉 등 고구려 드라마 제작배경에는 '동북공정'으로 상징되는 중국의 역사왜곡에 대한 대응이 깔려 있다고 할 수 있다. 〈주몽〉의 촬영과정에 대해 "중국 현지 세트장에서 고조선 유민의 대장이 해모수였고 중국이 자신의 영토라 주장하는 요동 일대가 고구려의 기반이었음을 우회적으로 풀어나갈 예정"이라고 보도한 언론기사는 이를 잘 보여준다(『노컷뉴스』, 2006년 4월 11일).

그렇다면 중국왕조와의 대결에서 승리한 사실을 강조하고, 이를 이끈 영웅을 부각시키는 것이 과연 중국의 역사왜곡에 대한 효과적인 대응이라고 할 수 있을까? 이를 파악하기 위해서는 먼저 중국의 역사왜곡 실태를 살펴볼 필요가 있다.

3. 고구려 드라마 열풍의 대내외 배경

중국의 고구려사 왜곡 실태가 국내에 널리 알려진 것은 2003년 하반기였지만, 중국이 동북공정 준비에 착수한 것은 1990년대 중반이었다. 더욱이 현대 중국의 핵심 역사관인 '통일적統一的 다민족국가론多民族國家論'은 1949년 중국 정부 수립 직후에 확립되었다.

현대 중국은 한족漢族과 55개 소수민족으로 구성되어 있다. 그런데 중국대륙의 왕조들은 전통적으로 자신을 중화中華라 자처하며 주변국을 이적시夷狄視하는 화이론적華夷論的 역사관을 견지했다. 이에 따르면 현대 중국을 구성하는 무수한 소수민족의 역사는 중국사의 범주에서 제외될 수밖에 없다.

그래서 중국은 정부 수립 직후 소수민족의 역사까지 중국사로 포괄하기 위해 현재의 중국 영토를 기준으로 중국사의 범주를 설정하는 역사관을 정립했다. 그리고 현대 중국을 구성하는 여러 민족은 통일적인 유기체를 구성하고 있다면서, 이러한 통일적 다민족국가 상태를 멀리 진秦·한대漢代까지 소급했다. 그리해 종래 이적시되었던 수많은 소수민족의 역사를 현재의 중국 영토 안에서 이루어졌다는 이유만으로 중국사로 포괄해버렸다.

이러한 통일적 다민족국가론은 각 시기별 역사 주체의 계통을 완전히 무시한 채, 오로지 현재의 영토만을 기준으로 역사의 범주를 설정한다는 점에서 '영토 지상주의 역사관'이라고 할 수 있다. 더욱이 과거에는 존재하지도 않았던 통일적 다민족국가를 무려 2,000여 년 이전까지 소급했다는 점에서 처음부터 역사왜곡의 소지를 안고 있었다고 할 수 있다.

이처럼 통일적 다민족국가론은 중국 정부 수립 직후 성립되었지만, 이를 근거로 고구려사 전체를 중국사로 편입하는 견해는 1980년대 후반이 되어서야 비로소 등장했다. 중국학자들도 인정하듯이 1980년대 전반까지만 하더라도 중국 정부는 고구려사 대부분을 한국사로 인정했다. 그럼 왜 오랫동안 고구려사에 대해서는 통일적 다민족국가론을 적용하지 않았던 것일까?

먼저 고구려의 활동무대였던 중국 동북지방 곧 만주지역의 정세가 1980년대까지 비교적 안정된 상태였다는 사실을 들 수 있다. 이러한 상황에서 굳이 고구려 정통성을 주장하는 북한의 반발을 사면서까지 고구려사를 중국사로 편입할 필요를 느끼지 못했을 것이다. 또한 고구려 영역의 상당 부분이 중국 영토에 속하기는 했지만, 고구려의 족속 계통이 한민족韓民族과 연관될 뿐만 아니라 이를 계승한 한국이 중국 영토 밖에 엄연히 존재한다는 사실을 의식했기 때문일 것이다.

그런데 1990년대 이후 한·중 수교로 조선족 사회가 동요하고, 사회주의권 붕괴로 북한이 체제위기에 몰리면서 만주도 더 이상 안심할 수 없는 지역으로 변모했다. 중국 정부가 동북공정을 준비한 것은 바로 이 무렵부터이다. 이러한 점에서 동북공정은 동북아 정세변화에 대비해 만주지역의 안정을 유지하고, 한반도 정세변화에 대비해 북한지역에 대한 연고권을 강화하기 위한 중국의 국가전략 프로젝트라 할 수 있다.

중국은 1996년부터 무려 6년간 치밀하게 준비한 다음 2002년에 이른바 동북공정 5개년 연구사업을 대내외에 선포했다. 그런데 현재의 중국 영토라는 통일적 다민족국가론의 기준을 전면적으로 대입한다면, 고구려사 전체를 중국사로 편입하기는 힘들다. 고구려의 영역이 중국과 한반도에 걸쳐 있었을 뿐 아니라, 중후기 도성인 평양이 북한에 위치했기 때문이다.

이에 중국학자들은 동북공정 준비기에는 주로 족원론이나 관계론을 중심으로 논리를 전개했다. 가령 고구려의 선조를 전욱顓頊이나 염제炎帝 등 중국 고대 전설에 나오는 인물의 후예로 설정하거나 조공·책봉 관계를 근거로 고구려를 중국왕조의 지방정권으로 파악한 것이다. 그런데 이러한 족원론이나 관계론은 논거 자체가 매우 박약했다. 이를 보완하기 위해 고구려가 한의 현도군 경내에서 건국했다는 등 영토론을 일부 적용하기도 했지만, 역시 고구려사 전체를 중국사로 편입하기가 쉽지 않았다. 무엇보다 평양 천도 이후의 고구려사를 중국사로 편입하기 힘들었다.

이러한 한계를 극복하기 위해 동북공정 선포 이후에는 '과거의 영토'라는 기준을 적용하여 고구려사 전체를 중국사로 편입하기 시작했다. 먼저 단군조선을 완전히 부인하고, 고조선사를 '기자조선-위만조선'으로 설정했다. 그리해 고조선마저 중국사로 편입하여 고구려사의 전사前史로 설정한 다음, 한국사와의 연관성을 더 이상 의식하지 않고 고구려사 전체를 중국사로 편입했다.

결국 중국의 동북공정은 통일적 다민족국가론의 기준마저 폐기하고, 과거 불특정한 시점의 영토를 기준으로 중국사의 범주를 최대한 확장하려는 프로젝트라 할 수 있다. 현재의 목적을 위해 자신들이 설정했던 역사 범주의 기준마저 제멋대로 바꾸는 극단적인 패권주의 역사관인 것이다. 그리고 이를 통해 만주지역을 안정시키고 북한지역에 대한 역사적 연고권까지 강화하려 한다는 점에서 이는 단순한 학술연구가 아니라 국가적인 전략 프로젝트라 할 수 있다.

이러한 중국의 고구려사 편입 시도에 대해 이미 1990년대 초반에 문제가 제기된 바 있고,[6] 2002년에는 왜곡 실태가 상세히 밝혀지기도 했다.[7] 그렇지만 고구려사 왜곡의 심각성은 학계의 문제 제기보다는 주로 언론 보도를 통해 널리 알려졌다. 2003년 7월 『중앙일보』가 동북공정 실태를 보도한 이래, 이해 8월 『동아일보』와 『신동아』의 보도, 10월 KBS 일요스페셜 〈한·중 역사전쟁〉 방영 등으로 2003년 하반기부터 전 국민적 관심사로 부상했다.

이에 학계도 2003년 말경부터 고구려사 왜곡실태를 규명하기 위한 학술회의를 여러 차례 개최했고, 이를 통해 중국의 동북공정 추진배경이나 고구려사를 중국사로 편입하는 논거의 허구성 등을 규명했다. 다만 여론의 추이에 부응하는 데 급급하다 보니 중국학계의 주장을 반박하거나 고구려사가 한국사임을 강조하는 논의가 주류를 이루었다.

정부 역시 중국이 동북공정을 추진하는 배경을 적극적으로 분석하기보다는 이것을 가급적 학술문제로 국한하려 했다. 2004년 봄 중국 정부가 외교부 홈페이지의 한국사 소개 부분에서 고구려사를 삭제하자 외교현안으로 인식하기도 했으나, 이해 8월 중국 외교부의 우다웨이武大偉 부부장이 방한하여 5개항을 구두로 합의한 이후 외교적 대응은 다시 소극적인 형태로 바뀌었다.

이러한 가운데 일부 언론매체는 각종 기획 보도를 통해 중국 위협론까지 제기하며 다소 선동적인 분위기를 조성했다. 여기에 일부 시민단체, 심지어 중고생까지 가세하여 중국 정부를 규탄하는 집회를 개최하기도 했다. 이에 따라 국민적 관심을 촉발하기 위해 고구려사의 우수성이나 위대성을 다소 과장하는 경향이 나타났고, 주로 중국왕조와의 대결에서 고구려의 우위를 강조

---

6 宋基豪, 「고구려사를 바라보는 또 하나의 시각」, 『한국고대사논총』 1, 1991.

7 여호규, 「고구려 대외관계사의 연구현황과 과제」, 한국고대사학회 제70회 발표회, 2002(『한국고대사연구』 31, 2003).

하는 방식으로 전개되었다.

이에 따라 고구려사의 전개과정과 그 성격을 심층적으로 파악하려는 노력이나 동북공정에 나타난 중국의 대외전략을 치밀하게 분석하려는 노력은 별다른 관심을 끌지 못했다. 중국은 6년간이나 치밀하게 준비한 다음 국가적인 전략 프로젝트로 동북공정을 추진한 데 비해, 우리는 이성적이고 전략적인 대응보다는 감정적이고 일회적인 대응이 주류를 이루었던 것이다.

이러한 상황에서 방송 3사가 중국왕조와의 대결을 통해 고구려의 위대성을 부각시키는 드라마를 경쟁적으로 방영했고, 이에 대해 시청자들은 기록적인 시청률로 화답했다. 고구려 드라마 제작배경에 중국의 역사왜곡에 대한 대응이라는 명분이 존재했다면, 그 열풍의 중심에는 중국의 역사왜곡에 대한 전 국민적인 반감이 자리 잡고 있었던 셈이다.

따라서 방송 3사가 드라마를 통해 고구려사에 대한 자긍심을 고취하는 데는 상당히 기여했을지 모르지만, 지나치게 중국왕조와의 대결을 강조했다는 점에서 감정적이고 일회적인 대응을 더욱 부추겼다는 비판을 면하기 어렵다. 만약 이러한 여론에 편승해 시청률을 끌어올리려 했다면 상업적 이익을 위해 국민의 폭넓은 역사관과 국제인식을 가로막았다는 비판을 받을 수도 있다.

더욱이 고구려의 우위성을 강조하는 과정에서 역사적 상황 자체를 윤색하거나 왜곡했다면 심각한 문제가 아닐 수 없다. 중국의 역사왜곡을 비판하려다가 오히려 그들의 역공을 받을 우려가 있기 때문이다. 그런데 이러한 우려를 드라마 〈주몽〉에서 너무나도 쉽게 만날 수 있다. 〈연개소문〉이나 〈대조영〉을 시청한 지인들의 이야기를 들어보면 거기에서도 이러한 우려가 많이 묻어난다. 그럼 〈주몽〉을 중심으로 이러한 우려를 검토해보도록 하자.

4. 드라마 〈주몽〉의 구성과 내용 검토

B.C. 108년 고조선이 한나라에게 멸망되자, 유민들은 뿔뿔이 흩어져 비참한 삶을 이어가게 된다. 이때 고조선 유민 출신의 젊은 장수 해모수가 분연히 일어나 유민들을 규합해 한나라의 가혹한 지배에 강렬하게 저항한다. 그렇지만 젊은 장수 혼자 힘으로 한나라의 대군을 상대하기는 역부족이다. 하백 부족장의 딸 유화가 해모수의 기상에 감화되어 그와 사랑을 나누고, 한나라 군대에 쫓기는 그를 숨겨준다.

그렇지만 그 애틋한 사랑의 대가로 하백 부족은 철저하게 도륙된다. 더욱이 한나라의 위협을 받은 부여왕 해부루는 부여의 안위를 위해 해모수를 제거하는 데 협조하기로 한다. 마침내 해모수는 한나라 철기군에 쫓겨 낭떠러지로 떨어지고, 유화는 홑몸으로 해모수의 피를 이은 주몽을 낳는다. 유화는 끊임없이 생명의 위협을 받자 새로이 부여왕으로 등극한 금와를 찾아가 주몽이 금와의 아들이라 외친다.

〈주몽〉의 1, 2회 내용이다. 드라마는 이때부터 20여 년의 세월을 껑충 건너뛰어 청년 주몽의 궤적을 따라 본격적으로 전개되지만, 제작진은 1, 2회 방영을 통해 기획의도와 전체 줄거리를 강하게 암시했다. 아울러 고조선 유민의 영웅인 해모수의 활약상을 역동적으로 묘사하고, 해모수와 유화의 사랑을 감동적으로 그렸다는 평가를 받으며 시청률 고공 행진의 기반까지 다졌다.

고조선을 재건하기 위해 온몸을 던진 해모수, 그런 해모수의 모습에 감화되어 그와 사랑을 나누는 유화, 그리고 그들 사이에서 태어난 드라마의 주인공 주몽. 이들의 관계가 드라마의 기본 축을 이루다 보니, 전체 줄거리는 자연스럽게 주몽이 해모수의 유지를 받들어 고조선 고토故土를 회복하여 고구려를 건국하는 것으로 설정된다. 여기에 졸본 계루집단의 어여쁜 여인 소서노가 가세해 주몽과 헌신적인 사랑을 나누며 고구려를 건국하기 위한 터전을 제공한다.

세대를 달리해 운명적인 사랑을 나눈 해모수와 유화, 주몽과 소서노의 관계가 드라마의 기본 축이라면, 그 반대편에는 한나라와의 친교를 통해 정치적 기반을 확충하고 부여의 살길을 도모하려는 금와왕의 맏아들 대소와 그를 둘러싼 일단의 무리가 있다. 그리고 이러한 주몽과 대소의 노선이 첨예하게 맞부딪치면서 드라마의 갈등구조가 형성된다. 부여왕 금와는 고조선 재건이라는 명분과 부여의 안위라는 현실 사이를 오가며 이러한 갈등구조를 더욱 증폭시키는 역할을 한다.

고조선의 재건을 운명으로 받아들이며 온몸을 던진 주몽과 권력욕에 불타 한나라와의 협조를 서슴지 않는 대소의 모습이 선명하게 대비되며 드라마의 갈등구조는 마침내 선악의 문제로 발전한다. 여기에 유화-해모수-금와, 금와-유화-원후, 소서노-주몽-대소, 주몽-소서노-예소야 등의 남녀 삼각관계가 겹겹이 중첩되면서 드라마는 끊임없는 갈등과 긴장의 연속으로 빠져든다. 그리해 드라마는 시종일관 박진감 넘치게 전개되면서 시청자의 시선을 사로잡기에 이른다.

이처럼 선명한 갈등구조에 얽히고설킨 삼각관계를 치밀하게 결합시켰으니 〈주몽〉은 아주 잘 만든 드라마라고 평가할 수도 있을 것이다. 물론 〈주몽〉이 단순한 멜로드라마였다면 필자도 그러한 평가에 공감했을 것이다. 그렇지만 〈주몽〉은 멜로드라마가 아니라 고구려 건국과정을 다룬 사극이다. 더욱이 중국의 고구려사 왜곡에 대응하겠다는 목적의식을 갖고 제작되었다.

전술했듯이 사극도 어디까지나 드라마이므로 작가의 상상력이나 허구적 요소는 얼마든지 동원될 수 있고, 또 허용되어야 마땅하다. 그렇지만 사극의 배경이 되는 시대의 총체적인 역사상과 완전히 어긋나는 상상력이나 허구적 요소까지 용납될 수 있는 것은 아니다. 작가의 상상력과 허구적 요소는 그 시대의 역사상을 더욱 풍부하게 그려내기 위해 동원되어야지, 역사상 자체를 왜곡한다면 아무리 뛰어난 상상력이라 하더라도 사극에는 독이 될 것이다.

그런데 드라마 〈주몽〉은 전체 줄거리부터 실제 역사상과 상당히 다르게 설정했다. 〈주몽〉의 주된 줄거리는 주몽이 고조선의 고토를 회복하여 고구려를 건국한다는 것이다. 이를 위해 제작진은 주인공 주몽이 B.C. 108년 고조선 멸망 직후에 유민의 영웅인 해모수의 아들로 태어난 것으로 상정했다. 그리고는 청년 주몽이 B.C. 76년경 해모수의 유지를 받들어 한의 현도군을 격퇴하고 고조선 고토를 회복해 고구려를 건국하는 것으로 막을 내렸다.

이것은 고구려가 B.C. 37년에 건국되었다는 『삼국사기』의 전승과 다를 뿐 아니라, 서기 1세기경에 고대국가로 발돋움했다는 학계의 통설과는 거리가 더욱 멀다. 물론 고조선에서 삼국으로 이어지는 계승관계가 우리 고대사의 근간을 이루며, 고구려 역시 고조선 주변부에서 흥기했다는 점에서 고조선의 역사와 문화를 계승했다고 볼 수 있다. 그렇지만 이는 어디까지나 역사의 전체 흐름을 말하는 것이지, 고구려 건국자들이 직접 고조선의 계승을 표방했다는 것은 아니다.

현전하는 자료상 고구려 건국자들이 직접 고조선의 계승을 표방한 흔적을 찾기는 힘들며, 특히 해모수를 고조선 유민으로 설정할 만한 근거는 없다. 오히려 고대국가의 건국자들은 저마다 독자적인 천손족天孫族 설화를 바탕으로 건국을 정당화했다. 이것은 고구려도 마찬가지였다. 고구려 건국설화를 보면 해모수는 천제天帝의 아들, 유화는 수신水神인 하백의 딸이다. 이들의 결합으로 태어난 주몽은 하늘신과 물신의 권능을 한 몸에 이어받은 신적神的인 존재로 설정된다. 시조 주몽의 신성성神聖性은 고구려 건국의 원동력이요 정당성의 원천이었다.

드라마 〈주몽〉은 독자적이면서 성스럽게 전개되었다는 고구려의 건국과정을 고조선의 부흥으로 치환한 셈이다. 이 과정에서 고조선 계승을 강조하기 위해 기원전 1세기 후반에 활동했다는 주몽의 출생시점을 고조선 멸망 직후로 소급했다. 더욱이 주몽이 고조선 고토를 수복한 것을 강조하기 위해 요동지역까지 정벌한 것처럼 묘사했다. 그렇지만 고구려 건국지는 고조선의 주변부인 압록강 중상류 일대이며, 4세기 이후에야 비로소 고조선의 영역이었던 서북한이나 요동지역으로 진출했다는 점에서 이는 명백한 오류이다. 제작의도가 아무리 좋더라도 실제 역사적 사실과 다르게 그린다면, 우리 역시 역사를 왜곡했다는 비판으로부터 자유로울 수 없을 것이다.

그런데 문제는 이것으로 끝나지 않는다. 주몽을 부각하기 위해 대립되는 인물로 금와왕의 맏아들 대소를 상정하다 보니 드라마의 주 무대가 부여의 궁정으로 설정될 수밖에 없었는데, 이로 인해 고구려 건국의 실제 무대인 졸본卒本 곧 압록강 중상류 일대보다 부여가 더욱 큰 비중으로 다루어졌다. 때로는 고구려 건국과정을 그린 것인지 부여 궁정의 권력 갈등을 묘사한 것인지 혼선을 줄 정도였다. 주객이 전도되었다고나 할까?

물론 이 과정에서 그동안 잘 알려지지 않았던 부여사에 대한 관심을 높이기도 했다. 또한 금와왕과 사출도四出道 제가諸加들의 대립, 금와왕과 신녀神女 여미을의 갈등 등을 통해 초기 국가체제나 정치운영의 특징적인 면모를 적절히 그려내기도 했다. 그렇지만 전체적으로 고구려 건국의 본무대인 졸본지역의 상황은 늘 부수적으로 다루어졌고, 마치 부여 궁정에서의 권력투쟁의 부산물로 고구려가 건국된 것처럼 묘사되었다.

특히 주몽의 노선을 정당화하기 위해 한漢과 협조하는 대소의 노선을 시종일관 부정적으로 그렸다. 이러한 묘사는 자칫 강대국과의 대결만 선善이고 타협은 악惡이라는 이분법적 사고를 낳을 수 있다. 실제 드라마에서는 주몽과 대소의 노선 차이가 남녀관계로까지 연결되어 주몽은 서로의 이상에 공감하는 소서노와 운명적인 사랑을 나누고, 대소는 권력기반을 다지기 위해 현도군 태수 양정의 딸 설란과 정략결혼을 하는 것으로 그려졌다.

정치노선뿐 아니라 사랑의 영역도 이분법적으로 그려낸 것이다. 이러한 구도는 자칫 시청자들에게 흑백논리를 심어줄 가능성이 높다. 그렇지만 남녀의 사랑을 이분법적으로 재단할 수 없듯이 대외정책의 노선도 선과 악으로 판단해서는 안 된다. 강대국과의 관계에서 강경한 대응책이 필요하겠지만, 때로는 온건한 타협책도 필요하고, 양자를 병행해야 하는 경우도 있다. 국제정세 변화에 따라 다양한 대외정책을 구사하는 모습을 보여주어야, 자라나는 세대들이 급변하는 대외정세에 탄력적으로 대응할 국제감각을 키울 수 있지 않을까?

결국 드라마 〈주몽〉은 고구려 건국과정을 고조선의 부흥으로 치환하고 그 과정에서 한나라를 완전히 굴복시킨 것으로 묘사함으로써 많은 문제점을 파생시켰다고 볼 수 있다. 중국의 역사왜곡에 대응하기 위해 드라마를 제작했다고 하지만, 지나치게 중국왕조와의 대결을 강조함으로써 중국에 대한 전 국민적인 반감만 더욱 부추긴 셈이다. 이를 통해 국민들이 일시적으로 감정적인 카타르시스를 느꼈을지 모르지만, 이성적이고 전략적인 대응은 더욱 소홀해졌다.

더욱이 고구려가 한나라와의 대결에서 승리했다는 것을 묘사하는 과정에서 역사적 상황 자체를 윤색하거나 왜곡함으로써 오히려 중국 측의 역공을 받을 빌미를 제공하기도 했다. 이러한 문제점은 드라마 소품에서도 그대로 드러났다. 아직 불교가 수용되지도 않았는데 석등石燈이 등장하거나, 부여나 고구려지역에는 없었을 다리 달린 술잔을 사용하는 장면 등은 드라마를 좀더 화려하게 만들기 위한 장치라고 보아 넘길 수도 있다.

그러나 제작진이 당시 한나라 군대의 핵심 병력을 말까지 철갑으로 두른 철기군鐵騎軍으로 상정한 것은 쉽게 지나칠 수 없다. 철기군은 다른 소품과 달리 주몽과 고구려의 위대성을 역설적으로 묘사하기 위한 가장 핵심적인 장치이기 때문이다. 제작진은 주몽이 신기神技에 가까운 활솜씨와 검술로 한의 철기군을 거꾸러뜨리는 장면을 매회 클라이맥스마다 삽입하여 주몽의 뛰어난 무예를 극적으로 묘사했다. 아울러 고구려가 대량으로 강철을 제조하는 초강법炒鋼法의 비밀을 터득해 한의 철기군을 완전히 제압한 것으로 그렸다.

초강법이 전한前漢대에 개발되었으니 고구려가 건국을 전후해 그 제조법을 터득했을 가능성도 없지는 않다. 그런 점에서 이 부분은 작가의 상상력이 적절히 발휘되었다고 볼 수도 있다. 그렇지만 이 시기에 철기군은 존재하지 않았다. 철기 곧 말까지 갑옷을 두른 중장기병이 중국사서에 등장하는 것은 서기 2세기 후반이며, 4세기 초에야 주력 병종으로 자리 잡는다. 주몽과 고구려의 위대성을 표현하기 위한 대표적인 소품이 실제 역사적 상황과 다르게 설정된 것이다.

이처럼 드라마 〈주몽〉의 문제점을 지적하면, 드라마 제작진이나 많은 시청자들은 그것은 어디까지나 전문연구자의 눈으로 사극을 보기 때문이라고 항의할 수도 있다. 50.6퍼센트라는 기록적인 시청률을 달성했으면 누가 뭐라 하더라도 성공한 드라마로 봐야 하지 않느냐면서 말이다. 필자의 아쉬움이 더욱 많이 묻어나는 것은 바로 이 대목이다.

필자는 〈주몽〉이 한국인뿐 아니라 모든 인류가 공감하는 세계적인 드라마가 되기를 간절히 소망하며 시청했다. 사실 고대 신화에는 모든 인류가 공감할 수 있는 보편적인 문화원형이 고스란히 담겨 있다. 영화 〈반지의 제왕〉이 전 세계적인 인기를 모은 것도 북유럽의 전설과 민담을 소재로 모든 인류가 공감할 수 있는 문화원형을 잘 살렸기 때문이다.

주몽설화는 우리나라 건국설화 가운데 내용이 가장 풍부한 편이다. 그런데 설화상 독자적이고 성스럽게 묘사된 고구려 건국을 고조선의 부흥으로 치환함에 따라 신화적 요소들이 들어설 자리는 아주 좁아졌다. 고대 신정정치의 모습을 그리기 위해 도입한 신녀神女도 여미을과 벼리하를 제외하면 제대로 신통력을 발휘하는 이가 없고, 주몽 역시 신적 권능을 발휘하는 모습은 거의 없고 뛰어난 무예로 한나라 군대를 격퇴하는 장면만 끊임없이 반복되었다.

고대인들의 상상력과 세계관이 풍부하게 담겨 있는 신화적 요소가 한나라와의 대결을 통한 고조선의 부흥으로 치환되어버린 것이다. 그리해 〈주몽〉이 중국의 역사왜곡에 대한 국민적인 반감을 등에 업고 기록적인 시청률을 달성했는지 모르지만, 모든 인류가 공감할 수 있는 드라마의 반열에 오르지는 못했다. 오히려 끊임없이 중국왕조와의 대결을 강조함으로써 한국인들은 매우 배타적인 민족주의를 갖고 있다는 인상만 심어줄 위험성이 높아졌다.

5. 올바른 고구려사 이해를 기대하며

이렇게 본다면, 드라마 〈주몽〉이 고구려 건국을 당시 사람들의 세계관이나 실제 역사적 상황에 부합되도록 제대로 묘사했다고 평가하기는 어렵다. 중국의 역사왜곡에 대한 대응이라는 명분과 중국에 대한 전 국민적 반감을 바탕으로 고구려 건국자들이 내세우지도 않았던 고조선의 부흥으로 치환했고, 그것도 한나라와의 대결로 더욱 단순하게 만들어버린 것이다.

이로 인해 고대인들의 신화적 세계관뿐 아니라 고구려 건국의 본무대인 압록강 중상류 일대에서 펼쳐진 여러 정치체의 다양한 움직임, 고구려 건국을 전후한 동북아 국제정세의 변화양상 등은 거의 다루어지지 않거나 다루어지더라도 부수적인 요소로 처리되었다. 제작진이 '오늘보다 거대한 고구려'를 그리겠다고 표방했지만, 고구려 건국의 웅장한 서사시는 고조선의 부흥과 중국왕조와의 대결에 가려지고 거의 모두 생략되었다고 볼 수 있다.

제대로 시청한 적은 없지만, 〈연개소문〉이나 〈대조영〉도 기획의도에서 수나 당과의 대결을 유난히 강조했다는 점에서 〈주몽〉과 비슷한 우를 범하지 않았을까 적잖이 걱정된다. 만약 그렇다면 이는 심각한 문제이다. 수나 당과의 대결이 강조될수록 모든 국민들이 고구려라고 하면 '중국왕조와 끊임없이 대결한 나라'로만 생각할 것이고, 또한 주변 강대국과의 대결만이 최선의 외교노선이라는 선입관을 가질 수 있기 때문이다.

이러한 생각이나 선입관은 고구려사에 대한 시야를 좁힐 뿐 아니라 21세기에 절실히 요청되는 글로벌 국제감각을 함양하는 데도 도움이 되지 않는다. 바로 이러한 점에서 최근 고구려 드라마 열풍 속에는 실實보다 허虛가 더 많았다고 생각된다. 고구려사를 중국왕조와의 대결이라는 관점으로 이해해서는 득得보다 실失이 더 크다. 따라서 고구려사의 실체를 보다 객관적으로 이해하고, 나아가 더욱 거시적인 시각에서 바라보려고 노력할 필요가 있다.

주지하듯이 고구려는 700여 년간 존속한 고대국가이다. 고구려사를 한국사와 연관해본다면, 고조선 이래 만주와 한반도 북부에서 흥기했던 예맥족의 여러 주민집단을 하나의 역사체로 통합한 사실이 무엇보다 주목된다. 비록 고구려 유민 일부가 중국대륙 등으로 흩어졌지만, 고구려인들이 이룩한 역사와 문화는 통일신라와 발해를 거쳐 지금의 한민족에게로 면면히 계승되고 있다. 즉 고구려는 예맥족을 통합하여 한민족 형성의 근간을 마련한 존재인 것이다.

현재 동아시아에서 고구려를 온전히 계승한 역사체는 한민족뿐이다. 고구려의 된장과 김치, 온돌은 한민족의 삶 속에서만 살아 숨 쉬고 있고, 둥그스름하며 바닥이 평평한 고구려 토기는 동글동글한 백제와 신라 토기를 밀어내고 한민족 질그릇 문화의 주류를 형성했다. 따라서 근대 국민국가 또는 민족 형성의 관점에서 본다면, 누가 뭐라 하더라도 고구려사는 한국사임이 분명하다. 고구려사를 중국사로 편입하려는 중국학계의 시도는 그야말로 억지주장에 불과한 만큼, 그들의 주장을 반박하기 위해 실제 역사적 상황을 왜곡하는 무리를 범할 필요는 전혀 없다.

그런데 고구려사를 한민족의 역사 곧 한국사라는 울타리에만 가두어둘 경우 고구려사의 다양한 측면들을 놓칠 위험성이 있다. 가령 고구려사의 외연은 멸망하는 그날까지 끊임없이 확장되어, 현재의 한민족을 구성하는 주민집단뿐 아니라 말갈족(읍루 · 물길의 후예)의 일부를 고구려인으로 동화시켰다. 또한 유목민 계통으로 생활양태가 많이 다른 거란족의 일부까지 예속시키기도 했다. 즉 고구려는 예맥족을 중심으로 여러 족속을 포괄한 일종의 다종족 국가였던 셈이다. 대외적으로도 중국대륙의 왕조뿐 아니라 일본열도의 왜나 몽골초원의 유목국가, 나아가 중앙아시아의 여러 나라와 활발하게 교섭하며 국제적인 문화를 이룩했다.

따라서 고구려사의 면모를 온전히 파악하려면 때로는 근대 국민국가라는 울타리를 벗어나 거시적인 시각에서 접근할 필요가 있다. 무엇보다 동아시아 국제정세와의 연관성 속에서 고구려사를 이해할 필요가 있다. 이러한 점에서 최근 고구려 드라마처럼 중국왕조와의 대결만 강조하는 경향은 결코 바람직하다고 할 수 없다. 고구려인은 중국왕조와 대결도 했지만, 때로는 그들과의 외교관계를 활용해 영토를 확장하거나 독자세력권을 구축하기도 했다는 사실을 기억해야 한다.

그러므로 중국왕조와의 대결보다 동아시아 국제정세에 대한 고구려인의 인식과 대응을 보다 객관적이고 거시적인 시각에서 파악하는 것이 훨씬 중요하다. 아울러 고구려를 구성한 핵심집단인 예맥족뿐 아니라 다른 족속의 입장도 고려해야 할 것이다. 그래야 고구려사의 국제적인 면모와 더불어 문화적 다양성을 제대로 이해할 수 있을 것이다. 또한 이를 통해 우리가 결코 배타적인 민족감정의 소유자가 아니며, 고구려의 역사와 문화를 모든 인류와 더불어 공유할 수 있는 열린 역사관을 갖고 있음을 전 세계인에게 알릴 수 있을 것이다.

고려말 · 조선초의 영웅담에 담긴 역사성

—김성한의 소설 『이성계』를 중심으로—

민현구

1. 머리말
2. 소설 『이성계』의 구도와 내용
3. 역사적 통찰과 문학적 허구
4. 조선 건국을 바라보는 싸늘한 시선
5. 맺음말

1. 머리말

흔히 역사와 소설의 중간지대에 자리한다고 거론되는 역사 소설은 많은 흥미를 자아내는 동시에 역사적 감흥을 안겨준다. 문학의 허구가 주는 재미와 역사가 풍기는 유원悠遠한 맛을 함께 느끼게 해주는 것이다. 그리하여 역사 소설로서 대중적 인기를 모아 많은 판매부수를 기록하며 인구에 회자되는 일

閔賢九 고려대학교 명예교수.

저서로는 『朝鮮初期의 軍事制度와 政治』(한국연구원, 1983), 『高麗政治史論』(고려대학교 출판부, 2004), 『한국중세사산책』(일지사, 2005), 『韓國史學의 성과와 전망』(고려대학교 출판부, 2006) 등이 있고, 편저로는 『史料로 본 韓國文化史』 고려편(공편저, 일지사, 1984)이 있으며, 역주로는 『譯註經國大典』(공역주, 한국정신문화연구원, 1985 · 1986)이 있다. 그 밖에 「辛旽의 執權과 그 政治的 性格」 上 · 下(『역사학보』 38 · 40 합집, 1968), 「白文寶研究」(『東洋學』 17, 1987), 「고려에서 조선으로의 왕조교체를 어떻게 이해할 것인가」(「한국사 시민강좌」 35집, 2004) 등 주로 고려사에 대한 많은 논문이 있다.

이 가끔씩 나타나기도 한다.

그러나 크게 선풍을 일으켜 많이 읽혔다고 해서 그것이 반드시 좋은 작품이었다고는 말할 수 없다. 개중에는 역사 왜곡이라는 심각한 문제점을 지니는 경우가 적지 않은데, 작가에게 허용될 수 있는 상상의 범위를 뛰어넘어 명백한 사실의 오류를 범하는 것이 대표적인 사례라 하겠다. 또한 역사를 내세워 특정한 정파를 옹호하거나 편향된 이념의 주입에 치중함으로써 독자의 이목을 끄는 수도 있지만, 대개 소재 선정이나 내용 전개, 또는 시대상의 파악에서 문제점을 노출하게 된다. 역사학의 입장에서는 일시적으로 떠들썩하기보다는 차분하게 오랫동안 읽히고 기억될 수 있는 충실한 역사 소설이 소중하다고 생각된다.

김성한의 『이성계』는 고려말 · 조선초를 다룬 리얼리티 역사 소설로서 드물게 역사적 사실에 충실했던 작품이라고 할 수 있다.[1] 조선왕조 개창의 주인공인 이성계李成桂의 생애를 더듬으며 그 시기의 이야기를 이끌어나가는데, 역사기록에 입각해 정확하게 테두리를 설정한 것이 인상적이다. 역사적 사실과 문학적 허구를 적절히 배합하되 때로는 역사기록을 무시하는 태도를 보이기도 한 이 소설은 역사 소설의 기본적인 요건을 갖추어 역사 이해에 상당한 도움을 줄 수 있다는 점에서 긍정적이고, 그래서 검토의 대상이 될 수 있다고 여겨진다.

물론 30년 전에 나온 이 작품이 오늘의 입장에서 보아 아무런 문제점도 지니지 않는다는 얘기는 아니다. 그럼에도 불구하고 역사 소설로서 일정한 수준과 품격을 갖추었다는 전제 아래, 고려말 · 조선초를 다룬 이 소설에 주목하여 간략히 살펴보려는 것이 이 글의 취지이다. 먼저 그 내용을 간략히 살피고, 그 속에 투영된 역사적 진실과 문학적 허구의 조합 형태를 엿보고, 끝으로

---

1 김성한, 『이성계』 상 · 중 · 하, 어문각, 1967.

이성계와 조선 건국에 대한 비판적 태도에 대해서 주의를 기울여보려 한다.[2] 이로써 역사 소설로서 『이성계』의 성격과 가치가 좀더 드러나고, 나아가 장차 우리 역사 소설의 바람직한 방향 설정에 조그마한 참고가 되었으면 한다.

2. 소설 『이성계』의 구도와 내용

『이성계』는 3권에 걸쳐 59장으로 이루어진 장편 역사 소설이다. 각 권마다 '동트는 광야曠野', '노송老松에 부는 바람', '대권大權'이라는 제목이 시사하는 바와 같이, 한미寒微한 이성계가 무인으로 기신起身하여 노쇠한 고려 왕조를 압도하다가 마침내 조선 왕조의 개창이라는 대업을 달성하기까지의 파란만장한 역정을 소설로써 다루었다. 이성계를 중심으로 그의 신변을 시간의 추이에 따라 추적하다 보니, 자연히 역사의 골격을 기본 축으로 삼고, 사이사이에 소설적 허구를 삽입해서 이야기를 엮어 전개시키는 양상을 띠었다.

소설은 이성계가 장수로서 처음 출정하는 장면에서부터 펼쳐진다. 실제로 공민왕 10년(1360) 9월 서북 강계지방에서 독로강만호 박의朴儀가 반란을 일으켜 위세를 떨치자, 중앙 조정으로부터 출정 요청을 받은 26세의 이성계가 상장군 · 동북면상만호로서 토벌에 나섰던 것이다. 당시 동북지방의 유력자였던 부친 이자춘李子春의 사망으로 그 직위를 이어받은 이성계는 새롭게 위치를 가다듬고 있는 무예가 출중한 패기 있는 청년장군이었다.

이후 소설은 이성계의 족적을 좇아, 홍건적의 침입과 격퇴, 동북면에서의 나하추納哈出와의 전투 등 외적과의 연이은 싸움을 다루었고, 신돈辛旽의 등장과 몰락을 중심으로 고려 조정의 이야기도 곁들였다. 공민왕대 말엽에 이

2 이 글에서는 문학적 평론과는 무관하게 얼마나 역사적 사실에 충실했는가에 주안점을 두고 작품을 살필 것이다.

성계가 나섰던 두 번에 걸친 요동정벌도 비중 있게 취급되었는데, 그는 이러한 전공에 힘입어 30대 중반에 재상 급의 지위에 오를 수 있었다.

소설 중반에는 이성계의 생애를 통해 가장 중요한 아내였던 후부인後夫人 현비顯妃 강씨康氏를 맞아들이는 사연을 재미있는 픽션으로 그리면서, 우왕대에 반복된 주로 왜구를 대상으로 한 전투와 승리 그리고 정치와 가까워지는 국면들을 묘사하였다. 황산대첩으로 알려진 남원 운봉雲峰에서의 왜구 섬멸과 동북면에서의 호발도胡拔都 침입군 격퇴는 그에게 빛나는 무훈을 안겨주었고, 그의 장상將相으로서의 성장과 당시 고려사회의 어두운 실정이 정치에 개입하는 계기를 만들었다. 마침내 이성계는 위화도회군을 감행하여 정치권력의 중심에 들었고, 책략의 모사들을 이끌며 정국을 주도하였다.

쇠락의 고려왕조는 정몽주의 몸부림을 끝으로 종말로 다가서고 자연스럽게 이성계가 등극하여 조선왕조가 개창되지만, 그 과정에는 음모와 책략으로 얼룩진 정쟁政爭이 있었고, 개창 벽두에는 왕씨王氏 일족에 대한 참혹한 살해가 자행되었다. 그는 태조로서 새 도읍지 한양에 경복궁을 짓고 거기에서 환갑을 맞이함으로써 생애의 절정을 맞지만, 곧 사랑하는 현비가 세상을 떠나고, 뒤이어 골육상쟁의 정변 끝에 자식에게 양위를 강요당하기에 이르렀다. 비애, 통분, 고독, 그리고 회한 속에 몸부림치는 63세의 이성계가 이복형제의 칼에 남편을 잃은 딸이 불도佛道에 들며 삭발하는 모습을 지켜본 다음, 정처없는 방랑의 길에 나서는 데에서 소설은 대미를 맺는다.

소설 『이성계』는 전반부에서 군사와 전쟁이 큰 비중을 차지하는 데 비해 후반부는 정치와 책략의 얘기로 넘치는 느낌을 주는데, 이는 물론 소설의 주인공이 쭉 장군으로 활약하다가 정치 속으로 들어갔기 때문이다. 장군으로서의 이성계는 16번에 걸친 크고 작은 전투에 참여하여 대부분 승리를 거두었다. 내란을 평정하고, 외적을 격퇴시키고, 멀리 바깥으로 정벌에 나섰으며,

한족漢族의 홍건적과 싸우고, 몽골 침략군과 대적하고, 여진족과 겨루었으며, 왜구를 격퇴시킨 것도 여러 번이었다. 그리하여 30년 가까이 계속하여 고려 전역에서 군대를 이끌고 싸움을 벌여 상승常勝의 장군이 된 그는 전쟁의 사나이로서 부각되었다.

이 작품이 역사 소설로서 전쟁에 큰 비중을 두면서 깊은 인상을 줄 수 있었던 것은 그 속에 담긴 생생한 현장감 때문일 것이다. 역사기록에는 나하추와의 싸움이나 운봉 전투처럼 비교적 구체성 있는 전황을 알려주기도 하지만, 대부분은 간략한 전과만 나타낼 뿐이다. 그런데 소설에서는 매번 전투가 벌어질 때마다 그 경과와 추이가 전략·전술이 곁들인 채 상세하게 서술되었으며, 그 밑바탕에는 실제 지형, 지리에 대한 추적, 조사와 당시 정황의 파악이 깔려 있는 것이다. 영성한 기록을 살려내면서 무리 없이 당시의 전쟁을 재현해내는 것은 문학의 특권이요 역량이라고 할 수 있다.

위화도회군 무렵부터 시작되는 소설에서의 정치의 장은 음모와 모략 그리고 가혹한 죽임으로 점철되었다. 실제로 이성계가 정치가로 변신한 53세부터 새 왕조를 개창하기까지 4년 남짓 되는 동안은 한국사를 통틀어 유례가 드문 격렬한 정쟁기였고, 그가 태조로서 왕위에 있다가 물러나기까지의 6년간에도 정치적 긴장은 지속되었지만, 소설은 이 10년 동안의 정치를 이성계를 중심으로 오로지 음험하고 잔혹한 모습으로 표출시킨 것이 특징적이라 하겠다.

이성계는 당초 선의善意의 세계를 꿈꾸며 정치에 발을 내디뎠다. 그러나 일면으로 절대 권력을 즐기고, 다른 일면으로는 충신忠臣에 머무르겠다는 어정쩡한 태도를 취하는 가운데 그의 가까이에 있는 모사·책사들은 수단과 방법을 가리지 않고 비열하고 악랄하게 일을 진전시켜 마침내 그들은 왕과 공신으로 부상될 수 있었다. 하지만 그것은 또 다른 음모를 낳으며 결국 파탄에 이른다. 이러한 방향과 내용은 작가의 당대에 대한 역사관과 정치에 대한 불신, 혐오의 관점을 반영한다고 할 수 있지만, 또한 당시 역사자료에 얽매이기 쉬운 역사학 쪽에 예리한 비판의 안목을 제시하는 것으로 볼 수도 있다.

이 소설에는 여인들과 그에 얽힌 애틋한 사랑 이야기도 여럿 등장한다. 맨 앞에서 박의의 반란을 다루면서 박의를 노비 출신으로 상정하고, 그가 상전의 딸인 현아와 서로 사랑하며 맺어지는 기구한 사연과 마침내 반란을 일으켜 추락하는 세상사의 부조리를 허구로 그려낸 것은 당시의 사회상과 인간적 운명에 대한 예시로 느껴진다. 그 뒤에 나오는 것이 주인공인 이성계를 둘러싼 여인들의 이야기이고, 그것이 역사 소설을 부드럽고 실감나게 만든다고 말할 수 있다.

소설에서 이성계의 여인으로는 네 명이 등장한다. 처음 결혼한 정실부인 한씨韓氏는 6남 2녀를 낳고 30년 넘게 부부의 관계를 이어갔지만, 중간에 잠시 나오다가 뒤에 임종 모습을 보일 뿐이다. 이성계가 왕에 오르기 1년 전에 그녀는 '잘난' 남편에게 한이 많아 그보다는 큰 아들에게 수의를 입혀주기를 바라는 존재로 묘사되었다. 또 하나의 여인 오선烏仙은 장수로서 처음 출정한 청년 이성계가 난을 진압한 직후 객관에 며칠 머물며 뒤처리를 하는 동안 시름을 잊게 한 강계江界의 미인이었는데, 그에게 인간과 세상사에 눈을 뜨게 해주었다.

이성계와 진정한 사랑을 나누고 함께 살면서 위안과 조언을 준 이는 금난화金蘭花와 강지화康芝花였다. 그가 40세에 이르기까지 반려자였던 금난화는 원의 장수 나하추의 누이동생으로, 대병大兵으로 침입한 나하추가 패주하는 과정에서 낙오되었다가 이성계를 만나 맺어졌다. 그들은 함주咸州를 보금자리로 하여 13년간 꿈같은 삶을 누렸다. 이 이국의 어여쁜 여인은 이성계에게 더없이 소중한 존재로, 소설에서는 "(본부인) 한씨가 무반동의 솜뭉치라면,

금난화는 탄력이 넘치는 해면海綿뭉치" 라고 묘사하였다. 그러나 나중에 이성계가 집안 분쟁으로 인해 반역의 모함에 휘말리자, 자기가 적장敵將의 누이동생이란 점이 문제된다는 사실을 깨닫고 딸 난아를 남긴 채 종적 없는 죽음의 길을 택하였다.

이성계는 금난화가 던진 충격을 겪은 지 수년 만에 강지화라는 새로운 여인을 맞아 빈자리를 메웠다. 원래 유력한 가문 출신인 강지화는 황해도 곡산谷山에서 은퇴한 아버지와 함께 살다가 사냥하러 온 이성계와 우물가에서 만나고, 마침 불문佛門에 있는 자매를 만나러 가는 길에 이성계가 보호차 동행하자 이 일이 인연으로 작용하여 맺어졌다. 그녀는 상냥하고 부드러웠지만, 이성계에게 중요한 시사를 던져주기도 하면서 적지 않은 영향을 미쳤다. 장군에서 정치가로 전환하고, 마침내 왕조의 개창자가 되는 이성계에게 그녀는 진정한 내조자 구실을 했고, 2남 1녀를 낳으며 왕비에 올랐다. 그러나 그녀는 장수를 누리지 못하고 일찍 세상을 떠났고, 오래지 않아 세자를 포함해 두 아들 모두와 사위는 정변으로 목숨을 잃었다. 이들 여인 가운데 한씨 부인과 강지화가 실존 인물인데, 그들을 포함해 여기에 등장하는 모든 여인은 한 많은 존재로 묘사되었다.

소설 『이성계』에는 수많은 인물이 나타나고, 중요한 장면에는 대부분 실존 인물이 선보이고 있다. 그들 가운데 중요한 구실을 하였고, 인격을 갖춘 이로 등장하는 사람은 최영崔瑩, 정몽주鄭夢周, 이두란李豆蘭 세 사람이다.[3] 최영은 이성계보다 19년 연상으로 이성계가 진정으로 존경하는 선배 무장이었다. 지략과 용력이 뛰어난 그는 외침에 시달리는 고려를 지키는 간성干城이었고, 부패와 부정으로 얼룩진 정치가 파멸로 치닫는 것을 막는 보루였다. 그

3 이 세 사람은 모두 『高麗史』 열전에 입전되었다(『高麗史』 113, 列傳 26, 崔瑩 ; 同書 116, 列傳 29, 李豆蘭 ; 同書 117, 列傳 30, 鄭夢周).

는 이성계를 인정하고 감싸주었으며, 끝까지 신임하였다. 위화도회군으로 인간적으로 최영을 배신한 데 대하여 이성계는 두고두고 괴로워하였다.

정몽주는 이성계보다 2년 연하의 문신으로 비슷한 시기에 입사하여 일찍부터 잘 아는 사이였다. 전란기를 맞아 이성계가 주장主將으로 출정할 때, 정몽주는 종사관從事官이나 조전원수助戰元帥로 좇아갔기 때문에 상하관계가 분명하였다. 그럼에도 이성계와 정몽주는 서로 존중하고 외경하는 입장이었고, 위화도회군 이후 한동안 정치적 입장을 함께하였다. 하지만 막판에 이르러 정몽주는 이성계가 왕조 찬탈을 획책한다고 믿게 되었고, 전격적으로 그의 세력을 꺾으려다가 죽음을 당했다. 그러나 정몽주는 국운을 생각해 후선에서 이성계 세력 제거 움직임에 동의했을 뿐이고, 이성계도 정몽주 살해를 끝까지 반대한 것으로 묘사되었다.

이두란은 이성계의 막하에 들어온 여진 추장 출신의 용장으로 4년 연상이었다. 그는 모든 전투에서 이성계를 도와 앞장섰고, 언제나 미덥고 든든한 친구요 동지 구실을 했다. 이성계와 상하관계를 분명히 하여 섬기면서도 현실을 객관적으로 파악하고 정도를 지키며 바른말을 해주었다. 언제 어디에서나 이성계에게 충고할 수 있는 유일한 인물이었고, 그의 말은 모두 받아들여졌다. 소설 속에서 최영, 정몽주와 더불어 이두란이 훌륭한 존재로 묘사되는 데 반해, 나머지 대부분의 사람들, 특히 이성계 주변의 모사·책사들 모두가 폄하되는 것은 눈에 띄는 대목이라 하겠다.

3. 역사적 통찰과 문학적 허구

(1) 대세 파악에 기초한 과거의 재창조

역사를 이해하는 데는 대세 파악이 중요하다. 미세한 문제에 매달리다 보면 큰 흐름이나 중요한 윤곽을 놓치기 쉽고, 그것은 결국 미흡하고 불균형한 이해로 귀착된다. 이것은 역사 소설에서도 매우 중요하게 여겨지는데, 긴 역사적 시간의 흐름 속에서 인과관계를 바르게 추적하여 온전한 실체를 파악한 기초 위에서 다양하고 재미있는 이야기가 꾸며져야 한다. 그것은 결국 작가의 역사적 통찰력을 요구하는 것이고, 그 속에서 무르익은 작품은 거꾸로 올바른 역사 이해에 도움을 주게 된다.

소설 『이성계』에서는 길게는 시대적 배경에 대해서, 짧게는 사태나 관계의 전모에 대해서 큰 흐름과 구조를 파악하여 새롭게 재창조한 대목들을 자주 만나게 된다. 공민왕 때 벌어지는 홍건적의 침입과 격퇴는 원 간섭기 거의 100년 동안 외적과의 본격적 무력충돌을 겪지 않은 고려가 수도 개경이 함락되어 안동으로 피난하고 수많은 인명과 재산 손상을 입은 처참한 대규모 전란이었다. 이성계가 처음 박의의 반란 진압에 나섰다가 그 길로 제2차 홍건적 침입에 대처해 전투에 참가하게 되는 사정 때문에 소설에서는 자연스럽게 이 전란을 다루게 되었는데, 그 속에서 앞서 말한 바를 엿볼 수 있다.

홍건적의 침입은 당시 원·명 교체와 동아시아 국제정세의 변화 조짐을 뜻하는 것으로서 20만 명의 침입군이 입힌 엄청난 피해와 그것을 극복한 고려의 눈부신 항쟁은 특히 주목되는 바라고 할 수 있다. 그러나 속사정을 알려주는 역사자료는 너무나도 빈약하다. 소설에서 이 전란을 '몽고족, 한족漢族, 여진족, 고려족이 번갈아 일으키는 풍진'의 연장선상에서 파악하고, 개경을 함락한 적군이 벌이는 무자비한 약탈과 그 잔혹상을 새롭게 보여주면서 역사자료를 보충해서 격퇴과정을 그려낸 것은 문학에서 역사적 지견을 통해 과거를 재창조할 수 있음을 알려준다고 할 수 있다.

홍건적 난은 격퇴 직후에 야기된 삼원수三元帥 살해사건으로 더욱 큰 상처를 남겼다. 왕의 밀지를 위조하여 삼원수로 하여금 총병관을 죽이게 하고, 다시 그 죄를 물어 결국 삼원수를 죽게 만든 이 사건은 국가적 위기 극복의 주인공인 전쟁 영웅들을 부당하고 억울하게 희생시킨 참변이었다. 당시 갑작스럽게 비대해진 병권兵權에 대한 우려와 공민왕 주변 총신寵臣들 사이의 경쟁관계가 배경을 이루는 것은 명백하지만, 그 실상과 성격은 불확실하고 모호한 점이 많다. 소설에서 기록들을 찾아 맞추고, 거기에 추리를 더하여 전모를 재현시켜 정치와 권력의 어둡고 비정한 구석을 비춘 것은 역사 연구에도 큰 시사를 던져준다. 소설에서는 이성계가 홍건적을 격퇴하고 이 사건을 직접 목도하면서 커다란 충격과 고뇌에 빠지는 것으로 묘사되었다.

이성계가 무장으로 성장하다가 현실 정치와 부닥치는 대목에 대해서는 종전에 별다른 관심을 기울이지 않았다. 그러나 소설에서는 이성계가 실제로 49세 때 안변책安邊策을 올린 점[4]을 중시해 사서史書에 나오는 그 전문全文을 제시함으로써, 그가 이 시기 동북지역의 군사지휘권을 지니고 군사행정에도 간여하면서 일반 백성들의 고초와 사회의 비리 · 모순에도 상당한 관심과 식견을 갖고 있었음을 시사하였다. 또한 그가 이 무렵 개경 가까이에서 시중 임견미林堅味를 등에 업고 지방 수령을 핍박하여 불법으로 재화를 빼앗는 불한당과 부닥치고, 동북면에서는 임견미, 염흥방廉興邦의 사주를 받아 부당하게 일반백성을 수탈한 그들의 문객 40여 인을 붙잡아 우두머리를 참형에 처한다는 픽션을 가미해서 이성계의 새로운 모습과 행보를 묘사하였다.

이러한 허구의 수법은 이 시기 이성계와 최영이 손잡고 임견미, 염흥방 일파를 일망타진함으로써 정국변화의 기폭제를 마련한 조반趙胖의 옥사獄事를 재현하는 데에도 훌륭하게 발휘되었다. 재추의 고위직에서 물러난 조반이 백주에서 염흥방의 가노家奴 이광李光에게 토지를 탈취당하자 그에 항거하다

4 『高麗史』 135, 列傳 48, 辛禑 9년 8월.

가 오히려 역모로 몰리는 지경에 이르렀는데, 이것을 국가기강의 위기로 파악한 최영과 이성계가 우왕의 인정 아래 최고 실권자였던 그들 일당을 일망타진하였던 것이다. 이 과정을 역시 문학적 허구로 재현함으로써 당시 고려의 실상과 정치적 국면을 생생하게 드러내면서 이성계가 군인에서 정치가로 선회하며 새로운 행보를 취하는 배경과 과정을 밝게 드러내주었다.

이러한 점과 관련하여 이성계와 최영과의 관계 설정도 흥미롭다. 종래에는 위화도회군에 주목하여 최영과 이성계를 보수적 무장과 신흥 용장勇將으로서 각기 구세력과 신세력을 대표하는 존재로 파악하고, 두 사람이 친밀했다는 개괄적 설명에는 큰 관심을 기울이지 않았다. 그러나 작가는 앞서 밝힌 대로 최영이 이성계를 전폭적으로 믿고 지지한 절대적 후원자로서 그의 성장과 출세에 가장 크게 도움을 준 존재로 설정하고, 그것을 뒷받침하는 많은 이야기를 꾸며냈다. 이성계 자신도 뒷날 최영에 대한 배신을 가장 괴로운 일로 술회했다는 대목이 여러 번 나온다.

소설이 내세운 최영과 이성계의 긴밀한 관계는 상당한 설득력을 지닌다고 여겨진다. 역사기록에서는 두 사람이 "정호情好가 극독極篤하였다" 라고 하면서 최영이 이성계의 모함을 막아주었고 '국가의 주석' 이라고 높이 평가했다는 내용을 찾을 수 있을 뿐이다.[5] 그러나 실상 최영이 베풀었을 수많은 후원과 혜택의 사례들은 역사자료에서 인멸되거나 삭제되었을 것임이 분명하다. 공민왕대부터 우왕대에 걸쳐 정치적 격동이 거듭되고 무장들이 여러 형태로 제거되는 상황에서 이성계가 온전히 성장할 수 있었던 배경은 최영의 적극적 도움을 무시하고는 제대로 설명되기 어렵고, 이러한 사실은 기록이 전하는 "정호가 극독하였다" 는 것이 함축하는 깊은 의미를 되새기게 만든다. 역사

5 『太祖實錄』 1, 總書, 辛禑 11年.

에서 체제와 이념을 중시하면서 소홀하게 여겼던 '인간관계'라는 대목을 문학적 추적으로 건져내 픽션의 수단으로 재현시킴으로써 역사 이해에 중요한 시사점을 던져주었다고 할 수 있다.

문학의 상상력이 큰 위력을 발휘한 대목은 조선왕조 건국 초에 강행된 왕씨에 대한 무자비한 살육에서도 엿볼 수 있다. 새 왕조가 출발한 직후에는 고려의 왕실과 왕족인 왕씨 일족에게 관대한 태도를 보이다가 곧 정책을 선회하여 공양왕 삼부자를 죽이고, 왕씨 일족 모두를 강화도와 거제도에서 살해하였다. 역사기록에서는 일련의 조치를 간략히 밝혔을 뿐,[6] 그 구체적인 모습이나 정황에 대해서는 철저히 침묵하였다. 비참하고 억울한 죽음에 대해서, 정치적으로 결행한 불인不仁한 조처에 대해서, 관찬의 역사에서 상설詳說할 계제는 아니었을 것이다. 이러한 형편에서 소설을 통해 당시의 처절한 정경을 재현하고, 때로는 인간의 잔혹성에 연결시키거나 희화적으로까지 묘사하는 것은 문학에서만 가능한 일일지도 모른다.

(2) 과감한 허구의 조작

소설 『이성계』가 역사적 통찰력을 바탕으로 문학적 허구를 쌓아 역사 이해에 도움을 주는 대목이 적지 않음은 앞에서 지적했다. 그러나 과감한 허구적 수법의 도입이 역사 소설에서 어느 범위까지 허용될 수 있는가를 생각하게 하는 점도 없지 않다. 여기에서는 소설 가운데 이성계와 관련하여 해당 자료가 없거나 모호한 점을 기초로 새롭게 허구를 꾸며 이야기를 전개시킨 대목을 추적하기로 한다.

앞에서 이성계의 여인 가운데 중요하게 다루어진 금난화가 허구임을 지적

6 『太祖實錄』 5, 태조 3년 4월 癸未, 甲申, 丙戌, 己丑.

한 바 있다. 금난화가 원의 명장 나하추의 누이동생으로 이성계의 두 번째 부인 자리를 차지해서 13년간 실질적인 배우자 노릇을 했다는 점도 재미있지만, 그녀의 존재 때문에 이성계가 적과 내통한 반역자로 몰려 곤경에 처하고, 그 문제가 섭정인 태후의 주재 아래 고려 최고의 국정기관에서 심각히 거론되었으며, 결국 금난화가 스스로 목숨을 끊고 뒷날 그 소생인 난아는 쓸쓸히 출가한다는 대목으로 이어진다는 점에서 큰 비중을 차지한다. 말하자면, 금난화는 이 소설에서 흥미를 던져주며 젊은 시절 이성계의 삶과 성장에 큰 영향을 끼친 존재로 중요시된다고 할 수 있다.

그렇다면, 작가는 무슨 근거로 금난화를 꾸며 등장시키고 나아가 역모에까지 연결시켰을까. 우선 역사기록에, 나하추와 대전할 때 그의 누이동생이 군중에서 이성계의 신무神武한 모습을 보고 마음속으로 기뻐하면서, "저 사람은 천하의 무쌍無雙이다"라고 말했다는 구절이 나타난다.[7] 그의 무용과 공로를 강조하는 대목 속에 보이지만, 이성계를 높이 평가하며 좋은 감정을 지닌 나하추의 누이동생의 존재를 확인할 수 있고, 그것이 역사기록에 나타나는 만큼 작가는 두 사람이 결연되었을 가능성이 있다고 여겼던 것 같다.

다음으로 작가는 이성계의 딸 가운데 의녕宜寧옹주를 주목하였을 것이다. 이성계는 전부인과 후부인 사이에서 공주 3명을 낳은 이외에 옹주 2명을 더 두었는데, 맏이인 의녕옹주는 개성인開城人인 호안공胡安公 이등李薆(계천위啓川尉)에게 출가하였다.[8] 정체가 확실치 않지만 정식 부인은 아닌 것이 분명한 의녕옹주의 모친을 이민족異民族인 금난화로 설정하고, 의녕옹주가 그녀의 소생으로 이성계의 사랑을 독차지하다가 금난화가 죽은 뒤 우왕 5년(1379)경에 이등과 결혼하는 난아로 비정하였다.

---

7 『高麗史』 40, 世家 40, 공민왕 11년 7월.

8 『璿源世系』, 太祖條 및 『練藜室記述』 卷1, 太祖朝故事本末條 참조.

그리고 작가는 우왕이 즉위한 지 오래지 않은 때의 일로서 이성계가 가문 내의 갈등에 휩싸인다는 역사기록을 중시하였다.[9] 이 사건은 가문의 적통 문제를 둘러싸고 이성계의 종형(백부인 이자흥李子興의 아들) 이천계李天桂가 나서서 스스로를 내세웠던 것인데, 일찍이 공민왕이 하사하여 이성계가 쓰고 있는 개경 집의 소유 문제가 걸려 있었고, 출세가 빠른 종제에 대한 시기심도 작용하였던 것 같다. 이천계의 누이도 가세하고, 이성계 집의 노奴로서 양인이 되고자 송사訟事를 벌이려는 자도 나섰으나 뜻을 이루지 못했다고 한다. 역사기록에는 내용이 분명치 않은 어떤 갈등 분쟁이 있었음을 보여주고, 그럼에도 이성계는 개의치 않고 그들을 처음처럼 좋게 대하였음이 강조되었다. 작가는 이 사건을 금난화를 내세운 역모의 고발로 그린 것이다.

대체로 작가는 위와 같은 근거와 추측으로 독자의 흥미를 끌기 위해 금난화 얘기를 꾸몄으나, 이러한 문학적 상상은 불안하게 여겨진다. 무엇보다도 나하추의 누이동생과 이성계의 결연은 현실적으로 어려운 일이고, 뒷받침할 만한 근거가 박약하다. 금난화의 딸 난아로 비정된 의녕옹주에 대해서 뒷날 태종이 "그 어미는 비록 천하지만, 나의 누이이다"라고 말한 바 있고,[10] 의녕옹주의 남편인 이등은 조선 세조 3년(1457)에 78세로 사망한다는 점[11]에 비추어 그들 부부는 고려 우왕 3년(1379)경에 출생했다고 여겨지므로 소설에서의 추정과는 크게 다르다. 의녕옹주의 모친을 이국적인 존재로 보려 한다면, 차라리 이성계와 절친한 이두란 집안 소속의 여진인 쪽에서 찾을 수 있지 않을까.

이성계 가문 안의 갈등 · 분쟁도 그 내용은 토지 · 노비의 탈점 문제를 빌

9 『太祖實錄』 1, 總書, 辛禑 元年.
10 『世宗實錄』 3, 세종 원년 2월 乙未.
11 『世祖實錄』 8, 세조 3년 7월 壬戌朔.

미 삼아 관에 고한 것이었던 듯한데, 이성계의 노奴가 나섰다는 사실이 시사적이라 여겨진다. 당시 이성계의 거취에 대한 기록이 자세하게 남아 있지는 않지만, 이와 같은 송사가 발생했더라도 역모로 몰리면서 정치적으로 곤경에 처했던 일은 없었으리라 생각된다. 그는 이 무렵 무장 출신 유력자인 지윤池奫의 가문과 혼인관계를 맺는가 하면, 최영과 경복흥慶復興의 후원을 받는 가운데 계속 전공을 세우면서 착실하게 성장하고 있었다.

이렇게 본다면, 소설 『이성계』에서 제시한 금난화와 그녀와 관련된 역모 이야기는 사실로 받아들이기 힘든 과도한 허구라고 할 수 있다. 물론 그러한 허구를 구상할 만한 어느 정도의 근거가 있기 때문에, 역사 소설에서 작가에게 지나친 제약을 가하는 것은 무리라는 반론도 제기될 수 있을 것이다. 더구나 근년에 시대적 배경이나 역사적 사실의 추적을 게을리 하거나 거의 염두에 두지 않는 유사 역사 소설에 비추어 보면, 그러한 반론은 더욱 힘을 얻는다. 하지만 큰 소재를 다룬 대작으로서 걸출한 명품이 되기 위해서는 조그마한 하자도 남기지 말아야 되리라 생각된다.

(3) 사료의 비판과 불신

소설은 후반부에 들어오면 정치에 대한 이야기로 넘치게 된다. 특히 위화도회군 이후 조선왕조 건국까지는 시종 농도 깊은 정치담으로 일관된다고 할 수 있는데, 실상 4년간에 걸친 이 시기는 앞서 지적한 대로 한국사를 통해 유례가 드문 격렬한 정쟁과 격변의 시기였다. 그런데 여기에서 특별히 눈에 띄는 것은 작가가 이 시기의 이야기를 이끌면서 중요한 장면에서 역사자료를 철저히 불신하는 대목이 많다는 점이다.

위화도회군이 고려의 정치 판도를 크게 바꾸어놓은 것은 잘 알려진 사실이다. 최영이 거세되고 우왕이 쫓겨난 왕위에는 어린 창왕이 올랐으며, 조민수

曺敏修와 이성계가 각기 좌시중과 우시중으로서 정권의 중심에 위치하면서 군사지휘권을 분반分半한 형세였다. 여기에 이르기까지 소설은 역사자료에 별로 어긋남 없이 서술했다. 그런데 역사기록에는 새로운 정치판도가 짜여진 후 2개월 남짓 지나서 조민수가 대사헌 조준趙浚의 탄핵으로 유배당하는 것으로 나타난다.[12] 그동안 획기적인 조준의 전제개혁상소로 불법적 사전私田의 혁파를 중심내용으로 하는 토지제도 개혁운동이 진행되었는데, 조민수가 전에는 부당하게 탈취한 토지와 노비를 원래 주인에게 되돌려주는 듯하다가 정치적 지위가 굳어지자 다시 탈취하면서 사전 혁파 움직임을 막으려고 하자 탄핵을 해서 쫓아냈다는 것이다.

하지만 소설 『이성계』에서는 전혀 다르게 묘사하였다. 그 무렵 정치적 긴장감이 감도는 가운데, 조민수가 휘하의 진무鎭撫인 남성리南成理와 허연許珚 두 사람을 불러내 이성계 일파와의 충돌을 피하고 화합해 일할 방도를 논의하는 자리에, 이성계 측에서 동원한 군사들이 덮쳐 들어와 그들을 순군옥巡軍獄에 가두고 다음 날 유배시키는 것으로 이야기를 전개시켰다. "내부의 적은 숨통부터 쳐야 하고", "일격지하에 결정적 타격을 입혀 짓밟아 없애는 것" 이란 대화를 통해, 이성계 일파가 치밀한 계획 아래 무력을 동원해 불법적으로 조민수 세력을 축출하였음을 암시하였다. 그리고는 대사헌 조준의 탄핵상소로 유배시키는 것으로 '꾸며' 사후 처리를 했다는 것이다. 이것은 역사자료를 불신하고, 그 대신 다르게 유추한 내용을 사실로 내세우고 있음을 뜻한다.

이러한 면은 그로부터 1년 남짓 뒤에 벌어진 이른바 '김저金佇의 사건' 에 대해서도 마찬가지이다. 위화도회군으로 정치 판도가 바뀌어 이성계 일파가 새로이 득세하여 전제개혁운동을 펼쳤으나, 반대하는 세력도 만만치 않아 정

12 『高麗史節要』 33, 辛禑 14년 7월.

치적 대립과 갈등의 형국이 조성되었다. 조민수가 쫓겨난 자리에 이색李穡이 수상으로 대두하였고, 어린 창왕의 배후에서 외조부인 이림李琳이 큰 영향력을 발휘하다가 뒤에는 이색을 대신하여 수상 자리에 오르는데 그들은 모두 전제개혁에 반대하였다. 그리하여 신·구세력이 팽팽히 맞선 가운데 1년 남짓한 시간이 흐르다가, 마침내 김저와 정득후鄭得厚가 이성계를 거세하고 우왕을 영립하려다 실패한 사건이 벌어졌고 이것이 정세를 급변시켰던 것이다.

역사기록에 의하면 최영의 생질인 김저와 역시 최영의 족당인 정득후가 당시 여주에 유폐된 우왕을 찾아갔는데, 그 자리에서 우왕은 이성계를 거세할 뜻을 밝히고 칼 한 자루를 건네면서 팔관일을 맞아 예의판서 곽충보郭忠輔와 함께 일을 도모할 것을 부탁하였다. 이 부탁은 곽충보에게 전달되었고, 그는 겉으로 수긍하는 척했으나 곧바로 이성계에게 가서 이 사실을 알렸다. 이에 이성계는 팔관회에 참석치 않았고, 김저와 정득후는 밤에 이성계 집 앞에 갔다가 문객에게 붙잡혀 정득후는 자살하고, 김저는 순군옥에 갇혀서 문초를 받았다. 그 결과 엄청난 옥사가 발생하여 창왕이 쫓겨나고 공양왕이 즉위하였으며, 이성계 반대파 다수가 음모의 공모자로 몰려 죽거나 유배당하였고, 뒤이어 우·창왕 부자는 신돈의 자손이라 하여 죽임을 당했다.[13] 이로써 정세가 크게 바뀌어 이성계 일파의 세력이 절대적 우위를 점하게 되었다.

그러나 소설 『이성계』에서는 이 일을 철저한 음모와 조작에 의한 것으로 그렸다. 당시 정세를 호전시킬 기회를 엿보던 이성계 휘하의 모사들은, 우왕을 만나고 온 김저와 정득후가 곽충보를 만난 사실을 알고 그들을 붙들어 앞서 제시된 내용처럼 우왕이 이성계를 비상수단으로 제거하려 했다는 거짓 음모를 조작하였다. 그 과정에서 거짓, 회유, 협박과 참혹한 고문이 자행되었

13 『高麗史節要』 34, 恭讓王 元年 11월 및 12월.

고, 고문으로 인한 정득후의 사망을 자살로 둔갑시켰다. 심지어 이러한 조작과 음모를 이성계조차 나중에 알게 되는 것으로 묘사하였다. 이것은 역사자료와는 전혀 다른 내용이다. 사료를 정면에서 부정하고, 비웃는 듯한 느낌마저 주는데, 비열한 정치적 음모와 악랄한 술책이 사실과 다른 역사기록 아래 파묻혔다고 보는 셈이다.

이상과 같은 소설 『이성계』에서의 역사자료에 대한 불신은 어떻게 보아야 할 것인가. 단도직입적으로 말한다면, 그것은 의미 있는 추구요, 역사 연구에 시사적이라고 할 수 있다. 모든 정치의 역사는 이면사를 지니고, 특별히 이 시기에 집중되는 유례없이 가혹한 정쟁은 역사자료의 객관성조차 의심받게 만들 정도이기 때문이다. 다만 역사학 쪽에서 공인된 사료를 근거로 역사의 외곽을 다듬을 때, 일정 수준 이상의 역사적 식견을 지닌 작가가 문학적 상상력으로 틈새를 파고들어 그 내면을 자유롭게 뒤질 수 있고, 그 점이 바로 역사 소설이 지닐 수 있는 묘미가 아닐까 생각된다.

4. 조선 건국을 바라보는 싸늘한 시선

이 소설은 왕조가 교체되는 역사적 격변기의 주인공을 소재로 삼은 대작이다. 따라서 여기에서 주인공인 이성계를 어떤 인물로 파악하고, 역사적 격변의 귀결인 조선왕조의 성립을 어떻게 평가하는가 하는 점이 문제로 떠오른다. 이것은 소설 『이성계』의 작품성과는 직접 연관되지 않는다고 할 수도 있지만, 이 역사 소설에 담긴 역사성의 일부로서 관심을 기울여볼 만한 일로 여겨진다.

이성계는 활쏘기에 신묘한 재능을 지닌 용감한 장수였다. 초인적 체력과 지략을 갖춘 위에 부하 병사에 대한 장악력이 뛰어나서 백전백승의 상승常勝

장군이 될 수 있었다. 세심한 주의력과 냉철한 침착성을 지니고 신중하고 성실하게 처신함으로써 그의 전공은 더욱 빛났고, 최영이나 경복흥 같은 선배 무장이나 유력자들의 신임을 받을 수 있었으며, 그러한 가운데 하찮은 변방 출신의 무인에서 유수한 장군의 반열에 오를 수 있었다.

이처럼 훌륭하고 긍정적인 묘사는 군인으로서의 이성계, 장군으로서의 이성계에 대한 것이었다. 그러나 정치에 발을 내디디면서, 특히 위화도회군으로 사실상 정치인으로 변모하면서부터 소설에서 이성계에 대한 평가는 부정적인 방향으로 선회한 것으로 느껴진다. 그것은 최영과 정몽주의 생각이나 독백 형식으로 표출되는데, 최영은 이성계를 '간휼을 성실로, 침묵을 신중으로 오인'케 한 '반역자'로 낙인찍었고, 정몽주는 그를 임금도 은인도 친구도 감히 죽이는 잔인한 인물로 보면서 공양왕에게 충성을 다짐하는 것은 위선으로 '용상마저 빼앗으려는 흉모의 가장된 전주곡'으로 판단하였다.

물론 이성계의 변명도 보인다. 그는 위화도회군 이후 복잡하고 처참하게 전개되는 사태에 대하여 '선의의 세계를 꿈꾸면서 시작한 일이 갈수록 얽히고설키고, 피를 부르는 모함은 모함을 불러 걷잡을 수 없는 악의의 난마가 있을 뿐'인 것으로 보면서 실망하였다. 그가 뜻하는 바도 '왕실의 허명虛名은 그들에게 주고, 실권을 행사하여 평소에 생각하던 바를 실천에 옮기'는 것으로서, '이 백성들을 잘 살게 하고 고려 천지의 면목을 일신하는 데'에 목표를 설정하였다. 그러나 이성계는 권력을 즐겼고, '변동기에는 어느 정도의 희생은 있게 마련'이라는 생각을 갖고 정국을 이끌었다. 이성계의 변명이나 입장보다는 최영이나 정몽주의 비판과 평가에 무게를 두는 것이 소설의 속내로 여겨진다.

이처럼 이성계에게 후한 점수를 매기지 않는 근본적인 이유는 작가가 위화도회군을 부정적으로 평가하기 때문이다. 최영은 요동정벌이 승산이 있다고 믿었다. 때마침 명明은 대군을 동원해 북원北元을 정벌 중이었으므로 요동은 무방비 상태였다. 고려군이 일거에 요동을 점령하고 산해관山海關에 진출하면 명에 치명타를 가할 수 있고, 결국 천하를 고려가 북원, 명과 더불어 삼분三分하여 대국을 건설한다는 것이 그의 청사진이었다. 이에 대해 이성계는 이른바 사불가론四不可論을 내세워 반대하였다. 왜구의 위협이 상존하는 상태에서 국력을 모아 원정하는 것이 무리요, 여름철에 군사를 동원하는 것이 옳지 않고, 특히 여름 장마철에 궁노가 풀리고 군대에 질병이 번질 우려가 있으므로 일을 벌일 계제가 아닌데, 무엇보다도 작은 고려의 국력으로 강대한 명에 덤벼드는 일이 타당치 않다는 주장이었다. 이성계로서는 당시 고려의 군대가 명과 대적하기 힘들다고 보았고, 패전할 경우 명에게 당할 큰 고통을 우려하였다. 이와 같은 상반되는 입장 가운데 소설의 작가는 조심스럽게 최영의 편을 들고 있다.[14]

이와 같은 문맥 속에서 조선 건국을 싸늘하게 보는 것은 자연스러운 일이다. 위화도회군을 거쳐 조선이 건국하여 새 왕조가 확립되는 과정을 이끌어 가면서 소설에서 두드러지게 내세우는 것은 이성계의 군사력을 바탕으로 한 힘의 위력과 그의 예하에 있는 책사들의 수단과 방법을 가리지 않는 모략, 그리고 새 왕조 개창 후 왕실과 왕씨 일족의 몰살로 대변되는 잔혹성이라고 말할 수 있다. 이것을 거칠게 연결하면, 이성계는 결국 군사력을 바탕으로 온갖 술책과 모략을 동원하여 고려를 무너뜨리고 잔혹하게 새 왕조 조선의 터전을 닦았다는 줄거리로 이어지고, 따라서 부드럽고 따뜻한 이야기가 될 수 없는 것은 너무나도 당연한 일인데, 그 밑바탕에는 부정적인 이성계관이 깔려 있

14 작가는 뒷날 이러한 견해를 재확인하여, "옛날 잘못된 삼국통일을 바로잡아 만주와 반도를 합친 진정한 국토의 통일을 이룩하려던 최영의 큰 뜻은 좌절되고, 그 자신도 그해 12월 이성계의 손에 처형되었다" 고 하였다(김성한, 「이성계」, 『길따라 발따라』 下, 사회발전연구소출판부, 1983).

다는 것이다.

그렇다면 이 소설은 이성계와 조선 건국을 다루는 데 만전을 기한 것일까. 몇 가지 보충되었더라면 하는 점을 지적할 수 있다. 먼저 당시의 군사제도와 이성계의 군사력에 대해서 좀더 깊은 관심과 확실한 이해가 필요하다는 점이다. 원 간섭기에 고려의 군사제도는 거의 해체 상태에 있다가 공민왕 때부터 재정비되기 시작했지만, 고려말까지 일원적인 통수체제를 갖추지 못하였다. 그러므로 항상 사병私兵적인 성격을 띤 1,500명 정도의 동북면 출신 휘하 친병親兵을 거느렸던 이성계가 전투에 유리했던 것은 사실이지만, 동시에 위화도회군 이후 명목상 도통사나 도총제사에 임명되었지만 전 군대를 완전히 장악할 수 없었다는 점도 유의할 필요가 있다. 따라서 소설이 이성계가 군사권을 완전히 장악하고, 그것을 기초로 전적으로 정치권력을 좌지우지할 수 있었다고 그린 것은 사실과 상당한 차이를 드러낸다고 할 수 있다.

이 점과 연관해서, 소설『이성계』에서는 당시 대간臺諫을 중심으로 펼쳐졌던 치열한 논전論戰을 전혀 외면하였다. 공양왕의 추대를 전후해서, 이성계 일파는 오사충吳思忠과 윤소종尹紹宗이 앞장서 이색, 변안열邊安烈 등을 비롯한 반대파를 격렬하게 성토하였고, 이숭인李崇仁, 권근權近 측에서도 반대상소를 올렸는데, 이때 6개월가량 이어진 상소를 통한 논전은 당시 치열한 정쟁의 실제를 알려준다. 집요한 인신공격이 거듭되고, 그 결과로 변안열 같은 군사적 실력자가 유배당했다가 죽음에 이르는 사정을 살피면, 정작 이 시기 정쟁에서 힘을 발휘한 것은 군사력에 앞서 대간의 탄핵상소를 통한 반대파 숙청이라는 점을 깨닫게 된다. 물론 군사력이 배후의 힘으로 작용하였지만, 그것으로 모든 것을 해결할 계제는 아니었다.

또 한 가지 중요한 점은 이성계의 막하에 있던 인물들이 모두 책사 · 모사로 그려지면서 고려에서 조선으로 넘어오는 왕조교체기의 정치사상과 경세

책經世策이 아주 실종되고 있다는 사실이다. 정도전鄭道傳과 조준은 단순한 책사 · 모사가 아니라 새로운 정치질서의 수립을 뒷받침할 사상과 제도를 구상하고, 당시 심각했던 사회경제적 비리와 모순을 직시하여 구체적 해결 방안을 제시한 정치가요 경세가였다. 그들의 저술이나 상소문 가운데 나타나는 풍요한 내용에 다소라도 관심을 표시했다면, 이 소설의 무게는 달라지지 않았을까. 소설 속에서 그들이 이성계의 권력투쟁을 위한 모사 · 책사집단을 이루며 '정형, 조형'하면서 음흉하고 간교한 계책 마련에 힘쓰는 모습은 흥미로웠지만, 결코 그것이 그들 모습의 전부는 아니었던 것이다.

이성계를 비판적으로 그리고, 조선 건국을 싸늘한 시선으로 바라본 것은 작가의 식견과 역사관을 반영한 바로서 값지고 소중하게 여기고 싶다. 작가는 분명한 관점과 입장을 지니고 있으면서도 속내를 쉽게 드러내지 않고 차분하게 이야기를 끌어나감으로써 이 소설에 무게를 실어주었다. 하지만 앞서 지적한 몇 가지 점이 고려되었다면, 좀더 탄탄한 작품이 되지 않았을까 하는 아쉬움은 쉽게 가시지 않는다.

5. 맺음말

소설 『이성계』는 드물게 역사자료에 충실한 문학작품이다. 이성계라는 인물과 고려말 · 조선초의 시대를 아울러서 중요한 역사자료를 많이 참용하였는데, 적어도 이성계와 직접 연관되는 것은 거의 빠짐없이 수집하여 반영한 듯하다. 소설에서는 드물게 제법 긴 역사자료를 원래 모습 그대로 인용하는 경우도 간간이 나타난다. 이것은 작가의 역사와 역사학에 대한 깊은 관심과 조예를 시사한다고 여겨진다.

이 작품은 주인공 이성계가 장수로서 처음 출전하는 때부터 시작하여 국왕의 자리에서 밀려나 방랑의 길에 오르기까지 37년에 걸친 생애의 중심부를 다루면서, 그의 행적을 중심으로 시대의 흐름과 주변의 일을 이야기로 엮었다. 이성계의 발걸음을 따라 자연히 소설 전반부는 군대와 전쟁이, 후반부는 정치가 주조를 이루는 가운데 여인들과 그에 얽힌 사랑 이야기가 허구와 사실이 뒤섞인 채 등장하여 독자의 흥미를 돋우었다. 또한 많은 실존 인물이 등장하는 가운데 최영, 정몽주, 이두란은 인간다운 인간, 고결한 존재로 부각되었다.

여기에서 흥미로운 바는 역사자료에 대한 작가의 적극적 구사이다. 전체적으로는 역사적 사실과 문학적 허구를 조합하여 이야기를 꾸며 전개하고 있으며, 과감한 허구의 조작이 위험수위를 넘는 것 같은 느낌을 주는 때도 있지만, 역사자료를 십분 이용해 과거를 재창조하면서도 때로는 그것을 무시하거나 불신하고 전혀 다른 해석을 제시하기도 했다. 이것은 이 작품이 역사 소설로서 보여주는 신뢰감이나 문제가 되는 고려 쇠망기의 격렬한 정쟁의 분위기에 비추어, 결과적으로 독자에게 역사 이해력을 심어주고 연구자에게도 시사를 던져주는 것이었다고 생각된다.

소설에서는 주인공인 이성계에 대하여 군인으로서는 긍정적으로 보면서도 정치에 뛰어들어 위화도회군을 거쳐 조선왕조를 개창하여 국왕으로 변신한 대목에서는 높은 점수를 주지 않았다. 그 까닭은 고려말 최영이 명의 압박에 반발하여 요동정벌을 추진해 고구려의 옛 땅을 되찾고 고려가 대국으로 뻗어나려고 했던 데 대해, 이성계가 현실적으로 거의 성사될 수 없다고 보아 위화도회군으로 반기를 들어 결국 새 왕조를 건립하기에 이르렀던 추이에서, 작가가 최영의 입장을 지지하기 때문이다. 또한 고려 · 조선의 왕조교체기에 나타난 치열한 정쟁과 이성계 일파의 음험한 책략, 모진 잔혹성도 이성계와 조선 건국을 싸늘하게 바라보는 데 상당한 작용을 하였을 것이다.

모든 문학작품은 힘든 작업 끝에 이룩되지만, 특히 소설 『이성계』는 많은 공이 들었으리라 생각되는 작품이다. 이성계와 그의 시대에 관한 많은 자료는 작가에게 도움이 되지만, 동시에 무거운 짐으로도 작용하면서 자유로운 창작에 제약을 주었으리라고도 여겨지기 때문이다. 그만큼 이 소설은 많은 자료를 소화하며 충실한 역사 소설이 될 수 있었다는 이야기인데, 이 점에서 소설 『이성계』는 독특한 존재로 오래 기억되리라 생각된다. 그러나 소설 전체의 흐름 속에 고저의 톤이 없어 절정감을 느낄 수 없고, 주인공과 시대의 목표와 귀결이 없이 이야기가 전개되므로 운명에 좇는 듯한 지나친 허무감을 풍기며, 작품 속에 자주 나오는 저속한 대화와 희화적 장면이 일면으로는 역사 자체를 희화화하고 있다는 점 등 몇 가지 문제점을 지적할 수 있을 것 같다.

〈단종애사〉와 텔레비전 드라마 〈한명회〉

정두희

1. 영화 〈단종애사〉
2. 텔레비전 드라마 〈한명회〉
3. 다시 〈단종애사〉로
4. 세조대 역사와 현재성
5. 맺는말—상대적인 역사해석과 보편적 가치와의 관계

1. 영화 〈단종애사〉

한국전쟁의 상처가 곳곳에 남아 있던 1956년 어느 날, 부산 외곽의 조그만 초등학교에 재학 중이던 나는 미군들이 쓰던 임시 막사를 개조한 한 극장에서 〈단종애사〉를 구경했는데, 지금도 그 기억이 생생하다. 불에 달군 인두로 사육신을 지지며 고문하던 장면이나 어린 단종을 죽이는 대목 같은 것들이

鄭杜熙 서강대학교 사학과 교수.

저서로는 『朝鮮初期 政治支配勢力 硏究』(일조각, 1983), 『朝鮮時代의 臺諫硏究』(일조각, 1994), 『朝鮮時代 人物의 再發見』(일조각, 1997), 『美國에서의 韓國史硏究』(국학자료원, 1999), 『조광조 : 실천적 지식인의 삶, 이상과 현실 사이에서』(아카넷, 2000), 『하나의 역사, 두 개의 역사학』(소나무, 2001) 등이 있고, 논문으로는 「朝鮮初期 地理志의 編纂」(『歷史學報』 69 · 70, 1976), 「朝鮮 建國史 資料로서의 『龍飛御天歌』」(『震檀學報』 68, 1989), 「朝鮮建國初期 統治體制의 成立과 그 歷史的 意味」(『韓國史硏究』 67, 1989), 「李舜臣硏究—壬辰年 이후 그의 戰略과 丁酉再亂에 관한 再檢討」(『李基白敎授 古稀紀念 韓國史學論叢』, 1994. 11) 등 조선시대 정치사에 관한 연구가 많다.

어린 나의 가슴속에 깊이 새겨졌던 모양이다. 그때 극장 안은 온통 통곡 소리로 가득했다. 전교생이 단체로 관람한 영화인지라 선생님들도 함께하였는데, 영화가 끝나 극장 밖으로 나와 보니, 어른이고 아이고 할 것 없이 모두 눈이 벌겋게 부어 있었다. 이 영화가 곧 전창근 감독의 〈단종애사〉였으며, 뒷날 인기 스타가 된 엄앵란이 단종의 비로 분장하여 출연하였다.

이로부터 7년 후인 1963년 이규웅 감독이 메가폰을 잡은 또 다른 영화 〈단종애사〉가 탄생하였다. 이예춘과 허장강이 각각 세조와 한명회 역을 맡고, 김운하가 단종, 훗날 인기 여배우가 된 전계현이 단종비 역을 맡은 이 영화는 주로 단종의 슬픈 운명을 부각시켰던 이전의 〈단종애사〉와는 다른 점이 많았다. 총천연색 시네마스코프 방식을 사용해 매우 화려하고 잘 만들어졌다는 평을 듣는 이 영화에서 이규웅 감독은, 왕위를 찬탈하고 무고한 어린 단종을 죽음으로 몰고가는 잔인한 권력의 실상에 초점을 두었다.

이 두 편의 〈단종애사〉는 모두 이광수의 동명 소설을 대본으로 삼은 것이어서 전체 내용 전개는 엇비슷하지만, 작품이 제작될 당시의 시대 상황을 감각적으로 표현해야 하는 영화예술의 특성에 따라 카메라의 초점은 서로 다른 데에 맞추어져 있다.

1956년 작 〈단종애사〉에서는 사육신의 장렬한 죽음과 어린 단종의 애달픈 삶과 비극적인 죽음이 무척 강조되었다. 한국전쟁의 여진이 멈추지 않고 있던 그 당시는 조국을 위해서라면 사육신처럼 죽음도 무릅쓸 수 있는 불타는 애국심이 강조되던 시대였다. 또한 수백만의 전쟁 희생자와 피난민이 넘쳐나는 현실 자체가 너무도 고달프고 암담하던 시절이었기에, 관객들은 무력한 단종과 단종비의 애달픈 삶에 자신들의 삶을 투영하였고 그 영화를 보고 눈물지으며 자신들의 설움을 달랬던 것이다.

그러나 1963년 작 〈단종애사〉는 달랐다. 1960년 4 · 19 의거로 인하여 이승만 독재정권이 무너지면서 민주주의에 대한 희망이 싹텄으나, 1961년의 5 · 16 군사 쿠데타는 그런 희망을 사라지게 하고 말았다. 1963년은 아직도 혁명공약의 생경한 어귀가 귀에 생생하던 때였으며, 군사정권이 앞으로 무엇을 어떻게 할지 불투명하던 때였다. 이규웅 감독의 〈단종애사〉는 한국영화사에서 악역 배우로 이름이 높은 두 배우 이예춘과 허장강의 연기가 돋보였던 작품으로, 이 영화는 그 나름대로의 현실을 잘 반영하고 있었다. 세조의 왕위 찬탈은 5 · 16 군사 쿠데타로, 어린 단종의 죽음은 4 · 19를 계기로 이제 막 시작된 어린 한국의 민주주의로 쉽게 비쳐질 수 있었다. 그래서일까? 1963년의 이 영화를 끝으로 지금까지 더 이상 〈단종애사〉는 영화로 만들어지지 않고 있다.

그러나 1970년 이규웅 감독은 이광수의 소설 『세조대왕』을 다시 영화로 만들었다. 1928년 11월부터 이듬해인 1929년 12월까지 『동아일보』에 연재되어 독자들의 인기를 독차지했던 『단종애사』를 쓴 이광수는 1941년 『세조대왕』이라는 소설을 썼다. 이에 대해서는 뒤에 다시 언급하겠지만, 『세조대왕』은 동일한 인물을 또 다른 각도에서 그린 역사 소설이다. 이 소설은 권력을 장악하기 위해 수많은 사람을 죽여야만 했던 과거의 죄업에 대한 번민에 시달리는 세조의 모습을 그리고 있다. 이 소설을 원작으로 삼고 신영균이 주연한 영화 〈세조대왕〉 또한, 많은 치적을 이룩하였다는 자부심을 지니고 있음에도 마지막 죽는 순간까지 자신이 쌓은 죄업 때문에 번민하는 세조의 모습을 천연색의 화면에 매우 사실적으로 그려냈다. 군부독재와 언론검열이 존재하였던 그 시대에 이 영화를 현실적 감각으로 본 사람이 얼마나 되는지는 알 길이 없다. 그러나 이 영화는 5 · 16 군사정권 성립 이후 경제성장의 실효가 본격적으로 나타나기 시작했던 1970년, 죄업에 시달리는 세조의 모습에 당시의 현실을 담고자 했던 것은 아닐까?

2. 텔레비전 드라마 〈한명회〉

1970년 〈세조대왕〉을 끝으로 단종과 세조에 얽힌 이야기는 더 이상 영화나 드라마 등으로 극화되지 못하였다. 1980년대 이후에는 단종과 세조보다는 한명회라는 인물이 크게 부각되었다. 1984년 유동백의 『한명회』가 출판되었으나 세인의 주목을 받지는 못하였다. 그러나 사극 작가로 이름이 높은 신봉승의 역사 소설 『한명회』가 출판되었을 때는 사정이 달랐다. 이 소설은 출판되자마자 곧 베스트셀러에 오르면서 많은 독자들의 관심을 끌었으며, KBS 2 텔레비전에서 드라마로 제작되었다. 텔레비전 드라마 〈한명회〉는 대단한 인기를 모았고, 한명회 역을 맡았던 배우 이덕화는 1994년 연기대상까지 받았다.

한명회(1415~1487)는 조선의 개국공신 한상질의 후손이지만, 정작 본인은 때를 얻지 못하고 재능도 인정받지 못하다가 문종 사후 수양대군(세조)의 정치적 야심이 익어갈 때 대군의 오른팔이요, 자신과는 둘도 없는 친구였던 권람의 천거로 대군을 만난 이후 죽을 때까지 조선왕조 권력의 최정상에서 살았던 인물이다. 특히 한명회는 칠삭둥이로 태어나 항상 어딘지 모자란 사람처럼 보였던 모양인데, 이것이 그의 재능을 알아보기 어렵게 만들었다는 말이 있다. 다시 말하자면, 그는 불우한 젊은 시절을 보내다가 자신을 보자마자 재능을 알아본 수양대군을 만나 평생의 지기가 되고, 수양대군이 왕위를 찬탈하는 데 주역이 되었다. 유교국가에서 왕위 찬탈이란 결코 용서할 수 없는 행위이기에 세조의 등장은 많은 이의 원한을 만들지 않고서는 불가능하였다. 따라서 세조가 왕으로 즉위하고 왕권을 안정시켜나가는 길에서 방해되는 사람들은 처형될 수밖에 없었는데, 사육신이라 알려진 사람들이 가장 대표적이다. 이때 세조의 결단을 촉구하고 제거해야 할 사람들의 명부를 만들어 실행에 옮긴 사람이 한명회라고 알려져 있다. 한명회 없이는 세조도 없으며, 세조 없이는 한명회가 있을 수 없는 관계에서 한명회는 두 딸을 왕실에 출가시킴으로써 관계를 더욱 공고히 다진다. 예종의 왕후인 장순왕후도 그의 딸이요, 예종의 뒤를 이은 성종의 왕후 공혜왕후도 그의 딸이다. 그리고 그는 세조가 권력을 잡기 시작한 때로부터 성종대까지 정난공신, 좌익공신, 익대공신, 좌리공신 등 네 차례나 공신에 책봉되었으며 세조 사후에도 조선왕조 권력의 최상에 서 있었다. 그러나 조선왕조에서 성리학 이념이 더욱 중요한 위치를 차지해감에 따라 한명회의 위상은 흔들리기 시작하였다. 가부장적 질서를 왕조 유지의 가장 기본 가치로 여기던 사회에서 왕은 곧 만인의 아버지요, 신하는 그 자식으로 간주되었다. 그러므로 섬기던 왕을 저버리고 죽음으로 내모는 것은 가장 끔찍한 죄악이었다. 이런 유교적 가치에 따른다면 세조는 자신이 섬겨야 할 왕인 단종을 죽인 인물일 뿐이었다. 그러므로 시간이 흐를수록 조선왕조의 사대부 세계에서 세조의 찬탈은 그릇되었다는 인식이 널리 확대되었으며, 세조를 가장 가까이 섬겼던 한명회 역시 악인으로 지목될 수밖에 없었다. 더욱이 이미 세조대를 지나 세조의 후손이 왕이 되어가던 시대에 드러내놓고 세조를 비판할 수는 없었기에, 비난의 화살은 점점 더 한명회에게 집중될 수밖에 없었다. 연산군 10년 갑자사화 때는 연산군의 생모인 폐비 윤씨의 죽음에 관련되었다 해서 부관참시를 당하기도 하였다. 또한 연산군이 축출되고 나서도 부관참시당한 그를 동정하는 유학자는 없었다. 한명회는 유교국가인 조선왕조에서 내내 간신으로 지목되어온 것이다. 이광수의 『단종애사』가 수많은 이의 눈물을 흘리게 하고 인기가 높아갈수록 한명회는 더욱 나쁜 인간으로 사람들에게 각인되었다.

신봉승의 소설은 그런 점에서 한명회와 그의 시대를 보는 관점을 크게 뒤바꾸어놓은 것이었으며, 새로운 관점으로 재조명된 한명회의 삶은 1990년대의 한국인들에게 매우 인상적으로 받아들여졌다. 신봉승은 수백 년 동안 간신이라는 철가면에 덮여 있던 한명회의 얼굴을 드러내는 데 성공하였다. 그는 불우하여 주변으로부터 따돌림을 당하였으나, 세조를 만나 그 재능을 크게 떨치면서 자신을 알아주었던 주군을 왕으로 만들었으며, 이후 그 어떤 도전으로부터도 세조를 지켜낸 인물로 되살아났다. 그는 왕위 계승문제를 놓고 벌어지는 치열한 궁중 암투에서 단연 뛰어난 책사였을 뿐만 아니라, 나라를 경영하는 큰 재주를 지닌 인물로 재조명되었다. 말하자면 오로지 자신의 능력 하나만으로 험악한 세상에서 끝내 성공한 자로 살아남은 한명회는, 1990년대 고도로 산업화·도시화하고 성취 욕망이 다른 모든 가치를 압도하는 현대 한국의 우상이 된 것이다. 이처럼 격변하는 사회에서는 기존의 가치와 과거의 권위가 부정되기 마련이다. 1980년대에 들어서면서 군부 독재가 종말을 고하고 민주화와 자유에 대한 욕구가 화산처럼 분출되었으며, 바로 이런 시점에서 디지털 정보화시대가 도래하였다. 이 두 가지 현상의 만남은 불꽃을 일으켰으며 1990년대 이후 한국사회는 더욱 빠른 속도로 새로운 시대를 향해 질주하였다. 과거의 이미지는 멀리 사라지고 오로지 새로운 것만이 가치를 창출하였다. 무한한 기회가 우리 앞에 놓여 있는 것 같았다. 항상 좁은 영토 속에 갇혀 욕망을 극도로 억제할 수밖에 없었던 한국인들에게 새로운 디지털 정보화시대의 사이버 공간이 무한대로 열리자, 그동안 억제되어 있던 욕망이 터져나오고 말았다. 한국인들에게 자신을 가두어왔던 과거의 가치와 질서는 거추장스러울 뿐이었다. 이런 사회 분위기 속에서 한명회는 곧 현대 한국인의 자화상이 되었다. 이런 관점에서라면 한명회가 단종에게 충성할 필요는 어디에 있는가? 과거 한명회가 어려울 때 누구 하나 은덕을 베푼 사람이 있었던가? 세상은 결국 쟁취해서 소유하는 사람들이 지배하는 것이 아니던가? 하는 의문을 품을 수 있었다.

거기에 더하여 전통적 가치와 사회적 권위가 강력하게 유지되는 사회에서는 그 사회가 제공하는 좋은 교육을 받아야만 주류사회에 진출할 기회를 얻을 수 있었다. 그리고 원하는 자리를 얻기 위해서는 국가가 주도하는 시험이라는 좁은 관문을 통과해야 했다. 조선시대에 과거에 급제한다는 것은 돈과 명예, 권력 모두를 얻을 수 있는 거의 유일한 길이었다. 현대 한국사회에서도 일류대학교를 나오고 고시에 합격한다는 것은 이른바 사회적 출세와 성공을 의미한다. 사회가 다원화되고 다양한 직업과 다양한 재능이 요구되면서 그 외가닥 길 말고도 출세의 길은 더 많아졌지만, 전통과 인습의 힘은 쉽게 사라지지 않아 여전히 대학입시와 고시로 연결되는 출세 통로는 모든 사람의 선망의 대상이다. 그러나 그 좁은 문을 통과하기 위한 경쟁은 너무도 뜨거워서 문 근처에도 가지 못하는 사람들이 훨씬 많다. 게다가 경제발전과 소득 증가 그리고 교육 기회 확대와 평등화로 인하여 그 문을 통과하려 시도하는 사람이 크게 늘더라도, 이미 정해진 합격의 문을 통과할 수 있는 사람의 수까지 늘릴 수는 없다. 결국 성공에 대한 기대가 엄청나게 상승함에 따라 실망감도 그에 상응하여 크게 확대될 수밖에 없었다. 이런 사회 분위기 속에서 한명회는 모든 사람들의 우상이 되었던 것이다. 불우하게 자랐으며 과거에 급제도 못한 칠삭둥이가 권력의 최정상에 올라 정규교육을 받고 정통코스를 밟아온 기타 관료들의 고루한(?) 생각을 비웃고 그들의 좁은 상식을 훨씬 벗어나는 기략과 책략으로 국사를 이끌며, 온갖 난관을 헤쳐나가는 모습은 이 땅의 평범한 보통 시민들의 마음을 얻기에 충분하였다.

따라서 신봉승의 소설 『한명회』가 수많은 독자의 시선을 모은 것은 당연하였다. 그리고 이를 바탕으로 KBS에서 텔레비전 드라마를 만들어 상영하자, 장안의 화제가 되었다. 주연배우 이덕화의 빼어난 연기는 파란만장하게 펼쳐지는 한명회의 생애와 활동을 더욱 극적으로 만들기에 충분하였다. 드라마를 통해 한명회라는 한 평범한 인물이 비상한 시대의 총아로 재탄생된 것이다. 이것은 어쩌면 다 이루어지기에는 너무도 큰, 그래서 때로는 허망하게 여겨질 수 있는 현대 한국인의 성공과 출세에 대한 꿈이 텔레비전이라는 가상공간 속에서 펼쳐진 것이라 할 수 있다.

3. 다시 〈단종애사〉로

30년 이상 재위하면서 정치적 안정을 이루고 많은 치적을 쌓았던 세종이 사망하자, 큰아들 문종이 그 뒤를 이었다. 그러나 문종은 즉위한 지 3년을 넘기지 못하고 세상을 떠났다. 그 뒤를 이어 문종의 외아들 단종이 조선왕조의 제6대 왕으로 즉위하였으나 당시 나이가 13세에 지나지 않는 어린 소년이었다. 세종 사후 조선왕조의 왕위 계승은 모처럼 적장자에서 적장자로 이어져 나가는 전통을 세운 것처럼 보였으나, 문종은 너무도 일찍 세상을 떴으며 단종은 너무 어렸다. 위대한 왕 세종이 떠난 자리의 공백이 더욱 크게 여겨질 것은 당연하였다.

세종에게는 장남 문종을 위시해서 둘째 수양대군, 셋째 안평대군, 넷째 금성대군 등 여러 아들이 있었다. 세종과 문종의 사후, 권력의 공백이 생기자 수양대군과 안평대군 등의 정치적 야심은 심한 갈등을 초래하였다. 이런 복잡한 문제를 어린 단종이 해결해갈 수는 없었다. 결국 세조는 동생 안평대군을 제거하고 김종서와 황보인 같은 나라의 원로대신들을 죽이고 왕조의 권력을 장악하였다. 그리고 끝내 단종을 몰아내고 자신이 조선의 7대 왕으로 즉위하였다. 유교국가에서 왕을 몰아내는 행위는 죄악 중의 죄악이었기에, 세조는 단종이 왕위를 자발적으로 물려주는 형식을 빌려 왕이 되었으며, 그것을 만천하에 보이기 위해 단종을 상왕으로 물러앉게 만들었다. 그러나 세조의 즉위는 단종의 의사에 따른 것이 아니라 왕위 찬탈이라고 생각하는 사람들이 많았다. 그중에는 세조가 아니라 상왕 단종만을 군주로 섬기는 것이 유교적 가르침에 합당한 길이라고 여기는 사람들도 있었다. 그들에게 세조는 난신적자亂臣賊子에 지나지 않았다. 그래서 그들은 세조를 죽이고 단종을 왕으로 복위시키려 하였지만 계획이 사전에 발각되어 일의 주모자들은 죽임을 당하였다. 이 가운데 성삼문, 박팽년, 하위지, 이개, 유성원, 유응부 등 6명은 흔히 '사육신'이라 하여 후대에 특별히 기억되는 사람들이다. 이는 조선의 성리학이 확고한 왕조의 통치이념으로 자리 잡게 되면서 이들이 충신이라는 평가를 받게 되었음을 의미한다.

그런데 이 사건이 〈단종애사〉란 이름으로 사람들 사이에 널리 알려지고 영화와 드라마 혹은 소설 등으로 계속 등장하는 계기가 된 것은 춘원 이광수의 소설 『단종애사』 때문이다. '단종애사', 즉 단종의 애달픈 이야기라는 제목은 이 사건을 압축하는 고유명사가 되다시피 할 정도로 이 소설이 미친 영향이 지대하였다.

이광수의 『단종애사』는 1928년 11월부터 1929년 12월까지 『동아일보』에 연재되어 당시에 큰 인기를 얻은 소설이다. 제목이 암시하듯 이광수는 어린 나이에 정쟁에 희생된 어린 단종의 가여운 삶에 대한 무한한 동정을 소설에 담고자 하였다. 그는 이 책에 다음과 같은 요지의 짧은 서문을 붙였다.

> 육신의 충분의 열은 만고에 꺼짐이 없이 조선 백성의 정신 속에 살 것이요, 단종대왕의 비참한 운명은 영원히 세계 인류의 눈물로 자아내는 비극의 제목이 될 것이다. …… 나는 나의 부조한 몸의 힘과 마음의 힘이 허하는 대로 조선 역사의 축도요, 조선인 성격의 산 그림인 단종 대왕 사건을 그려보려 한다. 이 사실에 드러난 인정과 의리—그렇다, 인정과 의리는 이 사실의 중심이다—는 세월이 지나고 시대가 변한다고 해도 낡아질 것이 아니라고 믿는다. 사람이 슬픈 것을 보고 울기를 잊

지 아니하는 동안, 불의를 보고 분내는 것이 변치 아니하는 동안, 이 이야기는 사람의 흥미를 끌리라고 믿는다.

위의 서문을 보면 작가는 사육신의 열렬한 충성심이 조선 백성의 정신 속에 살 것이라고 선언하고 있음을 알 수 있다. 그리고 단종의 이야기는 곧 인정과 의리가 그 중심 내용이라고 하였다. 인정과 의리는 세월이 가고 시대가 변한다고 없어지는 것이 아니라고도 하였다. 그러므로 단종의 이야기는 슬픈 것을 보고 울고, 불의를 보고 분내는 인정이 변치 않는 한 언제나 사람의 관심을 끌 것이었다. 그는 또 이 책의 「충의 편」 앞머리에 작가 나름대로의 역사관을 다음과 같이 피력하였다.

개인의 일생에도, 또 어떤 민족의 일생에도 몇 십 년에 한 번씩 또는 몇 백 년에 한 번씩 이러한 마감 날이 온다. 평상시에는 다 비슷비슷하여 별로 차별이 없는 듯하던 이들(개인이나 민족이나)도 이날 우레 같은 운명의 호령과 형문, 곤장 같은 자작얼自作孽의 아픈 매가 벗은 몸뚱이를 후려갈길 때에는 지금까지 쓰고 있던 탈바가지도 다 집어던지고 대번에 개개 실토를 하게 되는 것이다. 이러한 대좌기를 겪고 난 뒤에야 그가 갈대인지, 참대인지, 무쇠인지, 강철인지가 판명이 되는 것이다.

위의 인용문은 사육신의 죽음을 놓고 쓴 대목인데, 다소 애매해서 이광수의 의도를 정확하게 알기는 어렵다. 그런데 사육신 사건을 쓰면서 이광수는 개인에게나 민족에게나 한 번쯤 사육신의 고통과 죽음 같은 시련이 온다는 것을 강력하게 암시하고 있다. 말하자면 단종과 세조, 사육신에 얽힌 얘기를 쓰면서 이광수는 부질없이 수백 년 전의 옛 얘기를 늘어놓으려는 것이 아니라 무엇인가 그가 살던 현실을 이 소설 속에서 반영하고자 하였던 것이다.

일제 강점하에 있던 당시, 이광수는 『단종애사』를 쓰면서 가련한 단종의 운명을 일제에 의해 멸망한 조선의 운명에, 단종의 왕위를 폭력으로 빼앗은 세조를 강포한 일제에 빗대었다. 그의 소설이 큰 인기를 얻었던 것도 이와 같은 점에 독자들이 공감하였기 때문이다. 그러기에 단종의 애달픈 삶에 모두가 울었으며, 세조, 그중에서도 특히 세조를 그런 길로 몰고간 한명회에 대해서는 저주에 넘친 증오심을 표한 것이다. 약자에 대한 인정과 의리는 한국인의 심성에 깊이 자리하고 있기 때문에 『단종애사』는 단숨에 모든 이의 마음에 깊은 인상을 남겨두었다. 이광수의 『단종애사』가 나온 뒤 김동인은 『대수양』이라는 소설을 통해 이광수와는 전혀 다른 입장에서 이 사건을 소설화하였다. 김동인은 어린 단종이 진정으로 왕위를 삼촌인 세조에게 전하려 했고, 거절하다 못해 세조가 이를 받아들였다는 식으로 소설을 전개하면서 이광수는 제대로 된 자료를 보지 않았다고 비판까지 하고 나섰다. 현대 한국의 문학비평가들은 김동인의 『대수양』은 주인공 캐릭터를 상식적으로 취급하지 않았다는 점에서 높이 평가해야 한다고들 했지만, 일반 독자들은 이 소설을 거의 읽지 않았다. 그들은 학자들이 아무리 김동인의 작품을 강조해도, 단종과 세조에 얽힌 얘기를 할 때면 이광수의 『단종애사』만을 떠올렸다. 20세기 들어서 반세기 이상 고달팠던 한국인의 삶 속에서 이 얘기는 진한 현실성을 지니고 있었으며, '어려움 속에서도 인정을 저버릴 수는 없다'는 소박한 의리관은 그대로 현실에서도 독자들 삶의 버팀목이 되어주었다. 이후 『단종애사』는 일제 강점기뿐만이 아니라, 해방과 한국전쟁 이후의 고달픈 한국인들에게도 카타르시스의 눈물을 제공하였다.

4. 세조대 역사와 현재성

세조대의 역사를 공부하다 보면 때로는 그것이 대한민국 현대사의 어느 한 토막처럼 생생하게 살아나는 느낌이 든다. 왜 그럴까?

세조는 원하던 왕위를 얻었지만 유교적인 의미에서의 명군을 자처하기는 애초부터 불가능하였다. 그는 사육신 사건 이후 유교적인 이념을 적극 구현하기 위하여 이미 오래전부터 마련되었던 여러 기구들을 억압, 폐지하기 시작하였다. 그는 먼저 집현전을 폐지하였는데, 세종대의 문화적 발전의 모체가 되었던 집현전마저도 그에게는 위험시되었던 것이다. 이어서 그는 경연도 폐지하였다. 경연이란 조정 내의 명망 있는 유신들과 국왕이 한자리에 모여 유교 경전을 토의하고, 유교 원칙에 입각하여 국가의 당면 문제를 검토하는 자리이다. 이처럼 세조가 유교적인 고제古制를 연구하는 집현전과, 왕에게 부단히 유교적인 이념을 촉구하는 경연을 폐지하였다는 것은 더 이상 이러한 이념의 구속을 받지 않겠다는 의지를 표명한 것이었다. 다른 말로 한다면 이러한 기구의 존재가 자신의 왕권에 대하여는 위협이 된다는 것이었다. 세조는 여기서 멈추지 않았다. 그는 대간의 기능을 극도로 위축시켰다. 대간이란 사헌부와 사간원을 합해 일컫는 말인데, 이 두 기구는 특히 국왕을 비롯한 당시의 지배자들에게 유교적인 이념을 촉구하기 위하여 마련된 제도였다. 이는 현대적인 의미에서 보자면, 민주국가에서 언론이 담당하는 역할을 하는 곳이었기에, 조선시대의 정치기구 중에서도 매우 중요하게 여겨지는 기구였다. 세조는 이를 용납할 수 없었다. 이와 같은 일련의 사실들은 세조가 왕이 되었다 하더라도 자신의 왕권의 정통성을 확립하는 문제로 계속 시달리고 있었음을 반영한다. 그러므로 이러한 상황에서 세조의 정치는 무단적인 성격을 강하게 띨 수밖에 없었다.

그러나 정치를 혼자서 아무렇게나 할 수는 없는 것이다. 즉 정치에는 지향하는 이념적인 방향이 있어야만 하며, 그것을 지지해주는 사회세력이 있어야 한다. 조선왕조는 유교국가였다. 그러므로 세조의 반유교적인 무단 정치는 일면 국조 이래의 통치이념이었던 유교와의 결별을 선언한 것이며, 또한 유교이념을 지향하는 사대부 계층을 외면하는 것이었다. 오늘날 적지 않은 이들이 조선시대의 유교사상과 사대부 계층을 싸잡아 비난하는 경우가 있다. 그러나 조선의 역사를 그처럼 단순화하는 것은 매우 위험한 태도이다. 조선 전기에 유교이념은 추구할 만한 가치를 지니고 있었으며, 그러한 추진력이 조선시대 발전의 원동력이 되었기 때문이다. 이러한 유교이념이 수 세기 후, 조선사회가 새로운 도전에 직면하였을 때 무력하였다는 것은 또 다른 차원에서 문제를 삼아야 할 것이다.

그러면 세조는 무엇을 통치이념으로 삼았으며, 그의 이념을 지지해준 사회세력의 성격은 어떠하였는가? 유교를 버리고 새로운 대안을 발견하기란 어려웠다. 세조는 불교를 믿으면서 한편으로는 단군에 대해서도 관심을 기울였다. 그리고 중국의 천자나 지낸다는 제천제祭天祭인 원구제圓丘祭를 지내는 등 정통적인 유교이념과는 다른 길을 나아갔다. 이러한 조처들은 유교적인 보편 가치를 강조하기보다는 자신이 통치하는 조선의 특수한 성격을 더욱 강조하려는 것이었다. 이러한 조처는 일면 상당히 흥미를 끌기도 하지만, 잘 생각해보면 동아시아에 유교이념이 이미 보편적 가치로 자리 잡은 당시에 이러한 생각을 국가를 이끌어가는 중심이념으로 삼을 수는 없었다. 그러므로 세조의 정치는 사회의 공론과는 더욱 멀어질 수밖에 없었다. 세조는 더욱 자신의 개인적인 능력에 의존해갔으며, 자신의 집권을 옹호하였던 공신들에게 거의 모든 특권을 집중적으로 부여하였다. 세조는 김종서 등을 죽이고 정권을 장악하자 곧 정난공신을 책봉하였으며, 왕이 된 직후에는 좌익공신을 책봉하였다. 이들 공신집단의 핵심 인물들은 한명회, 권람, 신숙주, 정인지, 구치관, 홍윤성 등이었다. 세조대의 정치권력은 거의 이들 소수의 특권적인 공신들에게 집중되었다. 이는 세조 권력의 사회적인 기반이 매우 얇다는 것을 뜻한다. 이러한 사실은 세조대의 역사가 조선사회의 대세와는 크게 어긋났음을 잘 보여준다.

그러므로 세조대의 정치를 어떻게 평가할 것인가 하는 문제는 그 당시 유교적인 이념과 사대부 계층의 사회적인 가치를 어떻게 평가해야 되느냐라는 문제와 직결된다. 조선왕조가 일제의 침략으로 망하면서 우리 민족은 식민지 지배라는 치욕을 겪었다. 이러한 경험은 우리나라의 많은 지식인들로 하여금 사상적으로 근대화에 기여할 수 없었던 유교에 대한 비판의식을 갖게 하였으리라고 생각한다. 특히 병자호란 이후 조선의 유교가 비현실적인 명분론에 지나치게 집착함으로써 명에 대한 사대가 강조되고 사회 현실과 유리되어갔기 때문에 유교에 대한 부정적인 태도는 상당히 일반화될 정도였다. 그러므로 종종 한국사에서 단군을 강조한다든지 원구제를 지낸다든지 하는 사건들이 더욱 높이 평가되었던 것이다. 그러나 세조가 살았던 시대를 전후한 시대의 유교적인 이념은 사회 발전에 기여한 측면이 많았다. 그런 점에서 볼 때 세조의 집권과 정치는 당시의 사회적인 여망과는 명백히 배치되는 것이었다. 따라서 세조의 정치를 긍정적으로 평가할 수는 없다. 세조 사후 조선의 사림들이 세조대의 유산을 청산하기 위하여 매우 공격적인 태도를 취하였다는 사실은 이러한 사정을 잘 말해준다.

이러한 세조대의 역사는 여러 가지 면에서 우리들에게 암시하는 바가 많다. 일제의 한국 지배에는 어떠한 명분이 있었던가? 일제 침략자들은 일본인과 조선인은 동일한 조상을 지닌 같은 황국신민이며, 그렇기 때문에 일본이 부당하게 한국을 지배하는 것이 아니라 한국의 발전을 진심으로 도우려는 것임을 강변하였다. 그리고 대동아공영권을 실현하면 일본과 한국은 물론 아시아인의 평화와 번영이 이룩될 것이라고 하였다. 그리하여 한국 내에 철도를 부설하고 공장을 건설하고 학교를 세운 것 모두가 그러한 선의를 실현하려는 방도였다고 주장하였다. 물론 이것이 그들의 지배를 영속화하고 대륙

침략을 지원하며 일본 자체의 경제적인 이익을 위한 것이었다는 점을 이 자리에서 새삼스레 지적할 필요는 없을 것이다. 그러면서 그들은 자신들의 주장에 반대하는 여하한 한국인의 저항을 강압으로 짓눌렀다. 압도적으로 강한 힘을 가진 일본의 한국 지배는 현실적으로 굳어졌으며, 이러한 상태는 영구히 지속될 것 같았다. 이때에 많은 사람들은 어쩔 수 없는 이 상황을 인정하지 않을 수 없다고 생각하였다. 그것이 민족의 살길이라고도 생각하였다. 그리하여 일본의 강압적인 침략과 지배가 다수의 유수한 한국인에 의해 정당화되기도 하였던 것이다. 그러므로 이때에 이 같은 식민지적인 상황과 아무런 관련성을 지니지 않은 채로 세조대의 역사를 평가할 수 있었겠는가?

해방 이후 우리 사회는 정통성이 결여된 정치권력으로 인한 혼란과 갈등을 겪어왔다. 자유주의적 민주국가를 건설해야 한다는 이상은 5 · 16 군사 쿠데타 이후 반공과 경제번영이라는 목적에 짓눌리고 말았다. 군사정권의 이론가들은 국사교육을 강조하고 한국적 민주주의를 제창하였다. 그 허구적인 주장에 많은 사람들이 공명하였다. 공장은 늘어나고 소득은 증대되었으며 절대적인 굶주림은 사라졌다. 그러나 그렇다고 해서 자유주의 민주국가 건설이라는 주장을 땅에 묻은 것은 불가피했을 뿐만 아니라 결과적으로 잘된 일이었다고 평가할 수 있는가? 경제번영이라는 문제는 진정 자유주의 민주국가 건설이라는 이상과는 양립이 불가능한 것이었다고 단정할 수 있는가? 이러한 문제가 심각하게 제기되고 있는 오늘날의 우리들에게 세조대의 역사는 아무런 관련성도 없는 몰가치한 표본일 뿐인가? 정치권력과 이념의 문제가 첨예하게 대두되었던 일제시대 이래 오늘날에 이르기까지 세조대의 역사를 이러한 역사적 현실과 무관하게 평가할 수는 없다고 생각한다. 그리고 실제로 이 문제를 생각하는 대다수의 사람들도 세조의 집권 과정과 그 통치의 문제를 어떤 형태로든 자신이 보는 현실과 관련짓고 있다고 확신한다. 이런 문제의식을 가지고 우리는 이광수와 김동인의 소설을 읽어볼 필요가 있다.

5. 맺는말—상대적인 역사해석과 보편적 가치와의 관계

이렇게 보면 단종과 세조에 얽힌 역사는, 그것이 비록 역사학적 관점에서가 아니라 역사 소설과 영화나 텔레비전 드라마로 펼쳐지는 것이라 하더라도, 항상 동일하게 해석되지 않는다는 점을 알 수가 있다. 같은 일제 강점기의 인물이라 하더라도 이광수와 김동인이 서로 다른 입장에 서 있었으며, 1990년대 이후 한명회가 난세의 영웅으로 새롭게 탄생한 것도 이러한 맥락에서 이해할 수 있다. 그렇다면 역사해석은 상황에 따라 얼마든지 달라질 수가 있다는 것인데, 모든 역사해석을 다 그 나름대로의 의미가 있는 것이라고 치부할 수가 있겠는가? 이런 점을 생각해보면서 우리의 문제를 다시 짚어보기로 하자.

1990년대에 한명회가 불우한 환경을 떨치고 일어나 자신의 기상을 맘껏 발휘하는 인물로 높이 평가될 수 있었던 배경을 우리는 충분히 이해할 수 있다. 그렇다 해서 이러한 역사해석이 옳다거나 바람직하다고만 생각할 수는 없다. 한명회가 주인공이라 해서 그만을 주목하고 다른 역사상이나 인물은 그늘에 묻어버린다면 그것은 정당하지 않기 때문이다. 세조와 한명회 때문에 단종과 단종비가 죽임을 당해야 했으며, 김종서와 황보인도 억울한 죽임을 당해야 했다. 세조는 무엇을 얻기 위해 자신의 모든 형제를 죽여야 했던 것일까? 이런 문제들까지 고려하면서 종합적인 역사해석에 이르기 위해 애를 쓰는 것이 정도正道이다. 한명회의 성공을 위해 그 많은 무고한 사람들이 억울하게 죽어야 할 이유는 어디에 있는가, 출세하기 위해서는 수단과 방법을 가리지 않아도 된다고 한다면 도덕이라든가 윤리라든가 하는 것을 따져야 할 필요는 있겠는가 등을 생각해보아야 한다.

이광수의 『단종애사』와 그것을 잇는 영화들을 보아도 마찬가지이다. 이 사건을 단종에 대한 인정과 의리만을 따지면서 풀어갈 수는 없다. 단종은 일국의 왕이요, 수양대군은 단종의 신하였다. 그것이 당시 유교이념의 핵심적 가르침이었으며, 신하는 임금에게 충성을 다하는 것이 도리였다. 그러므로 세조는 유교적 가부장 이념하에서 가장 죄악시하는 죄를 범한 것이다. 그는 이미 용서받을 수 없는 죄를 범했기 때문에 자신이 살기 위해서는 뽑은 칼을 거둘 수가 없게 되었다. 그래서 많은 사람들을, 심지어는 자신의 형제들을 죽일 수밖에 없었다. 한 사람의 개인일지라도 큰 문제일 터인데, 왕조의 최고 높은 공인들인 이들의 행위를 인정과 의리로만 해석할 수는 없다. 그런 점에서 볼 때 이광수의 『단종애사』는 단종의 슬픈 운명에 대해 한없는 동정의 눈물을 흘리는 사이에 세조의 용서할 수 없는 행위는 어쩔 수 없는 현실로 용인되도록 만들었다. 그런 점에서 볼 때 이광수는 일제 강점기라는 냉혹한 현실을 슬쩍 외면하면서 슬퍼만 했다고 말할 수도 있다.

역사해석에서 그 누구도 상대성을 모면할 길은 없지만 그렇다고 해서 역사해석에 아무런 가치논쟁도 끼어들 여지가 없다고 속단해서는 안 된다. 어느 누구도 완벽한 역사해석을 할 수는 없다고 하더라도 보편적으로 받아들여질 수 있는 인간적 가치에 근거를 둔 해석에 이르도록 부단히 노력해야만 생명력 있는 역사해석에 좀더 가까이 다가갈 수 있을 것이다. 이런 점에서 볼 때, 스스로가 자신과 자신이 사는 세상을 둘러보면서 어떻게 사는 것이 진정 바람직한 것인지를 깊이 사색하며 살아간다면 역사를 보는 눈도 더불어 성숙해질 수 있다고 생각한다. 비록 드라마가 흥미롭기는 하지만, 모든 사람이 한명회처럼 살기를 작정하고 나선다면 이 세상이 어떻게 되겠는가?

역사 소설에 그려진 이순신

이민웅

1. 머리말
2. 신채호와 이광수의 작품 비교
3. 『칼의 노래』와 『불멸의 이순신』 분석
4. 맺음말

1. 머리말

얼마 전의 한 설문조사 결과에서 우리나라 사람들이 가장 존경하는 위인으로 세종대왕과 함께 이순신이 최고 순위에 뽑혔다. 두 해 전에 방영된 텔레비전 드라마 〈불멸의 이순신〉의 영향이라 볼 수도 있지만, 드라마가 방영되기 전에도 같은 결과였던 것으로 기억한다.

이순신이 이처럼 우리에게 강한 인식을 남긴 것은 무엇보다도 그가 역사적으로 가장 큰 위기였던 임진왜란 시기에 나라를 구한 위대한 영웅이기 때문이다. 또한 행정가와 경영자로서 뛰어난 수완을 발휘하였고, 삶 속에서도 충

李敏雄 해군사관학교 군사전략학과 교수.
저서로 『임진왜란 해전사』(청어람미디어, 2004), 공동 편저로 『'실록' 발췌 수군관련 사료집』(Ⅰ~Ⅵ, 신서원, 1998~2003)이 있고, 논문으로 「명량해전의 경과와 주요 쟁점 재고찰」(『군사』 47, 군사편찬연구소, 2002), 「정유재란기 칠천량해전의 배경과 원균 함대의 패전 경위」(『한국문화』 29, 서울대학교 한국문화연구소, 2002), 「조·명 연합함대의 형성과 노량해전 경과」(『역사학보』 178, 역사학회, 2003) 등이 있다.

과 효에 충실한 올곧은 인품을 보여주었다. 그래서 우리는 그를 위인으로 존경하는 차원을 넘어 '민족의 태양', '역사의 면류관'으로 성웅시하는 단계까지 이른 것이다.

18세기 말에 정조가 『이충무공전서李忠武公全書』를 편찬하는 등 국가적인 재조명 사업을 펼친 것 외에도, 역대 왕들 역시 정도에 차이는 있지만 이순신에게 지속적인 관심을 보여왔다. 이것은 현대에까지 이어져 박정희 대통령 시기에는 현충사 등 관련 유적이 재정비되고 많은 연구 성과가 발표되기도 하였다.

이러한 자료들을 바탕으로 드라마 〈불멸의 이순신〉을 통해 뜨겁게 달아올랐던 이순신에 대한 국민들의 관심이 조금 진정된 이 시점에, 그에 대한 이해와 연구 수준이 어느 정도인지를 성찰해봐야 한다고 생각한다. 그래서 이 글에서는 그동안 발간된 이순신과 관련된 역사 소설들이 그리고 있는 이순신상을 상호 비교해봄으로써 그와 그의 시대에 대한 우리의 문화적·역사적 이해 정도와 한계점을 살펴보려고 한다.

이순신과 임진왜란을 소재로 한 역사 소설은 20세기 초 신채호의 『이순신전』을 시작으로 다수의 작품들이 발표되었다. 지금까지 이광수, 이은상, 박종화, 김성한, 최인욱, 홍성원, 박성부, 김훈, 김탁환, 김성윤 등 내로라하는 작가들이 이 소재를 다루었다. 이 글에서 모든 작품을 언급하기는 지면 관계상, 필자의 능력상 무리가 있으므로, 이 중 20세기 초와 일제시기를 대표하는 신채호의 『이순신전』과 이광수의 『이순신』을 비교해보고, 최근 인기가 높았던 김훈의 『칼의 노래』와 김탁환의 『불멸의 이순신』에 대해 분석해보기로 한다.

앞에서 언급한 작가들의 소설 모두를 다루지 못한 한계는 있으나, 20세기 초부터 현재까지 소설에서 그리고 있는 이순신과 임진왜란 시기에 대한 역사상을 살펴보는 것은 중요한 의미를 갖는다고 생각된다. 이 글에서는 이러한 소설들이 저자가 살았던 시대의 관점에서 이순신과 임진왜란을 어떻게 이해하고 서술하고 있는가와, 만일 그 소설들이 그린 이순신상에 오류가 있다면 무엇이 문제인가를 차례로 살펴보고자 한다.

2. 신채호와 이광수의 작품 비교

20세기 전반을 대표하는 신채호의 『이순신전』과 이광수의 『이순신』을 비교한다면, 우선 두 작품은 신문 연재 형식으로 발표되었다는 공통점이 있다. 신채호의 『이순신전』은 1908년 5월 2일부터 8월 18일까지 『대한매일신보』에, 이광수의 『이순신』은 1931년부터 1932년까지 『동아일보』에 연재되었다. 그러나 이 두 소설은 그 외에는 공통점이 거의 없다.

약 20여 년의 시간차 때문일 수도 있지만 신채호의 『이순신전』은 국한문혼용체이면서 주로 한문체를 많이 쓴 반면에, 이광수의 『이순신』은 주로 국문을 사용하였다. 또한 신채호의 작품이 조선시대 소설인 '전傳'의 형식을 이은 데 반해, 이광수의 소설은 상황에 대한 사실적인 묘사 위주의 소설적인 기교가 넘치는 문체를 사용하였다. 이광수의 소설이 대중에게 인기를 끌었던 것은 바로 이러한 소설적인 문체와 기교 때문이었다고 볼 수 있다.

두 작품이 다루고 있는 이순신상을 구체적으로 살펴보면 다음과 같다.

먼저 신채호가 쓴 『이순신전』의 특징을 살펴보면 첫째, 구한말 국가 위기 상황에서 나온 작품으로 이순신 같은 구국의 영웅을 희구하는 작자의 의도가 작품 속에 잘 드러나 있다. 이는 그가 앞서 발표한 『이태리 건국 삼걸전』이나 『을지문덕』에서 보여준 국가에 대한 충성을 계몽하는 의도와 일맥상통하지만, 『이순신전』에서는 한 걸음 더 나아가 이순신을 하늘이 우리나라를 위해

낸 성현聖賢으로 표현하였다. 그중 한 예를 들면 다음과 같다.

> 동래·부산에 살기殺氣가 날로 다가오매 단조신령檀祖神靈이 우리나라에 인물 없음을 비탄이 여기사 대적 대항할 간성干城 양재良材를 내려 보내시니, 실로 선묘조宣廟朝 을사乙巳(1545) 3월 초 8일 자시子時에 한성 건천동에서 탄생하시니라…….
>
> 그러나 이순신은 입신출세는 전혀 잊고 정의를 스스로 자부하여 위세 앞에서 굴하지 않고 권귀權貴에게도 아부하지 아니하니, 이가 곧 옛 사람들이 말하는 호걸豪傑이자 성현聖賢이로다.[1]

이 글을 해석하면 이제는 하늘이 내린 이순신 같은 영웅이 아니고는 위기에 빠진 나라를 구할 수 없으므로, 그러한 인물이 당대에도 다시 한번 나오기를 기대하는 심정으로 이 소설을 썼다고 볼 수 있다. 이 점은 다음 결론 부분에서도 확인할 수 있다.

> 이에 『이순신전』을 편찬하여 고통에 빠진 우리 국민에게 제공하노니, 무릇 모든 백성들은 이를 모범하며 이를 따르고 좇아, 험난한 세상을 밟아 디뎌 서고 고해의 난관을 통과할지어다. 상천上天이 20세기의 태평양을 장엄莊嚴하고, 제2의 이순신을 기다리노라.

두 번째 특징은 당시 국가적 위기 상황에 대한 인식을 대변하는 한 방편으로 당쟁을 언급하였다는 것이다. 결론부터 말하자면 신채호는 임진왜란이라는 국가적 위기 상황이 닥친 것과 이순신이 통제사 직에서 파직된 것은 모두

---

1 신채호, 『이순신전』(제2장과 제3장에서 일부 발췌), 1908. 국한문 혼용체는 필자가 자의적으로 해석하였고, 단 주요 용어는 그대로 두었음을 밝힌다. 을사년乙巳年(1545)은 선종이 아닌 인종 재위 기간이며, 이는 신채호의 단순한 오류로 추정된다.

당쟁 때문이라고 파악하였다. 이 점은 후술할 이광수의 견해와 흡사한 것 같지만, 자세히 보면 차이점이 있다. 즉, 신채호의 당쟁에 대한 부정적인 인식이 기본적으로 당시 조선의 위기 상황이 일어난 원인에 대한 반성 차원에 근거를 두었다면, 이광수의 그것은 반성의 차원이 아니라 우리 민족의 본성이 그렇다는 식으로 무조건적이고 터무니없는 부정이다. 신채호가 제기한 당쟁에 대한 부정적인 시각의 실례를 들면 다음과 같다.

> 이충무공의 파직과 하옥은 고니시 유키나가小西行長의 죄도 아니며 원균의 죄도 아니라 하니, 그렇다면 그 누구의 죄인가? 나는 한마디로, 이는 '조정의 신료 사당자私黨者의 죄'라 단언한다. 선조 등극 이래로 조정에 당파가 분립하여 공의는 배척하고 사견만 펼치니…….

신채호는 이와 같이 이순신이 정유년(1597)에 파직된 것을 원균에 의한 모함이 아니라 당쟁 때문이라고 파악하였다. 이러한 인식은 결말 부분까지 이어지는데, 그는 이순신이 관직 생활 초기에 미관말직을 전전했던 것과 정유년 초에 파직되어 수년간에 걸쳐 준비했던 전비戰備를 하루아침에 잃어버린 것 등이 모두 당쟁 때문이라고 보았다. 여기서 더 나아가 이순신이 진작한 상무적 기상마저 수백 년이 지나는 동안 나부儒夫들에 의해 꺾였다고 한탄하면서, 지하의 이순신이 눈을 감지 못할 것이라는 표현으로 본문을 끝맺었다.

신채호의 작품이 갖는 셋째 특징은 군데군데 소소한 오류는 있지만 전체적으로 사실에 가깝게 서술하려 노력한 것과 이런 이유 때문인지 소설 분량이 채 60쪽이 안 될 정도로 짧다는 것이다. 게다가 소설의 대부분을 이순신과 조선 수군의 승전에 관한 내용에 할애했다는 특징이 있다. 이는 전술한 『이순신전』의 편찬 목적에 부합하는 서술을 위해, 즉 망국의 위기 상황에서 이순신이 신인神人과 같은 능력을 펼쳐 연전연승하는 자랑스러운 내용을 기록하여 독자의 애국심을 자극하기 위한 것이었다고 볼 수 있다. 이 점은 역사학자로서 당연하다고 볼 수도 있지만, 1차 출전(옥포), 2차 출전(당포), 3차 출전(견내량), 4차 출전(부산), 파직 시기, 명량해전, 노량해전 등을 장 제목에 드러낸 것으로 추측할 때 역사적 사실만으로도 충분히 감동을 줄 수 있다는 판단에서였지 않을까 생각된다.

또한 역사적 사실과 설화에 대하여 정확하게 구분하고 있는 것도 중요한 특징 중 하나이다. 구체적으로 해전사 분야에서 아직도 역사와 설화를 구분하지 못하고 있는 것이 우리의 현실임을 감안할 때, 신채호의 『이순신전』은 단순히 '전傳'의 차원을 넘어서 정확한 역사적 식견을 갖추고 있는 작품이라 하겠다. 가령 명량해전 중 '철쇄 가설'이 역사적 사실이 아닌 설화임을 고려해서, 명량해전에서 철쇄를 사용했다는 내용을 본문에 넣지 않았다. 대신 뒤에 「이순신의 제장과 공의 유적遺跡 및 기담奇談」이라는 별도의 장에서 철쇄 관련 내용을 소개하고 『해남현지海南縣志』라는 출전을 밝혔다. 신채호는 별도의 장을 마련한 이유에 관해 "유적 이하는 일일이 진실인지 알기 어려우나, 오히려 또한 믿을 수 없는 거리의 말로 말살하는 것이 불가하기 때문에 따로 기록했다"라고 하였다. 이것은 비록 이 책이 전傳의 형식을 빌리기는 했지만 이순신이라는 인물과 우리 민족사를 똑바로 알아야 한다는 작가의 투철한 역사관을 담고 있음을 보여준다.

다음으로 살펴볼 춘원 이광수의 소설 『이순신』은 일제시대의 중간 시점인 1930년대 초에 발표된 작품이다. 주지하듯이 이때 일본은 본격적으로 중국을 침략하면서, 우리의 민족문화를 말살하는 정책을 펴고 있었다. 이런 시대 상황에서 이순신에 대한 소설이 발표되었다는 것 자체가 예사롭지 않은 일이기 때문에 이광수의 작품에 대해서는 주의 깊은 분석이 필요하다.

첫째로 이광수의 『이순신』은 소설적인 허구가 지나쳐 역사적 사실과는 상당히 거리가 먼 것이 특징이다. 물론 소설이므로 역사와 다를 수밖에 없는 것이 인정되나, 오히려 역사 소설이기 때문에 기본적인 사실은 그대로 두어야 할 필요가 있다. 그러나 그의 소설에는 전혀 사실로 볼 수 없는 부분들이 적잖게 발견된다.

> 병선 종류로 말하면, 판옥선板屋船 이십사, 협판선挾板船 십오, 포작선鮑作船 사십육, 귀선龜船 일이었다……(1차 출전 때에 거북선은 없었다).

> 순신이 원균을 위로하여 병선 한 척을 주어 타게 하고, 새로 군복과 평복 일습을 주어 위의를 갖추게 하였다. 원균은 순신의 후의에 감격하여 눈물을 흘리며, "영감은 재생의 은인이요, 재생의 은인이요" 하고 수없이 사례하였다(1차 출전 시 상황 묘사).

이러한 예 외에도 이광수의 작품에는 전투 장면을 직접 보는 것 같은 착각에 빠질 정도로 자세하고 그럴듯한 설명들이 허다하다. 단, 이러한 내용들은 대부분 역사적 사실로 보기 어렵고, 크고 작은 오류가 뒤섞여 있다.

이러한 예는 주요 해전을 서술하고 있는 부분에서도 찾아볼 수 있다. 한산대첩에 대해서는 해전 장소를 좁은 한산도 내해로 서술하였고, 또 당시 일본 수군의 주장主將은 와키자카 야스하루脇坂安治였는데 전혀 다른 인물로 소개하였다. 명량해전에 관한 대목에서는 제목을 '벽파진 전투'라 하였고, 울돌목〔鳴梁〕해전 이후 행적을 언급한 부분의 내용도 역사적 사실과 다르다. 이 부분의 실례는 지면 관계상 생략하기로 한다.

이광수 작품의 둘째 특징은 이순신과 그를 제외한 타인들을 비교하였다는 것이다. 그는 이순신을 결점이 없는 완벽한 인물로 묘사하면서 그의 행동은 절대선絶對善으로 보았고, 이순신을 제외한 인물들은 반대로 무능력하고 부도덕한 악한으로 그렸다.

이러한 우리 민족에 대한 부정적인 서술은 곧바로 셋째 특징인 당쟁에 대한 부정적인 시각과 비판으로 이어진다. 이 두 가지 특징은 서로 통하는 것이므로 그 실례를 함께 살펴보기로 하자.

> 그들은 자기 일개인, 기껏해야 자기의 조그마한 당파의 이익, 그것도 목전의 이욕을 위하여 고식적으로 준동할 뿐이었다. 그 준동도 적당한 길을 밟아서 정정당당하게 하는 것이 아니라, 거짓과 음모와 음해의 비열한 수단으로 하였다…….

> 그때에 적을 보면 달아나거나 적에게 항복한 무리들이 다 정권을 잡아 삼백 년 호화로운 꿈을 꾸는 동안에 조선의 산에는 풀 한 포기조차 자라지 않고, 강에는 물이 마르고 백성들은 어리석고 가난해졌다.

앞의 인용문 뒤에 이어지는 내용에서는 이순신을 제외하고 유일하게 나라의 미래를 걱정하는 인물로 유성룡이 등장한다. 유성룡 이외에 조정의 인물들은 모두 무능력할 뿐만 아니라 충신인 이순신을 핍박하는 존재로 그려졌다. 즉, 이광수는 조정의 모든 신료들은 무능력하고 부도덕한 존재로 보았고, 이와 함께 조선 백성도 틈만 나면 도망가는 게으르고 몰염치한 존재로 몰아갔다.

이는 곧 1922년에 그가 발표한 「민족개조론」의 연장선상에서 우리 민족의 열등성을 드러내어 일제의 식민지배를 정당화하는 논리를 제공하기 위한 것이라고 볼 수 있다. 그러나 이광수는 다른 한편으로, 이순신처럼 훌륭한 인물도 있으므로, 자신의 민족개조론이 잘못된 것일 수도 있다는 가능성을 스스로 인정하는 듯한 내용을 다음과 같이 표현하였다.

이제 임진강을 지키는 데도 이 무리들의 하는 일은 그들의 성격(이것은 조선 민족의 성격은 아니다. 조선 민족 중에는 이순신 같은 사람도 있지 아니하냐)을 유감없이 폭로시킨 것이다(「쫓기는 길」의 말미).

넷째 특징으로는 우리 민족은 비하하면서 일본인들은 훌륭하게 서술한 것을 들 수 있다. 전술한 바와 같이 우리 민족에 대해 총체적으로 부정적인 면들을 표현한 것과는 달리 일본군에 대해서는 적이지만 훌륭하게 싸운 사실과 충성스런 죽음을 택하고 있음을 인정하였다. 특히 이순신이 일본군의 충혼을 달래기 위해 시체를 거두고 술을 부어주는 장면을 서너 차례나 거듭하여 언급하고 있는 것도 눈에 띄는 대목이다. 그 예를 들면 다음과 같다.

이튿날 도망한 적병의 종적을 수색하던 조선 군사들이 진화 이하 이십여 명의 배를 갈라 죽은 자리를 발견하고 순신에게 보고하매 순신은 땅을 파고 그 시체들을 묻고 술을 부어 적의 충혼을 위로하였다(한산대첩 상황 묘사).

또한 이광수는 조선 수군의 승전 부분은 비교적 간략하게 서술한 데 비해, 초기 패전과 선조의 피난 부분에 대해서는 많은 분량을 할애하여 자세하게 적었다. 그는 조선의 패배를 당연한 결과로 보면서, 연전연패를 거듭하며 선조와 조정이 의주까지 피난한 사실을 장황하게 설명하였다.

3. 『칼의 노래』와 『불멸의 이순신』 분석

20세기에 이어 21세기 초에도 이순신이 집중 조명되며, 그에 관한 소설과 텔레비전 드라마까지 나왔다. 그 원인은 우리 사회가 위기 상황의 연속이었다는 데에서 찾을 수 있는데, 앞으로도 이순신에 대한 관심과 소설 창작이나 연구는 계속될 것으로 보인다. 21세기 초의 이순신에 대한 소설은 20세기의 소설과 비교해서 무엇이 다를까? 최근 가장 주목받은 두 작품을 비교 분석하여 그 답을 찾아보자.

김훈이 2001년에 발표한 소설 『칼의 노래』는 출간된 해에 동인문학상을 수상하면서 세인의 커다란 주목을 받았고, 2004년 탄핵 정국의 뉴스 화면에 책이 거듭 소개되면서 국민적 관심이 더욱 커졌던 베스트셀러이다.

『칼의 노래』가 다루고 있는 시기는 정유재란기로 이순신이 출옥한 1597년 4월 1일부터 그가 전사한 1598년 11월 19일까지이다. 그러나 실제는 임진왜란 전의 국내 사정부터 전쟁 전체 시기의 다양한 상황을 설명하고 있기 때문에 임진왜란 전 시기를 대상으로 삼은 작품으로 보아도 무방하다.

작품의 형식은 이순신이 자신의 생각과 느낌을 적고 있는 일인칭 소설이지만, 실제로는 역사적 사실로 볼 수 없는 소설적인 스토리이기 때문에 작가 김훈의 생각과 느낌을 적고 있다고 보는 편이 타당할 듯하다. 나아가 소재만 역사일 뿐이지, 심리 소설이나 판타지 소설에 더 가까운 작품이라 하겠다.

김훈 작품의 첫째 특징은 전쟁이라는 소재 때문일 수도 있겠으나 전체적으로 침울하고 허무한 느낌을 준다는 것이다. '칼의 노래'라는 제목에서도 뭔가 비장함이 느껴지는데, 소설을 읽다 보면 임금도 항상 울었고 이순신도 때때로 울었으며 백성들도 계속해서 울었다는 표현이 많다. 임진왜란이 조선 최대 위기였던 점을 감안하면 비참한 상황이 연속되었던 것은 인정할 수 있지만, 선조나 이순신이 한가하게 울고만 있을 여유는 없었을 것이다. 물론 그가 남긴 한시漢詩 몇 수를 통해서 매우 감상적인 면을 엿볼 수 있다. 그러나 이순신은 국가의 지원을 받지 못한 상황에서 전선戰船 건조, 병력 징발, 군량 조달 그리고 무기 제조와 군사 훈련 등 모든 일들을 스스로 준비해서 전쟁에 임할 수밖에 없었다. 이런 상황에서 그는 『칼의 노래』에서처럼 늘 울고 생각에만 잠겨 있을 여유는 없었을 것이다.

또 한 가지 소설의 분위기를 침울하게 만든 것은 이순신이 항상 자신의 죽음을 생각하면서 살았음을 거듭 강조한 점이다. 예를 들면 다음과 같다.

> 나는 살기를 바라지 않았다. 죽음은 절벽처럼 확실했다. 다만 죽음에 이르기까지의 고문과 문초가 길지 않기를 바랐다. 죽여야 할 것들을 다 죽여서, 세상이 스스로 세상일 수 있게 된 연후에 나는 내 자신의 한없는 무기력 속에서 죽고 싶었다…….

> 진린에게 군사를 거두어 돌아가달라고 말할 수는 없었다. 전쟁이 끝나는 날, 물결 높은 바다에서 적탄에 쓰러지는 내 죽음의 환영이 떠올랐다. 나는 고개를 흔들어 그 환영을 떨쳐냈다. 날은 무더웠다. 진린은 군복 소매로 이마의 땀을 닦아가며 마구 마시고 마구 지껄였다. 진린의 머리 뒤로 해가 지고 있었다. 내 죽음의 환영은 노을 속에서 어른거렸다.[2]

이와 함께 이순신이 계속해서 자신의 죽음에 대해 자연사自然死였으면 좋겠다고 생각하면서 전쟁에 임했다는 설정은 오류이다. 왜냐하면 이순신은 군인으로서 평소 투철한 사생관死生觀을 갖고 있었고, 전투에 임할 때마다 죽음을 각오하고 반드시 승리하기 위해 노력했기 때문이다.

결과적으로 '칼의 노래'라는 제목은 울음과 죽음의 반복을 상징하는 주제어이기 때문에 소설 자체가 암울하고 허무주의에 빠질 우려가 없지 않다.

『칼의 노래』의 둘째 특징은 역사적 사실을 서술하는 데, 특히 해전을 구체적으로 설명하는 장면에서 사실과 다른 내용이 많이 포함되어 있다는 것이다. 즉, 역사 소설이 갖는 기본적인 역사적 사실에 대한 이해 수준이 부족하

2 김훈, 『칼의노래』, 생각의나무, 2001, 상권 26쪽 · 하권 145쪽.

다는 느낌이 든다. 이 부분에 대한 예를 들면 다음과 같다.

잡초가 올라와 지붕을 덮은 마을마다 백일홍은 흐드러지게 피었고, 아직 목숨이 붙어 있는 자들은 아이를 죽여 그 고기를 먹었다(상권, 20쪽).

우수영에서 내 군사는 120명이었고 내 전선은 12척이었다. 그것이 내가 그 위에 입각해야 할 사실이었다(상권, 63쪽).

선단을 떼어놓았다. …… 해가 오르자, 바람은 더욱 불었다(하권, 191쪽).

날이 저물었다. 섬 사이의 좁은 수로를 벗어난 적들은 다시 먼 바다로 나왔다(하권, 192쪽).

밤중에 전투는 소강이었다. …… 다시 날이 밝았다. 바다는 고요했다(하권, 193쪽).

다시 날이 저물었다. 해지는 쪽의 먼 섬들이 석양에 빛났다(하권, 194쪽).

갑자기 왼쪽 가슴이 무거웠다. 나는 장대 바닥에 쓰러졌다. 군관 송희립이 방패로 내 앞을 가렸다(하권, 195쪽).

첫 번째 인용 부분은 이순신이 1597년 4월 1일, 출옥한 이후의 행적에 대한 설명인데, 여기서 아이를 죽여 그 고기를 먹는 것은 전쟁 소강기이자 흉년이 거듭되던 1593년부터 1595년 사이의 강화교섭기 동안 있었던 일이다. 을미년(1595) 가을 이후에는 흉년을 면했기 때문에 인육을 먹는 것은 있을 수 없다.

두 번째 부분은 명량해전 직전의 병력과 전선 척수를 밝힌 것이다. 이것은 당시 수군과 전선 체제에 대한 이해가 부족했기 때문에 나온 잘못이다. 당시 전선 한 척의 승선 인원은 120~130명이었다. 이순신이 우수영에 온 날은 명량해전 바로 전날이고 이때 그는 13척의 군선과 약 1,500명 이상의 병력을 거느리고 있었다. 그뿐만 아니라 칠천량해전에서 살아남은 다수의 첨사와

만호들이 휘하에 합류했기 때문에 오히려 척수는 작지만 강력한 함대 전력을 갖출 수 있었다. 소설과 역사적 사실에 엄청난 차이가 있음을 알 수 있다.

세 번째 부분은 노량해전의 경과를 설명한 것이다. 소설에서는 노량해전이 일본 수군과 48시간 이상 전투를 지속해나간 것으로 그리고 있다. 날이 저물고 밝고를 몇 번 반복하기 때문에 시간적으로 매우 길게 느껴진다. 그러나 사실 노량해전은 1598년 11월 18일 밤에 조·명 연합수군이 노량으로 이동하여 19일 새벽에 일본군과 조우하면서 시작되어 같은 날 오후까지 이어진 전투였다. 따라서 실제 전투가 벌어졌던 시간은 12시간을 넘지 않았다.

그리고 이순신이 일본군의 총탄에 맞았을 때 송희립은 그 옆을 지키지 못했다. 왜냐하면 그가 먼저 총탄을 맞고 기절했고, 송희립이 총에 맞았다는 보고를 듣고 난 직후에 이순신이 총에 맞았기 때문이다.[3] 총에 맞은 이순신을 지킨 것은 그의 아들 회와 조카 완이었다.

『칼의 노래』의 셋째 특징은 당쟁을 보는 시각이 탈정치적이라는 것이다. 즉, 다른 작품들에 비해 당쟁에 대한 언급이 거의 없다. 오히려 선조와 조정의 전쟁 노선에 대한 비판 없이, 그들이 전쟁을 수행해나간 과정만을 전개하고 있다. 때문에 당시의 정치에 대한 관심은 줄어들 수밖에 없고, 이순신과 선조(또는 조정朝廷)의 갈등, 그것도 소설이 주로 다룬 이순신의 처벌 관련 부분에만 초점이 맞춰져 있다. 이것은 작가가 정치에는 관심을 두고 있지 않음을 뜻한다고 생각한다. 즉, 사건의 정치적 의의나 역사성보다는 소설로서의 작품성이나 흥미에 치중했기 때문이다. 다시 말해 임진왜란에 대한 역사적 의의와 정치적 의미 그리고 국가관에 대한 관심은 별로 없다. 단지, 영웅 이순신이 혹독한 어려움 속에서 조국과 국왕에 대해 이렇게 생각하지 않았을까

3 安邦俊, 『隱峰全書』 卷7, 「露梁記事」.

하는 작가의 상상력이 주로 표현된 것이다.

마지막으로 살펴볼 김탁환의 『불멸의 이순신』은 1998년에 발표한 『불멸』 4권을 2004년에 8권 분량으로 개작한 소설이다. 소설 『불멸의 이순신』은 개작된 해에 1년여 동안 인기리에 방영된 텔레비전 드라마 〈불멸의 이순신〉의 원작이 되었다. 때문에 소설 『불멸의 이순신』은 국민 모두가 대부분의 내용을 알게 되었고, 이로 인해 긍정적이든 부정적이든 국민의 역사의식에 영향을 끼친 것이 사실이다.

소설 『불멸의 이순신』과 텔레비전 드라마 〈불멸의 이순신〉을 통해 본 몇 가지 특징이자 문제점들을 살펴보면 다음과 같다.

소설 『불멸의 이순신』의 도입부에 나오는 이순신의 어린 시절 이야기는 그동안 알려진 것이 없었던 상황에서 독자와 시청자들에게 재미와 함께 그럴 수도 있었겠구나 하는 공감을 불러일으켰다. 기본적인 이야기 구도는 원균과 유성룡 그리고 이순신이 한동네에서 전쟁놀이를 하며 어린 시절을 함께 보냈는데, 그중 원균이 나이가 많고 힘도 세서 항상 대장이었고 유성룡과 이순신은 어린 시절부터 원균에게 눌리고 당하면서 지냈다는 것이다.

그러나 이것은 작가 김탁환이 한 고전 자료에서 힌트를 얻어 꾸며낸 이야기에 불과하다. 구체적으로 그 자료는 원균, 유성룡, 이순신이 한동네에 살았다는 아래와 같은 내용이다.

> 나의 친가는 건천동乾川洞에 있었다. 청녕공주 저택의 뒤로 본방교까지 겨우 서른 네 집인데, 이곳에서 국조 이래로 명인이 많이 나왔다. 김종서, 정인지, 이계동이 같은 때였고, 양성지, 김수온, 이병정이 한 시대였으며 …… 근세에는 서애 유성룡과 가형家兄 및 덕풍군 이순신, 원성군 원균이 한 시대이다.[4]

---

4 허균, 『惺所覆瓿藁』 券24, 說部 3, 「惺翁識小錄下」〔민족문화추진회 고정국역총서, 『성소부부고』 3권, 1989, 179쪽(원문은 67쪽)〕.

이것을 바탕으로 김탁환은 세 사람의 어린 시절 이야기를 재미있게 꾸며냈다. 소설가로서의 창작 능력이 뛰어난 부분이지만, 이것은 역사적 사실이 아니다. 유성룡은 13세까지 고향에서 자라다가 상경하였고, 이순신은 반대로 10세 전후까지 서울서 지내다가 외가인 아산으로 낙향하였다. 두 사람이 3살 차이이므로 서로 어긋난 행보였다. 원균은 수군절도사를 지낸 부친의 임지를 따라다녔고, 또한 그와 이순신은 5살 차이로 어린 시절을 같이 보내기에는 나이 차이가 크다. 집안을 보아도 유성룡과 이순신은 문신 집안, 원균은 무신 집안으로 서로 달랐기 때문에 교유 가능성은 매우 낮다. 결국 이 세 사람이 어린 시절을 같이 보냈다고 하기에는 무리가 있다.

둘째, 이순신의 청장년기를 그린 내용들도 역사적 사실과는 거리가 멀다. 소설에는 이순신의 조부가 기묘사화에 연루되면서 집안이 몰락하였고, 청년기에 이순신이 방황하는 과정에서 도공에게서 무예를 배우고 장사치와 사귀는 이야기가 나온다. 재미있고 그럴듯한 이야기이지만 역사적 사실은 아니다. 무엇보다 사화로 인해 가세가 기울었다는 부분이 가장 큰 오류이다. 아직까지 이 부분에 대해 역사적으로 밝혀진 것은 없지만 몇 가지 예를 들어보면 이순신 집안의 몰락과 사화는 전혀 관련이 없다는 것을 알 수 있다. 이순신의 현조부玄祖父 이변李邊은 세종대에 문과에 급제한 후 명나라에 사신으로만 40여 회 이상을 다녀오고 영중추부사까지 지냈다. 증조부 이거李琚는 연산군의 왕자 시절 스승이었고 병조참의를 역임하였는데, 강직하기로 유명했던 인물이다. 조부는 기묘사화에 연루되었으나 당시 성균관 유생 신분이었기 때문에 정거停擧(과거 응시 금지) 이상의 처분을 받지는 않았고 조상 덕으로 참봉 벼슬을 지냈다. 부친인 이정李貞에 이르러서야 벼슬을 전혀 하지 않았다. 따라서 가세가 기울어진 이유가 사화 때문이라는 것은 사실과 거리가 멀다.

이순신의 부인도 군수를 지낸 방진方震의 외동딸이었다. 즉 이순신의 집안이나 처가 모두 어느 정도의 재력을 가지고 있었다. 이 점은 이순신이 혼인한 이후 32세에 무과에 급제할 때까지 어떠한 경제활동도 하지 않으면서 셋째 아들까지 보았던 것을 통해서도 쉽게 예상할 수 있다.

작가는 재미를 더하기 위해 독자들에게 잘 알려진 도공이나 상인 이야기를 소설에 접목한 것으로 보인다. 필자는 지금까지 이순신에 대해 연구하면서 그가 상인이나 도공과 관계를 맺었다는 자료를 본 적이 없다. 그의 집안은 부유하지는 않아도 다수의 노비를 거느린 양반 사대부 가문이었다.

셋째는 원균과의 관계 문제로, 앞서 언급한 어린 시절 이외에 관직에 나선 이후의 관계 부분이다. 기본적으로 작가 김탁환은 이순신을 성웅이 아닌 한 사람의 평범한 인간으로, 원균에 대해서는 여러 차례 전공을 세워 입신한 용맹한 장수로 그렸다. 이 부분에 대해서는 이미 다른 소설가로부터 원균 명장론으로 치부되어 강한 비판을 받은 바 있다.[5] 비판의 주요 내용은 원균이 북방에서 세웠다는 전공이 허구라는 것과 신립이나 이일과의 관계 또한 사실로 보기 어렵고, 원균의 임란 초기 해전에서의 전공도 사실 여부가 밝혀지지 않았다는 것 등이다.

소설에는 이순신이 원균을 평소에 영웅처럼 생각했다고 독백하는 장면이 있다. 여진족 토벌 과정에서 원균이 혁혁한 전공을 세워 이순신보다 먼저 인정받고 승진도 빨랐을 뿐만 아니라 이순신이 어려움에 처했을 때에도 직접 큰 도움을 주었다는 것인데, 이것은 작가 송우혜가 지적한 것처럼 역사적 사실로 볼 수 없다.

필자 역시 원균에 대해 불필요한 오해의 요소는 없었을까 하는 시점에서

5 송우혜, 「문학작품을 통해 진행되고 있는 이순신 폄훼 현상과 KBS 대하드라마 〈불멸의 이순신〉의 원작 소설이 지닌 심각한 역사 왜곡의 문제」, 『이순신 연구논총』 2, 순천향대학교 이순신연구소, 2004.

임진왜란 해전사에 대한 연구에 임하였다. 그러나 연구를 진행하면 할수록 원균에게 불리한 내용이 점점 많아졌다. 어느 소설가가 원균에 대한 역사적 평가가 매우 나쁜 것을 '기록을 남기지 않은 자의 비애'라고 표현한 바 있는데, 그러나 원균이 직접 기록을 남기지 않았을 뿐이지 그에 대한 기록은 많고, 대부분이 그에게 불리한 내용들이다.

한 가지 흥미로운 점은 김탁환이 단지 원균을 명장으로, 이순신은 체력이 약하고 소심한 성격에 원균에게 열등감을 가진 장수로만 그리지는 않았다는 것이다. 김탁환은 도원수 권율이 칠천량해전 직전에 원균에게 곤장을 치고 난 후 다음과 같은 내용의 독백을 한 것으로 기술하여 기존의 '원균 명장론'과는 전혀 다른 시각을 보여주기도 한다.

> 원균! 그대는 지금 졌다. 하나 나를 원망하지 마라. 그대는 삼도 수군을 맡을 그릇이 아니다. 차라리 이순신 휘하에서 돌격장 노릇이나 충실히 했더라면 일신을 보전했을 것을. 그대가 지금 나간다고 얻어낼 수 있는 승리가 아니다. 나 역시 그것을 알고 있다. 알고 있기에 지금껏 버텼으며, 알고 있기에 그대를 매질한 것이다. 아는가? 원균. 이 전쟁은 이순신 같은 장수만이 승리를 거둘 수 있다. 그대가 쫓아낸 이순신만이 수군과 그대를 살릴 수 있다. 그걸 알겠는가. 원균?[6]

결국 작가도 이순신과 원균의 능력 비교를 통해 원균이 아닌 이순신만이 조선 수군을 이끌 지도자였다는 사실을 확인시켜주고 있는 셈이다.

이 소설의 넷째 문제점은 박초희라는 여인에 관한 것이다. 작가는 임진왜란 시기에 비극적인 생의 역정을 지닌 박초희라는 가상의 여인을 만들고, 그 여인을 사랑하게 된 이순신과의 부적절한 관계를 설정했다. 소설의 흥미를 위한 구성 요소로 이해할 수 있는 부분이기도 하지만, 실제로 이순신은 전쟁

6 김탁환, 『불멸의 이순신』 제8권, 황금가지, 2004, 280쪽.

기간 중 상당할 정도로 금욕적인 생활을 했다. 나아가 그는 전쟁 중에 여성들과 부적절한 관계를 가진 장수들에 대한 신랄한 비판을 일기 몇 곳에 남기기도 했다. 이런 관점에서 볼 때 소설 속의 박초희라는 여인은 실제 이순신의 삶과는 거리가 먼 존재일 수밖에 없다. 원균에게 무옥이라는 여진족 여인이 있었다는 이야기나, 김훈의 『칼의 노래』에 나오는 여진은 모두 소설의 흥미를 위한 구성으로만 이해하면 될 것이다.

다섯째 특징은 불멸의 이순신에 비친 당쟁에 대한 시각이다. 소설 전체적으로 볼 때 김훈의 『칼의 노래』와 마찬가지로 정치적인 문제를 심각하게 그리지 않고 있어 크게 문제가 없는 것 같지만, 자세히 보면 역사적 사실이 아닌 이야기가 많고 그중에는 당시 정치에 대해 매우 부정적인 시각도 존재한다. 특히 당쟁에 대해서는 식민사관의 잔재로 느껴질 만큼 각 정파의 이해관계에 따라 전쟁 중에도 끊임없이 다툼을 벌이고 있는 관계로 그리고 있다.

그러나 사실은 그렇지 않았다. 임진왜란 시기에는 전시 비상 거국내각이 꾸려졌다고 볼 수 있고, 모든 신료들이 정파를 떠나 국난극복에 나섰다. 단, 선조와 각 정파 간에 전쟁을 이끌어가는 노선이나 원칙에 차이가 있었을 뿐이다. 예를 들어 소설과 드라마에서 서인을 이끌며 당쟁을 주도한 인물로 그려진 윤두수는 사실 통제사 교체 과정에서 끝까지 이순신의 교체를 반대하면서 통제사가 전쟁 중에 임시로 만든 직책이므로 원균을 경상도 통제사로, 이순신을 전라도 통제사로 삼자는 절충안을 제시했던 인물이다.[7]

마지막 여섯째는 이순신의 죽음에 대한 문제이다. 김탁환은 소설 말미에서 윤두수와 유성룡의 대화를 통해 이순신이 왕실에 반기를 들 수밖에 없는 인물이라고 표현하였다. 더 나아가 그는 그런 사태를 막고 이순신을 불멸의

7 『선조실록』 권84, 선조 30년 1월 戊午.

영웅으로 만들기 위해 윤두수가 직접 이순신에게 마지막 전투에서 죽음을 택할 것을 압박하는 장면을 묘사하였다. 결국 소설 속에서 이순신의 순국은 주변에 의해 강요된 자살로 그려졌다.

김탁환의 소설이 이순신 폄훼로 비판받는 장면이 몇 군데 있지만 그중에서 그의 죽음을 둘러싼 이 부분은 역사적 사실과도 맞지 않을 뿐더러, 소설 제목에 나오는 '불멸'의 이미지를 위해 죽음을 조작한 듯한 느낌까지 들게 한다. 이러한 오류의 원인은 마지막 노량해전에 대한 정보 부족과 이순신 등 당시 인물들의 유교적 소양에 대한 이해 부족의 소치가 아닐까 생각한다.

좀더 구체적으로 보면 소설 속 이순신은 노량해전에서 갑옷을 벗고 앞으로 나아가 자살하려고 한 것처럼 그려졌다. 자살이라는 표현만 직접적으로 쓰지 않았을 뿐, 결과적으로는 자살설과 같은 내용이다. 이순신은 모든 군인이 그러한 것처럼 항상 전투에 임할 때 죽음을 생각했을 것이다. 그런데 작가는 전투에서 이겨 이 원수를 몰아낼 수 있다면 죽어도 여한이 없겠다는 그의 마지막 일기 내용처럼 필승을 위한 불굴의 투지를 표현한 '면주免胄(투구를 벗다)'를 갑옷을 벗은 것으로 오해한 것으로 보인다.

4. 맺음말

지금까지 이순신을 다룬 많은 소설이 나왔지만 이 글에서는 20세기와 21세기 초에 발표된 대표적인 네 편의 작품들을 역사학자의 입장에서 살펴보았다. 본론에서 언급한 내용 중에서 중요한 부분만을 정리하는 것으로 맺음말을 대신하려 한다.

20세기 초의 두 작품을 비교해보면, 먼저 이순신에 대해 성웅사관적인 시각, 즉 신인神人이나 성현聖賢 혹은 불세출의 영웅으로 그리고 있다는 공통점이 있다. 그러나 신채호가 애국적인 관점에서 국가를 위기에서 건질 영웅의 등장을 기대하며 『이순신전』을 썼다면, 이광수는 민족개조론의 연장선상에서 이순신을 제외한 모든 조선 사람들은 열등했고 이로 인해 나라가 망할 수밖에 없었음을 부각하려는 듯한 서술을 한 것이 큰 차이점이다.

또한 두 작품 모두 조선시대 당쟁에 대해 부정적인 시각을 담고 있지만 여기에도 차이가 있다. 신채호의 그것이 순수하게 조선이 망하게 된 상황을 반성하는 의미를 띤다면, 이광수는 조선이 망한 것은 당연히 그렇게 될 수밖에 없었다는 점을 부각하기 위한 것이었다. 어쨌거나 두 작품은 모두 조선시대의 정치에 대한 관심을 강하게 표명하였다는 특징이 있다.

결과론적이지만, 신채호의 작품보다는 이광수의 『이순신』이 더 소설적인 기법과 문체를 띠고 있어 많은 사람들에게 읽히고 영향을 미쳤다. 그러나 그의 작품은 저의를 의심받는 왜곡된 역사 소설이기 때문에 오래도록 아쉬움이 남을 것이다.

다시 한번 이순신에 대한 국민들의 관심을 불러일으켰던 21세기 초의 대표적인 작품인 『칼의 노래』와 『불멸의 이순신』은 전 세기의 작품들에 비해 더욱 다양하고 흥미로운 내용을 담고 있다. 앞의 두 작품보다는 문학성과 대중성이 더욱 강화되었고, 무거운 주제인 당쟁에 대한 관심은 상대적으로 낮아졌다.

『칼의 노래』는 이순신의 심리 상황에 대한 소설적인 묘사가 돋보이는 작품이다. 비록 소설 자체가 우울하고 허무주의적이라는 한계는 있지만 영웅의 내면세계를 그린 작품으로서의 가치는 높이 살 만하고, 대중에게 미친 영향 또한 적지 않다. 그러나 김훈이 그린 갈등이나 이순신의 모습을 역사적 사실인 것처럼 확대 해석하는 것은 바람직하지 않다.

김탁환의 『불멸의 이순신』은 이순신 폄훼 논란을 일으킬 정도로 이순신을 평범한 인물로, 원균을 용맹한 장수로 그렸다. 그러나 이것을 곧바로 '원균 명장론'으로 보는 것도 무리가 있다. 작가는 소설에서 이순신과 원균을 각각 능력과 성품이 서로 다른 장수들로 표현하려 한 것이다. 김탁환의 소설은 이전 소설들보다 그 구성이나 내용이 더욱 풍부해진 것이 특징이자 장점이다. 그 과정에서 역사적 사실이 아닌 설정이나 이야기가 많이 포함된 것도 어떻게 보면 당연한 결과라고 볼 수 있다.

김훈과 김탁환의 소설이 국민에게 미친 영향은 매우 큰데, 이것은 기존의 역사학자들이 미칠 수 없는 수준에 이른다고 할 수 있다. 그들의 작품으로 인해 이순신에 대한 관심이 어느 때보다 높아졌고, 이와 관련한 연구 서적들도 많이 나오게 되었다. 그러나 한편으로 이러한 소설이나 드라마가 국민의 역사 인식에 미친 왜곡이나 오류는 심각한 문제가 아닐 수 없다.

끝으로 두 가지 결론적인 제의를 하고 싶다. 하나는 임진왜란이나 전쟁사 연구가 활성화되어야 한다는 것이다. 임지왜란 시기를 연구하는 연구자의 한 사람으로서 이 부분에 대한 올바른 연구 업적이 축적될 수 있도록 전문 연구자가 많아지고 학회 활동도 활성화되기를 기대한다. 이를 통해 소설가들이 역사적 사실에 근거하여 역사 소설을 쓸 수 있도록, 풍부하고 정확한 자료가 제공되기를 바라기 때문이다.

또한 역사 소설을 즐겨 읽는 독자들은 소설과 역사적 사실을 구분하는 안목을 가져주길 당부한다. 어느 코미디 프로그램 중 한 코너에서 "코미디는 코미디일 뿐 따라 하지 맙시다"를 반복하며 웃음과 일깨움을 주었던 것처럼, 필자는 독자들에게 "소설은 소설일 뿐 역사로 보지 맙시다"라고 외치면서 이 글을 맺는다.

조선시대의 민중세계를 다룬 소설 『임꺽정』의 공功과 과過

최정운

1. 들어가며
2. 조선 민중으로서의 임꺽정
3. 부르주아로서의 임꺽정
4. 마무리

1. 들어가며

우리 문학사 전반을 보면 민중을 다룬 작품은 많지 않다. 우리에게 남겨진 사료史料의 절대 다수는 조정朝廷, 양반을 포함한 지배층에 대한 것이며 문자를 활용하여 작품을 만든 이들도 대부분 양반 계층이었기 때문이다. 우리 문학사에서 민중에 대한 관심이 나타난 것은 '근대문학'이 시작된 이후였다. 우리 민족의 대부분을 차지하고 있던 민중들의 중요성이 부각된 때가 근대사

崔丁云 서울대학교 외교학과 교수.
저서로 『知識國家論 : 英國, 프랑스, 美國에서의 勞動統計 發達의 政治的 意味』(삼성출판사, 1992), 『오월의 사회과학』(풀빛, 1999), *The Gwangju Uprising: The Pivotal Democratic Movement that Changed the History of Modern Korea*, tr. Yu Young-nan(New Jersey: Homa & Sekey Books, 2006)이 있고, 논문으로 「『서구중심주의를 넘어서』 서평」(『정치사상연구』 제11집 1호, 2005), 「일제 후반기 임시정부와 조선 지식인들의 정치사상」(한국정치사상학회 창립10주년기념학술대회 발표문, 2005), 「그건 모두의 승리였다—역사적 사건으로서의 5 · 18의 의미」(『넥스트*NEXT*』, 2005, 5월호) 등이 있다.

상이 도입된 이후였기 때문이다. 근대문학 작품 중에 민중의 모습을 부각시키려 시도한 예는 많은데, 그중에서 대표적인 작품으로 벽초碧初 홍명희洪命熹(1888~1968?)의 『임꺽정』을 들 수 있다. 『임꺽정』은 1928년부터 1940년까지 무려 13년 동안 『조선일보』에 연재되었다. 이 작품은 우리 문학사에서 보기 드문 대작으로 독자들의 엄청난 인기를 누리며 장안에 회자되었지만 학자들에 의해 본격적으로 다루어진 예는 많지 않다. 작품을 높이 평가한 경우에도 작품의 역사적 의의가 정확히 부여되지는 않았다. 벽초의 『임꺽정』만을 논의할 이 글은 조선시대 민중의 모습을 묘사한 작품으로서의 『임꺽정』에 대한 다면적 논의를 다룬 뒤에, 작품을 해석하고 역사적 · 사회정치적 의미를 부여하는 것을 목표로 한다.

2. 조선 민중으로서의 임꺽정

동서양을 막론하고 전 세계에는 도적에 대한 수많은 이야기가 있다. 그러나 공교롭게도 이야기의 주인공이 스스로 최고의 무공으로 도적떼의 대장이 되어 도적떼를 이끈 것은 홍길동과 임꺽정밖에 없다. 임꺽정 이야기는 우리의 시각에서는 자연스럽게 들리지만 일반적으로는 특이한 경우이다. 단적으로 임꺽정은 홍길동의 후예로 창조된 인물이다. 『홍길동전』이 고대 동명왕의 신화가 반복된 것이라면 『임꺽정』은 홍길동이 신화로서 다시 반복된 것이었다. 따라서 임꺽정은 우리에게는 너무나 친숙한 스타일의 인물이며 따라서 그는 너무나 자연스러운 조선인의 전형으로 이해되어왔다. 임꺽정은 '천하장사' 였고 그의 힘은 『수호전水滸傳』의 무송, 노지심 등보다도 한 수 위였다. 임꺽정의 이러한 면은 홍길동의 후예로서 홍길동의 도술道術 같은 초자연적 능력이 합리화되고 세속화된 것으로 보아야 할 것이다. 이러한 이유로 그간 우리 학자들은 임꺽정이라는 인물을 문제 삼은 일이 별로 없었다.

우선 벽초 자신과 우리 문학사가들은 임꺽정이 실존 인물이라는 점을 강조해왔다. 임꺽정이라는 도적은 『조선왕조실록朝鮮王朝實錄』에 나와 있고 상당한 수의 야사野史에서도 언급된 인물이다. 그러나 이러한 사료에서 언급하고 있는 바는 대단히 소략하며 또 벽초의 『임꺽정』이 임꺽정이라는 인물을 사실적으로 그리고 있다고는 말할 수 없다. 나아가 벽초가 그린 모습과 사료에 나타난 임꺽정의 모습은 결정적인 차이가 있다. 전자의 경우 임꺽정은 남자다운, 거칠지만 인간적이고 매력 있고 따뜻한 천하장사의 모습인 반면에, 후자에서는 '교활함〔狡〕'이 강조되고 있다. 한마디로 임꺽정은 역사 속의 현실적 인간이기는 하지만 그럼에도 불구하고 상상력을 통한 소설 작법으로, 즉 픽션으로 창조한 인물인 것이다. 물론 벽초는 『임꺽정』을 쓰기 위해 오랜 기간 연구를 수행했지만 임꺽정은 어디까지나 예술적으로 창조된 인물임이 분명하다. 따라서 『임꺽정』이 반영하는 것은 역사적 인물의 사실적 모습이 아니라 벽초가 동원한 문학적 · 정치적 상상력인 것이다.

그동안 『임꺽정』은 제한된 자료에도 불구하고 우리 민중의 현실성 있는 모습을 창조하였다는 점이 많은 학자들에 의해 지적되어왔다. 특히 『임꺽정』은 언어 문제에서 혁혁한 공을 이루었다. 그간 잊혀진 수많은 우리 고유의 언어들이 작품을 통해서 복원되었고, 작품에 나타난 엄청난 양의 새로운 단어들의 뜻을 해설하는 사전도 만들어져 우리 민중 언어의 옛 모습을 복원하는 데 결정적인 공헌을 했다. 특히 작품은 뛰어난 유머를 구사하여 우리 민중의 높은 기지機智와 공동체적 인간관계를 탁월하게 묘사하고 있다. 그러나 임꺽정이 나타내고 있는 모습들이 진정한 민중의 생활상으로 자리 잡게 된 이유는 임꺽정이 갖고 있는 몇 가지 특징적인 측면이 친숙함을 더했기 때문이다. 임꺽정은 천하장사로 폭력의 화신이지만 그의 힘은 너무나 뛰어나 상대할 인물이 없어서 거의 단 한 차례도 폭력을 제대로 사용할 기회가 없었다. 따라서 작품은 도적의 싸움에 대한 이야기이지만 전체적으로 대단히 비폭력적이고 평화적이며 인간적이고 우리의 일상과 크게 다르지 않은 세계를 그리고 있다. 또한 임꺽정은 친구를 사귀는 데 뛰어난 인물이며 그의 동생들도 모두 하나하나 생동감 있는 인물들로 묘사된다. 그들은 늘 함께 술을 마시고 서로 웃기며 장난하고 배운 것은 별로 없어 무식하지만 기지에 찬 매력적인 인물들로 나타난다. 또한 이야기를 전개한 방식도 우리 독자들에게 너무나 친숙한 『수호전』과 유사하다는 점도 지적해야 할 것이다.

그러나 작품을 살펴보면 임꺽정이라는 인물이 근대서구적인 이념과 사상으로 창조한 인물이라는 점을 간과할 수 없다. 임꺽정은 우선 근대서구의 자연주의naturalism 사상하에 설정한 인물로 조선사회의 인습과 사회문화를 거부하는 '야만인' 같은 존재였다. 그의 아버지 그리고 아들과의 관계는 조선의 가족관계라기보다는 유교적 가족관계를 거부하는 동등한 인간 사이의 따뜻한 정情만으로 이루어진 야릇한 관계였고, 아내인 '운총'과 남동생 '천황동이'는 거의 '타잔'과 유사한 인물로 그려져 있다. 또한 임꺽정뿐만 아니라 청석골 부하들과의 관계도 흡사 어린아이들처럼 일정한 예절도 형식도 없는 좋은 말로 '민주적'인, 무척 원초적인 것이었다. 나아가 임꺽정의 모든 능력은 타고난 것이었다. 그의 힘은 말할 것도 없고 말 타기나 검술도 모두 탁월한 천재적 재능으로 인해 다른 사람과는 비교할 수 없는 짧은 시간에 이룩했고 그를 가르친 선생들은 모두 별로 중요하지 않은 인물로 설정되었다. 즉 임꺽정은 선생도 필요 없고 힘들여 무엇을 배울 필요도 없는 천재였다.

임꺽정이라는 인물의 핵심은 저항정신이었고 이 또한 타고난 것이었다. 그는 어려서부터 모든 권위를 적극적으로 거부하여 많은 제재를 당했다. 아버지, 양반, 관권官權 등의 모든 권위에 본능적으로 저항할 수밖에 없는, 그렇게 태어난 인물이었다. 그가 저항한 것은 어떤 특정한 계기가 있어서도 아니었고 이유가 있어서도 아니었다. 그간 지적되어온 『임꺽정』의 문제점들은 대부분 이러한 인물 설정에서 연유되었다. 임꺽정은 사회의 가장 밑바닥인 백정으로 태어났고 그의 동생들 또한 대부분 사회의 다양한 밑바닥 출신들이었다. 하지만 임꺽정이 소를 잡는 등 경제생활을 하는 장면은 전혀 없고 다만 그는 양반들이 하층민을 무시하는 것을 못 참을 뿐이었다. 임꺽정이 이끄는 '청석골' 패거리들이 가난과 결핍에 시달리는 장면도 전혀 나타나지 않는다. 그들은 풍족한 안주로 밤을 지새우며 술을 마신다. 임꺽정은 이른바 사회주의에서 말하는 '프롤레타리아'와는 다르다. 경제적 조건에 근거해서 저항에 나서는 인물이 아니라 그렇게 타고났을 뿐이다. 그의 동생들도 모두 다양한 사회 밑바닥 계층 출신이지만 많은 비평가들이 지적하듯 당시 우리 국민들의 대다수를 차지하고 있던 농민들은 제대로 청석골에 대표되어 있지 않다. 오히려 여러 지방, 천민 직종들을 대표하는 이념적인 하층민들일 뿐이다. 『임꺽정』이 그려내고 있는 세계는 풍요롭고 즐거운 세상이며 괴로운 민중의 현실과는 상당한 거리가 있다.

임꺽정은 형식적으로는 전통적인 영웅과는 의도적으로 다르게 묘사되고 있다. 그는 천출賤出이며 태어날 때는 태몽도 없었다. 어려서 이름도 그냥 '놈'이었다. 그러나 작품에서는 상당히 오랫동안 그의 탄생을 기대하고 있으며 10권 중 앞의 3권, 「봉단 편」, 「피장 편」, 「양반 편」은 '천상의 세계'의 이인異人들이 그의 탄생을 준비한 과정에 대한 이야기나 다름없다. 그는 처음부터 중요한 선생의 관리 아래 태어나고 자라난다. '갖바치' 또는 '병해대사'는 임꺽정이 태어나기 전부터 그를 기다리며 그를 보호하고 지도해왔다. 그는 이인異人으로서 임꺽정이 필요한 모든 것을 준비하고 마련했다. 임꺽정은 선생을 따라 전국을 여행하며 당시 조선의 저명한 인물들을 모두 만나며,

나아가 그의 주변에는 천민, 중인을 포함해서 사대부 등 모든 계층의 중요한 역사적인 인물들이 망라되어 있다. 병해대사는 후반부에 알쏭달쏭한 유언을 남기고 죽어서 임꺽정으로 하여금 스스로 비극적 운명의 길을 가도록 한다. 한마디로 임꺽정은 전국적 · 민족적인 인물이며 전통적 영웅과는 다른 '민족적 민중 영웅'이었다. 그는 천하장사에, 많은 친구들과 부하들을 거느린 멋진 수염을 가진 엄청난 '카리스마'를 지닌 인물이며, 간혹 등장하는 점쟁이들은 그의 모순적인 영웅의 운명을 예언한다.

임꺽정이라는 인물은 단적으로 우리의 '민중'이었다. 그러나 일상적인 의미에서 피지배계층을 포괄적으로 지칭하는 민중이라기보다는 우리 근대사상의 정치이념적 '민중'이었다. '민중'이라는 말은 현대 한국사회에서 강한 정치적 의미를 지니는 말이며 우리 사회의 독특한 정치이념을 대변하는 언어라 할 수 있다. 단적으로 중국이나 일본에서는 별로 찾아볼 수 없는 정치 언어임에 분명하다. '민중'이라는 말은 1980년대부터, 아주 최근에 폭발적으로 등장한 정치 언어지만, 아직도 이 단어의 의미와 역사에 대해 비판적으로 이해하고 있지 못한 것은 우리 학계의 취약성을 드러내는 것이다.

'민중'이라는 말의 연원은 확실치 않다. 우선 동양의 고전에는 별로 사용된 흔적이 없고 다만 『춘추春秋』에 한 차례 나올 뿐이다. 영어 'people'의 번역어라고 할 수도 없다. 이미 유신維新 이전에 일본에서 '인민'이라는 말로 번역되어 사용되었고, '민중'이란 인민과 구별해서 만들어진 말, 즉 신조어였다. 최초의 예는 일본의 나카에 조민中江兆民이 1888년에 쓴 「국회론國會論」에 나타나지만 국왕에 대비되는 대단히 포괄적인 의미로 사용되었을 뿐이다. 그 후 나카에 조민의 제자인 고토쿠 슈스이幸德秋水가 미국 방문 시에 쓴 「사회혁명당선언社會革命黨宣言」에서 고통받는 많은 사람들을 가리키는 말로 '백만민중百萬民衆'을 사용했지만 이 말이 그의 어떤 독특한 정치적 이념이나 입장을 나타냈다고 보기는 어렵다. 본격적으로 쓰인 것은 1916년경 전후로 중국의 리다자오李大釗에 의해서였고 이어서 마오쩌둥도 초기에 많이 사용한 바 있다. 물론 중국에서 이 말은 혁명 기간을 통해 '인민人民' 이라는 말로 대체되었다. 일본에서는 다이쇼大正 시기에 널리 쓰였지만 주로 예술 분야에서였고 정치적인 의미로 쓰이지는 않았다. 오히려 이 말은 우리나라에서 뚜렷한 의미로 쓰이기 시작했다고 볼 수 있다. 1905년을 전후로 『대한매일신보』에 '중衆' 이라는 글자가 많은 사람들을 지칭하여 쓰이기 시작했고 '중민衆民' 이라는 말도 한 차례 나타나는데, 이는 어떤 정치적 영감을 표현하고 있다고 볼 수 있을 것이다. 1908년에 단재 신채호도 최초로 '민중' 이라는 말을 한 차례 사용한 적이 있다. 중요한 문건에서는 1919년 육당 최남선이 쓴 「기미독립선언己未獨立宣言」에 나타난다. 이 문건의 두 번째 문단 첫머리에 수많은 군중, 거리에 나선 시위군중을 뜻하는 단어로 '민중' 이 쓰였는데, 아마 만민공동회 때 서울 거리를 휩쓸던 군중을 떠올리며 사용되었을 것이다. 그 후 박은식 선생이 몇 차례 자신의 글에서 쓴 적이 있고 1920년대부터는 널리 쓰이기 시작했다. 특히 일본에서 만들어진 '국민國民' 이라는 말에 대한 거부감에서 '민중' 이 널리 쓰였던 것으로 보인다.

'민중' 이라는 말이 본격적으로 강한 정치적 의미를 갖고 쓰인 예는 단재가 1923년에 작성한 「조선혁명선언朝鮮革命宣言」이었다. 잘 알려져 있다시피 아나키즘을 표방하던 '의열단義烈團' 선언서로 쓰인 이 글에서 단재는 '민중' 을 뚜렷한 의미를 갖고 사용했다. 그는 이 글에서 '민중' 을 '인민' 과 대조시키고 있다. '인민' 이 가난과 착취 속에서 고생하고 신음하는 사람들을 지칭한 반면, '민중' 은 그들을 핍박하는 지배층에 대항하여 떨쳐 일어나 폭력으로 저항하고 아나키스트적 개념인 '직접 혁명' 을 이끄는 사람들을 가리킨다. '민중' 은 곧 저항과 혁명 그리고 폭력의 주체였다. 그들은 지배층에 저항하며 지식인들을 거부하는 사람들이었다. 그들은 '민족'의 일부였다. 특히 단재에게는 민족을 배신하고 호도하고 나라를 팔아먹은 지배계층, 지식인들을 제외하고 그들에게 저항하고 민족을 위해 싸울 수 있는 포괄적인 그러나 제한적인 집단으로서 진정한, 혁명을 스스로 이끄는 집단의 이름이 바로 '민중'이었다. '민중'은 민족적 투쟁을 이끌 수 있는 민족의 실질적 내부 집단이며 동시에 지배계층에 대항하여 혁명을 수행하는 사람들인 것이다. 단재는 이미 1916년경에 「꿈하늘」이라는 소설에서 민족투쟁의 모습을 형상화했고 주인공 '한놈'의 모습은 바로 몇 년 후에 '민중'이라는 말로 형식화되었다.

벽초는 '민중'이라는 말을 단 한 차례밖에 사용하지 않았지만 『임꺽정』은 단재의 '민중'을 현실적으로, 살아 있는 우리에게 너무나 친숙한 조선인의 모습으로 창조했다. 임꺽정의 어려서 이름을 '놈'이라고 한 것도 단재의 소설 「꿈하늘」의 주인공 '한놈'과 맥을 잇기 위해서였을 것이다. 벽초의 『임꺽정』이 민중을 묘사한 문학작품으로서의 공功과 과過는 미묘하게 겹쳐져 있다. 흔히 지배계층의 문학 외에 포괄적·일상적 의미에서의 민중의 모습은 일부 상당히 흥미롭고 중요하게 나타나지만, 임꺽정이라는 인물이 나타내는 민중의 모습은 본능적인, 타고난 '저항의 영웅', '저항의 천재'의 모습이다. 하루하루를 어렵게 살아가는 민중의 모습이라기보다는 그런 삶을 거부하는 본능적으로 저항하는 '민중'의 모습인 것이다. 단적으로 『임꺽정』의 업적은 단재가 이론적으로 창조한 우리 민족의 저항하는, 저항할 수 있는 일부로서의 '민중'의 현실로, 피와 살로 이루어진 우리의 너무나 익숙한 친구와 같은, 그러나 너무나 비현실적인 영웅으로 생명력을 부여한 것이었다. 임꺽정은 '저항 민족주의'의 이념이 창조한 인물이었다. 『임꺽정』 이후 일제 후기부터 우리 사회에 '민중주의'가 뿌리내린 것은 『임꺽정』에서 살아 있는 인간으로서의 민중이 창조된 결과였다. 한국전쟁 이후 『임꺽정』이 금서禁書가 되고

1950년대부터 가짜 『임꺽정』들이 등장하고 임꺽정의 기억도 잊혀져가던 1970년대 말에 '민중' 이라는 말이 다시 나타났을 때, 그 의미는 바로 유신정권에 대한 저항의 상징적 주체였다. 1980년대에 '민중' 이라는 말이 주로 '운동권' 에서 강한 저항의 정치적 의미를 갖고 쓰이기 시작했지만 이 말이 바로 단재가 창조한 정치이념의 언어였고 임꺽정의 모습이었다는 것을 알아차린 사람은 거의 없었다.

임꺽정이 저항의 주체인 '민중' 으로 우리에게 남긴 또 하나의 깊은 영향은 반지성주의anti-intellectualism이다. 임꺽정은 배움, 특히 글자를 통한 배움을 철저히 거부했고, 조선 사회의 지식층인 양반들에게 본능적으로 저항한 인물이었다. 그의 선생 갖바치도 그의 이러한 면을 허여許與하고 『육도삼략六韜三略』을 말로만 가르쳤다. 무엇보다도 『임꺽정』의 반지성주의는 서림이라는 인물을 통해서 부각된다. 서림은 청석골에서 유일하게 글을 읽고 쓸 수 있는 인물로, 교활하고 약삭빠르며 거짓말의 대가로 임꺽정을 권력으로 유혹한다. 나아가 그는 모든 사료에 나타나듯 임꺽정과 그의 도반을 배신하여 임꺽정을 죽음으로 몰고간 인물이다. 임꺽정의 반지성주의는 경험적으로 조선 민중의 사상이라기보다는 지식인 벽초의 생각이었다. 지식인으로서 당시 식민지 사회의 괴로운 현실을 거부하는 '또 다른 자기alter ego' 의 모습이었다. 우리 근대사를 돌이켜보면 반지성주의는 충분히 이해 가능한 사상이지만, 현재 우리 사회의 지성에 대한 경시, 왜곡된 교육 등의 문제는 『임꺽정』에서 나타나듯 우리 근대사의 반지성주의의 결과임에 분명하다.

3. 부르주아로서의 임꺽정

『임꺽정』의 작품 해석에서 늘 문제가 되는 부분이 후반부 「화적 편」이다.

임꺽정은 「의형제 편」 마지막에서 할 수 없이 늦깎이 도적이 되어 청석골의 두목이 된다. 그러자 권위주의적으로 변한 임꺽정은, 양민을 학살하고 심지어 서울에 올라가 기생들과 놀아나면서 세 명의 새 아내를 얻고 기생첩을 두는 등 방탕한 생활에 빠진다. 그러고는 돌아오라고 애원하는 청석골의 동생들과 아내를 폭행하고 서울에서 포교들과 일대 격전을 벌인다. 나중에 그는 서울에 붙잡혀 있는 기생첩을 구하기 위해 무리하게 파옥破獄을 하자고 우기는 등, 전과는 전혀 다른 모습을 보인다. 말하자면 앞에서의 임꺽정의 모습, 의리와 인정이 있고 나름대로는 바른길로 가려고 하던 저항하는 영웅의 모습이 아니라, 도적 두목이라는 지위를 이용해서 욕망과 색정에 탐닉하는 타락한 인물로 나타난다. 이 부분에 대해 대부분의 비평가들은 벽초의 집중력이 한계에 이르렀다거나 그가 드디어 대중적 인기에 영합하기 위해 일관성 없이 흥미 위주로 썼다는 식으로 해석해왔다.

그러나 필자의 눈에는 이 부분을 썼을 때가 벽초가 소설가로서의 기량이 절정에 달했던 시기이며 동시에 벽초로서는 오랜 고민 끝에 정교한 구상을 갖고 임했던 부분으로 보인다. 『명종실록明宗實錄』에는 분명히 임꺽정이 서울에 세 명의 아내와 기생첩을 두고 있었고 서울 장안을 들쑤셔 공포의 도가니로 몰아넣었다고 기록되어 있다. 인간이라면 누구나 전국의 저명한, 공포의 대상이 되는 도적 두목 자리에 앉게 되면 권력을 이용해서 여러 가지 쾌락을 즐기고 싶다는 욕망에 사로잡힐 수 있다. 이러한 맥락에서 벽초는 이 부분의 이야기는 어떠한 경우라도 소설에서 결코 빠뜨릴 수 없는, 오히려 서울에서 한판 벌이고 포교들을 농락하는 부분이 소설의 '하이라이트'가 되어야 한다고 생각했을 것이다. 그래서 이 이야기를 어떻게 풀어나가느냐 하는 것이 소설의 오랜 구상 과정에서부터 핵심적인 고민거리였을 것이다. 그런데 문제는 근대 이전 동양의 전통 문학에는 이런 인물은 전혀 나타나지 않는다는 것이다. 의로운 인물은 마지막까지 의롭고 악한 인간은 결코 끝까지 악에서 벗어나지 못한다. 예를 들어 『수호전』 식으로는 임꺽정의 이야기를 수용할 수 없었다. 임꺽정의 이러한 이야기를 하기 위해서는 인간에 대한 다른 인식틀을 도입해야 했다.

작품을 꼼꼼히 살펴보면 벽초는 서로 다른 두 가지 임꺽정의 모습을 그리기 위해 정교한 플롯을 사용했음을 알 수 있다. 의로운 천하장사 임꺽정이 타락한 도적 두목이 되는 데는 몇 가지 중요한 계기가 있었다. 우선은 청석골의 두목이 되자마자 모사謀士인 서림이 임꺽정에게 '조선 팔도를 다툴' 수 있는, 즉 국가 권력을 탈취할 방책을 일러주기 시작한다. 그러자 임꺽정은 전과는 달리 비밀을 만들고 산채에 엄한 군령을 세우는 등 권위주의적으로 변하기 시작하고 또 다른 산채를 마련하는 과정에서 살인을 하고 양민들을 학살하기도 한다. 권력의 유혹에 빠지면서 변하기 시작하는 것이다. 이어 새로운 산채에 가서 가짜 임꺽정들을 혼내준 그는 겸사겸사 서울에 장물들을 갖고 가서 좀 놀다 오겠다는 생각을 한다. 말하자면 이번에는 나르시시즘의 유혹을 받아 '스타 의식'에 젖은 것이다. 사람들이 자신을 흉내 내기 시작했다는 소식에 한편으로는 화가 났지만 동시에 남들이 부러워하는 멋들어진 자신의 모습에 우쭐해지기 시작한 것이다.

서울로 장물을 싸들고 가던 임꺽정은 길에서 칼을 들고 자기가 임꺽정이라며 위협하는 애꾸를 제압하는데, 그가 진짜 임꺽정이라는 사실을 안 애꾸는 아양을 떨며 접근을 시도한다. 애꾸의 이름은 '노밤'이었고 그의 계속되는 너스레에 마음이 누그러진 임꺽정은 전과는 달리 서울에 같이 가서 '계집질'을 하자는 생각을 한다. 서울에 간 임꺽정은 오랜 거래처인 장물아비의 집에 머무는데, 장물아비의 아들 '한온'이라는 인물 역시 임꺽정에게 검술을 가르쳐달라며 접근하여 슬슬 기생집에 가자고 꼬드기기 시작한다. 평생 한 번도 그런 곳에 가본 일이 없는 임꺽정이었지만 서서히 마음이 동하여 한온을 따라 기생집에 가서 놀고 기회가 될 때마다 힘자랑을 하며 무용을 뽐낸다. 이런 과정에서 그는 새 아내들을 얻고 주색에 탐닉한다. 청석골의 동생들은 그를 데려가기 위해 서울에 와서 설득하지만 임꺽정은 요지부동이었고 오히려 아내를 쥐어박고 발로 차서 정강이를 부러뜨려버린다. 이런 이야기는 전과는 다른 박진감과 유머와 기지로 흥미진진하게 펼쳐진다. 임꺽정이 예전의 모습과 달리 변하는 과정은 정교하게 구성된 인물들과 장치들을 통해서 묘사되고 이는 결코 작가의 솜씨가 무디어졌다거나 작가로서의 역량이 모자라서였다고 말할 수 없다.

이러한 과정이 지난 이후에 임꺽정은 산채로 돌아가 여러 과정을 통해서 자신의 본래 모습을 서서히 되찾기 시작한다. 벽초는 이 과정을 섬세하게 그리고 있으며 『조선일보』가 폐간된 이후에는 『조광朝光』에 한 차례 실었다. 즉 벽초는 이 부분을 나름대로 대단히 중요하고 없어서는 안 된다고 생각했던 것이다. 저항의 영웅 임꺽정이 타락하여 다른 모습으로 변하고 다시 옛 모습으로 돌아오는 과정은 저자에게는 작품에서 결정적으로 중요한 부분으로 간주되었고 따라서 정교한 플롯으로 묘사되었다.

단적으로 벽초는 임꺽정이 변화하는 모습을 괴테의 『파우스트』의 틀을 도입해서 활용했다. 파우스트는 메피스토펠레스의 유혹을 받아 그와 계약을 맺고 악마의 힘을 얻어 전과는 다른 존재가 되어 욕망을 추구하지만 결국 삶의 마지막에 이르러 다시 자신의 이성적인 모습으로 돌아와 인생을 마감하고 신神의 구원을 받은, 근대서구 부르주아로서 전 세계로 팽창해나가는 새로운 종류의 인물이었다. 인간은 이성과 욕망이라는 이질적인, 갈등하는 부분으로 이루어진 불안정한 존재이며 어떤 계기로 인해 다른 부분이 드러나면 인간은 변화할 수 있고 이것이 인간이 끊임없이 앞으로 나아가는 동력이 된다. 이러한 인간에 대한 독특한 관념은 18세기 이래 근대서구에서 나타났는데, 괴테의 『파우스트』는 이러한 인간관을 표현한 걸작이다. 물론 벽초가 파우스트 같은 인간형을 적용한다고 표명한 적은 없지만 그의 독서량을 감안하고 또 그가 심취했다고 전해지는 작품들, 특히 바이런George G. Byron이나 오스카 와일드Oscar Wilde의 작품들을 생각해보면 벽초가 괴테의 파우스트 모델을 활용했다는 점은 결코 놀랄 일이 아니다. 벽초는 메피스토펠레스라는 악마를 여러 명의 인물들, 서림, 노밤, 한온 등으로 나누어서 다양한 주제, 권력욕, 나르시시즘, 성욕 등으로 유혹하도록 했고 드디어 임꺽정은 서서히 저항의 화신에서 전혀 다른 욕망의 화신으로 변신했다. 금욕적 저항의 화신은 드디어 끝없는 욕망을 드러내 본처인 운총은 청석골에 있는 채로 세 명의 아내와 기생첩들을 얻고, 희대의 힘자랑을 일삼으며 일대 무협을 펼친다.

벽초는 임꺽정이라는 저항의 화신, 새로운 민중 영웅을 현실감 있게 그리는 데 있어서 근대서구의 부르주아적 인물형을 도입한 셈이다. 이러한 시도의 공功은 동양의 고전적 · 평면적 인물형과는 다른 근대 서구의 복합적 인물형을 활용함으로써 좀더 인간의 다양한 모습들을 현실감 있게 보여줄 수 있었다는 점을 들 수 있다. 인간이란 단순한 동물이 아니며 여러 모순되는 점을 많이 가지고 있는, 하나의 방식으로 규정할 수 없는 존재인 이상 이러한 틀은 상당한 장점을 지닌다. 단재는 자신이 구상한 투쟁하는 민중의 모습을 「꿈하늘」이라는 소설로 형상화했다. 이 소설의 주인공 '한놈'은 끝없는 고독한 싸움을 하늘의 명령에 따라 벌여야 하는, 버니언John Bunyan의 소설 『천로역정*The Pilgrim's Progress*』의 주인공 크리스천과 유사한 인물이었다. 『천로역정』은 17세기 청교도혁명 후 영국에서 씌어져 19세기 말 서양 선교사에 의해 우리말로 번역되어 상당히 널리 읽혔는데, 단재도 읽고 영향을 받았을 가능성이 크다. '크리스천'과 '한놈'은 공통적으로 신神의 명령에 따라 원치 않은 구원의 길을 가며 고독한 싸움을 벌여나가고 그 과정에서 계속되는 감시와 위기, 처벌을 감수하지 않을 수 없었다. 이러한 이미지를 표현하고 있는 단재의 「꿈하늘」에 비하면 벽초의 『임꺽정』은 상당히 다른 모습의 투사를 보여준다. 버니언의 인물형보다 19세기 초반에 나타난 괴테의 파우스트라는 인물형은 분명히 한 단계 발전한 것이었다. 타고난 저항정신으로 고민하지 않고 본능적 · 반사적으로 싸우며 타고난 엄청난 힘으로 결코 타협하지 않고 많은 친구가 있어 외롭지 않은 투사이지만, 어떤 계기가 되면 권력을 즐기기도 하고 색色을 밝히기도 하는 다양한 삶의 즐거움을 결코 거부하지 않는 모습은 새로운 인간형임에 틀림없다. 지치거나 싫증 내거나 좌절하지 않는 오랫동안 싸울 수 있는 새로운 투사의 모습인 임꺽정의 투쟁은 그의 아들 '백손이' 에게로 대를 이어갈 것이다. 임꺽정은 구월산성에서 서림의 배신으로 비극적 죽음을 맞이했지만 이 비극은 결코 허망하지 않다. 그의 멋들어진 모습은 '노밤' 뿐만 아니라 '백손이' 외에도 수많은 사람들이 부러워하고 흉내내려 할 것이며 따라서 투쟁은 한반도에서 끝없이 전개될 것이다.

그러나 이러한 새로운 시도는 상당한 대가를 치르지 않으면 안 되었다. 무엇보다 파우스트는 '부르주아 모델' 이었다. 즉 '민중' 과는 상당히 거리가 있는 인간형이다. 그는 이성적 결정 외에 부르주아로서의 욕망을 내장한 존재이며 유혹을 기다리고 있었다. 임꺽정이 대변한 민중도 저항과 직접 혁명의 주체이며 끝없이 싸울 수 있는 내면의 조건을 갖추고 있지만, 동시에 부르주아의 욕망을 모순적으로 내면에 갖추고 있는 인물이기 때문에 투쟁에서 일관성을 유지한다는 보장은 결코 있을 수 없다. '민중' 의 계급적 정체는 확정할 수 없음은 이미 임꺽정이 증거하였다. 민중이 스스로 '직접 혁명' 에 나설 때 그 혁명의 방향은 확정될 것이다. 나아가 욕망에의 유혹은 혁명가의 삶의 일부로 규정되어 있고 그의 혁명은 프티 부르주아petit-bourgeois의 욕망을 결코 거부할 수 없는 것이다.

또한 임꺽정은 결코 파우스트의 복사판일 수 없었다. 임꺽정이 파우스트 같은 내면 구조를 갖고 있다 해도 그 구조를 차지하고 있는 내용이 같을 수 없기 때문이다. 임꺽정은 파우스트 같은 학자가 아니었다. 그에게 이성적 부분이 있다면 그것은 타고난 저항 본능일 따름이었다. 일제시대에 우리 민족, 민중에게 정치적 차원의 이성을 객관적으로 말할 수 있다면 그것은 유일하게 일제와의 투쟁일 것이며, 이는 특히 '저항 민족주의' 입장에서는 의문의 여지가 없는 것이었다. 그러나 일제에 대한 투쟁의 핵심은 증오와 적대감으로, 이는 칠정七情의 일부로 욕망과 같은 것이며 사단四端에 속하는 이성과는 명백히 다른 것이다. 일제라는 상황이 저항과 욕망을 이성과 욕망으로 갈라놓았지만, 벽초는 증오와 욕망이 서로 섞여서 희석되지 않게 유지할 것을 임꺽정에게 강하게 요구하였다.

파우스트에게 이성과 욕망이 섞여서는 안 되는 만큼 임꺽정에게 증오와 욕망은 섞여서는 안 되는 것이었다. 그러나 벽초는 증오와 욕망은 결코 이질적인 요소들이 아니라는 것을 누구보다 잘 알고 있었을 것이다. 이 두 요소들이 섞이지 않도록 갈라놓기 위해서는 인공적인 칸막이가 필요했고 이 둘 사이의 칸막이로 설치된 것이 바로 반지성주의였다. 반지성주의는 우리 역사에서 민중들의 사상으로 나타난 적이 없었다. 오히려 반지성주의는 벽초에서처럼 지식인들의 자기 부정으로 나타난 것이었다. 물론 우리 역사에서 사대부 지배계급이란 정치 · 경제 · 지식권력을 독점한 계층이었고 이들에게 저항할 때 반지성주의는 자연스러운 결과였을 것이다. 또한 일제 때 교육받은 계층의 일반적인 행태도 이런 생각을 부추겼을 것이다. 그러나 앞에서 지적했듯이 임꺽정의 반지성주의는 자신의 내면의 주체성을 파우스트적으로 유지하기 위한 장치로 고안된 것이었다. 바로 그런 이유에서 임꺽정이 대변하고 있는 반지성주의는 결벽증적이었다.

4. 마무리

역사적으로 조선시대 민중의 모습이라는 것은 일차적으로는 경험적인 삶의 모습을 말하며 이런 문제들은 세심한 자료 조사와 연구를 통해서만 드러난다. 이는 주로 역사학이라는 전문 제도하에서 이루어지며, 어느 나라에서나 전문가들의 연구 영역이 되는 이유는 일반적인 지식인들이 생각하는 것과 역사적 현실은 다른 경우가 많기 때문이다. 말하자면 현실을 드러내는 역사적 연구란 상식이나 이념이라는 현실을 가리는 안개를 뚫고 이루어져야 하는 것이며, 이는 엄정한 전문적 · 분석적 과정을 통해서만 가능하다.

조선시대 민중의 모습을 그린 대표작이라고 흔히 이야기되는 벽초의 『임꺽정』은 천재의 작품임에 분명하다. 이 작품은 조선 민중의 세계처럼 보이는 하나의 이미지를 우리에게 성공적으로 보여주고 있다. 그러나 벽초가 보여주고 있는 세계의 모습은 경험적이고 현실적이라기보다는 정치적 이념이 그린 그림이다. 특히 벽초의 역할은 존경해 마지않는 친구였던 단재 신채호가 제시한 저항 민족주의적 '민중'의 모습을 현실적으로 그려내는 것이었다. 민중이라는 말은 계급적으로 정의할 수 없는 이상 하나의 개념으로 이해하기는 곤란하며, 단재가 후기에 신봉했다고 하는 아나키즘적인 정치 언어라고 규정하기도 어렵다. 이 말은 오히려 저항 민족주의에서 연유된 신화적 언어로 이해해야 할 것이다. 임꺽정이라는 인물은 저항 본능과 천재적 능력, 엄청난 괴력을 타고난 '민중 영웅'으로 창조되었다. 몇 줄 되지 않는 사료로 인물을 현실적으로 창조해야 하기 때문에 작가가 상상력을 동원할 공간이 많았던 이상 자신의 생각, 어쩌면 자신도 의식하지 못하고 있던 관념들이 동원될 수밖에 없었을 것이다. 문학 작품이 저자의 이념과 사상을 반영하는 것은 자연스런 결과이다. 『임꺽정』이 이룬 공은 조선 민중의 현실적인 삶의 모습을 찾았다는 것이 아니라 단재의 저항 민족주의에 생명력을 불어넣었다는 점일 것이다.

벽초로서는 저항 민족주의의 이념으로 밑그림이 그려진 임꺽정의 모습을 좀더 현실적으로 실감나게 만들기 위해 모순적인 측면을 하나의 인물에 담는 방법을 찾았고, 이를 위해 파우스트 모델을 활용하여 정교한 플롯을 구상했다. 확실히 근대서구에 나타난 인간형은 동양의 전통적인 인간형보다 훨씬 다양한 종류의 인간을 묘사할 수 있고 특히 불안정한 인간, 모순적 인간을 다면적으로 표현할 수 있는 능력이 있다. 벽초는 근대서구 특유의 파우스트 모델의 도입과 활용을 통해서 모든 인간의 모습을 더욱 잘 묘사할 수 있었을 것이다. 그러나 문제는 파우스트 모델을 완벽하게 도입할 수 없었고 인간형의 구조를 유지하기 위해서는 반지성주의라는 부가적 장치를 삽입시켜야만 했다. 나아가 이러한 새로운 모델을 통해서 우리의 저항 민족주의는 새로운 종류의 전사戰士, 끝없이 싫증 내지 않고 싸우는 전사를 만들게 되었다. 그러나 이 전사는 민중의 심장뿐만 아니라 부르주아의 심장도 동시에—두 개의 엇갈리는 박자로 뛰는—갖고 있는 존재였다. 그렇다면 『임꺽정』은 위대한 음모였다. 임꺽정은 우리에게 너무나 친숙한 조선의 민중이고 어느 누구보다 우리의 고유 언어를 잘 구사하는 인물이지만, 그는 근대서구 부르주아의 심장을 갖고 있었다. 나아가 그가 대표하던 '민중'도 우리의 전통적 백성이라기보다는 근대서구 민족주의와 여타 정치이념들이 도입되어 동북아시아 지역과 특히 한반도에서 독창적으로 창조된 인간형을 의미했다. 즉 임꺽정은 조선 민중으로 위장된 근대서구식 프티 부르주아였다.

현대에 이르기까지 우리의 민중주의는 저항하는 인간, 모든 권력에 저항하는 어쩌면 국가권력 자체를 적대시·죄악시하는 아나키스트적인 인간을 양

산해왔다. 그러나 그들이 표방해온 이념은 다양한 만큼 모순적이었다. 모든 권력에 저항하는 이상 민주주의, 외세에 저항하는 만큼 민족주의라고 주장되었고, 피지배층을 상징하는 만큼 평등을 지향하는 사회주의적 또는 복지국가적이라고 표방되었다. 그러나 늘 언제든지 나타나는 것은 프티 부르주아의 질투와 욕망이었다. 이러한 혼란된 정체를 가진 만큼 우리의 민중주의는 늘 '융통성'을 만끽해가며 상황에 대처하며 싸워왔지만, 일관성이 처음부터 결여된 이상 늘 현실적 결과에는 '배신'이 따를 수밖에 없었다. 민중을 다룬 소설 작품으로서 『임꺽정』의 공功과 과過를 논한다면 조선 민중의 모습을 얼마나 잘 표출하고 있는가라는 기준보다는, 이 작품이 창조한 정치이념으로서의 '민중'과 민중주의에 대한 판단일 것이다. 우리의 민중주의는, 대부분의 정치이념이 그렇듯이 오랫동안 같이 살아온 만큼 쉽사리 비판하고 폄하할 수 없으며 또한 무조건 신봉할 수도 없다. 그러나 우리의 정체를 일제시대의 노예 모습으로 고집한다면 이는 중대한 착각이다. 그럼에도 불구하고 저항 민족주의적 민중주의는 반지성주의라는 나름대로 생명력을 연장시키는 장치를 갖고 있다. 즉 반지성주의는 저항 민족주의가 그 모습을 그대로 유지하도록 만드는 내부 장치로, 우리가 우리 사회와 역사적 현실을 마주 대하는 것을 방해하는 요소로 작동하고 있으며 이는 바로 『임꺽정』의 과過라고 지적하지 않을 수 없다.

역사 소설 속의 명성황후 이미지

—정비석의 역사 소설 『민비』의 경우—

이태진

1. 머리말
2. 기쿠치 겐조의 『대원군전』
3. 정비석의 장편 역사 소설 『민비』
4. 맺음말—바람직한 역사 소설
〈부록〉 고종황제가 쓴 「황후 평전」과 친일정권이 발표한 「폐비 조칙」

1. 머리말

명성황후는 한국 근대사의 비운을 그대로 상징한다. 황후는 1895년 10월 8일 미명에 일본 민간 장사(낭인)들의 칼날 아래 저 세상의 원혼이 되었다. 이 사건은 10년 뒤 일본에게 외교권을 빼앗기고 15년 뒤에 다시 나라를 강제로

李泰鎭 서울대학교 국사학과 교수.

저서로는 『韓國社會史硏究』(지식산업사, 1986), 『朝鮮儒敎社會史論』(지식산업사, 1989), 『朝鮮後期의 政治와 軍營制 변천』(한국연구원, 1985), 『왕조의 유산—외규장각도서를 찾아서』(지식산업사, 1994), 『고종시대의 재조명』(태학사, 2000), 『의술과 인구 그리고 농업기술』(태학사, 2002), 『동경대생들에게 들려준 한국사』(태학사, 2005), 『韓國社會發展史論』(공저, 소화, 1997), 『서울상업사』(공저, 태학사, 2000) 등이 있고, 편저서로는 『史料로 본 韓國文化史』 조선 전기편(일지사, 1984), 『朝鮮時代政治史의 再照明』(범조사, 1985 ; 태학사, 2003), 『일본의 대한제국 강점』(까치, 1995), 『한국병합, 성립하지 않았다』(태학사, 2001), 『한국병합의 불법성연구』(서울대학교 출판부, 2003) 등이 있으며, 「조선시대의 양반—개념과 연구동향」(『中國—社會と文化』 8, 東京大, 1993 ; 『學藝誌』 3, 육군사관학교 군사박물관, 1993) 등 한국의 정치사, 사회사, 대외관계사 등에 관한 많은 논문이 있다.

병합당하는 한국 근대사의 대비극의 전주였다. 시해 2년여 뒤인 1897년 10월 11일 국호를 대한제국으로 바꿈과 동시에 왕비의 호칭은 황후로 격상되었다. 그런데도 일본인들은 이를 외면하고 '민비'란 비칭을 즐겨 썼다. 황후를 인정하지 않겠다는 것이다. 이런 오만과 고의는 1910년 8월 29일에 대한제국을 강제 병합하면서 나라 이름을 조선으로 되돌리고 황실을 '이왕가'로 낮추어 일본 천황가에 예속시키는 것으로 발전하였다.

이런 비운의 역사 속에 조장된 '민비'의 이미지는 어떤가? 왕비는 권력욕에 불타는 간악한 여인으로 시아버지와 권력 싸움을 일삼다가 나라를 망하게 한 존재, 말 그대로 '집안을 망친 암탉'이 되었다. 어느 한쪽에서는 얼굴에 마마 자국이 하나 있었다는 말을 과장해 왕비가 완전히 얽은 곰보였다는 말까지 퍼뜨렸고, 이러한 악성루머는 일제하 서울 지역 아낙네들 사이에 널리 퍼지기도 하였다.

오늘날 우리 한국인들의 명성황후에 대한 인식도 이와 크게 다르지 않다. 망국의 책임을 전적으로 왕실에 돌리고 있는 상태에서 무능한 왕, 권력욕에 불타는 왕비가 망국의 원인 제공자란 인식은 강하게 자리 잡고 있다. 누구도 그런 역사상이 어떻게 만들어진 것인지를 파헤쳐보려고도 하지 않은 채, 검증되지 않은 역사상이 움직일 수 없는 사실처럼 우리의 의식세계를 화석화해 놓고 있다. 이 글은 이 문제점을 뒤늦게나마 해소해보려는 것이다.

대원군과 '민비'의 권력싸움, 그 틈바구니에서 우왕좌왕하는 나약한 군주, 이들 3자의 관계를 처음 제시한 것은 누구인가? 필자의 조사로는, 일본인 저널리스트 기쿠치 겐조菊池謙讓로 판명되었다. 그가 1910년 10월에 발표한 『조선최근외교사 대원군전 부附 왕비의 일생』(경성, 日韓書房, 1910, 이하 『대원군전』으로 줄임)에서 위와 같은 3자의 관계와 이미지가 많은 지면을 통해 제시되었고 이후 정설로 자리 잡은 것이 확인되었다. 저자 기쿠치가 1895년 10월의 왕비 시해에 직접 가담한 인물이라는 사실에서 이 책이 왕비 시해 만행에 대한 변명서란 것을 쉽게 짐작할 수 있다. 기쿠치는 '민비'가 대원군이 감당할 수 없을 만큼 출중한 지모로 끝없이 권력에 도전하였기 때문에 대원군이 왕비 제거에 나선 것이며, 일본인들은 그를 도왔을 뿐이라는 점을 책의 논지로 삼았다.

책은 강한 전파력을 가져 오랫동안 사람들은 이 책의 내용을 정설로 믿었다. 근 20년 뒤에 나온 장도빈의 역사서 『명성황후와 대원군』(덕홍서림, 1927)은 그 요약본이나 마찬가지였고, 저널리스트로 기쿠치의 후배인 호소이 하지메細井肇는 기쿠치의 책에 근거해 다큐멘터리 소설 형식으로 『국태공國太公의 비眦』(昭文社, 1929)와 『여왕민비女王閔妃』(月旦社, 1931)를 썼다. 이런 책들이 판치는 가운데 '민비' 아니 한국 근대사에 대한 부정적 인식은 날로 깊어졌다.

1945년 8월 광복 후, 명성황후를 소재로 한 역사 소설은 의외로 쉽게 등장하지 않는다. 필자의 조사로는 1980년에 인기작가 정비석이 낸 장편소설 『민비』가 최초인데, 이 소설은 기쿠치가 그린 '민비'의 상을 그대로 재생산한 것이나 마찬가지다. 『민비』는 소설적 재미를 더하고자 '민비'의 근성을 부각시키는 방식을 취해 돌이킬 수 없는 잔혹한 여성의 이미지를 남긴다.

명성황후에 대한 인식이 달라지는 조짐은 1990년대 중반에서야 비로소 나타난다. 이문열의 희곡 『여우사냥』〔『세계의 문학』 제19권 1호(봄), 통권 71호, 1994〕, 이를 크게 참작한 뮤지컬 『명성황후』, 텔레비전 드라마 〈명성황후〉(KBS 2 텔레비전, 2000), 모노드라마 『明成皇后, 내가 할 말이 있다』(박영 지음 · 연출, 2006, 2007) 등이 잇따라 명성황후를 애국, 순국의 왕비로 바꾸어놓았다. 그러나 이 연예물들은 명성황후의 위상을 회복시키는 데는 크게 기여하였지만, 왜곡의 기본 틀을 극복한 것은 아니다. 이 작품들에서 왕비는 여전히 왕정의 사실상의 주재자로 왕의 역할을 대신하는 존재로 남아 있다. 진정한 왕비의 모습을 찾으려는 노력은 유홍종의 『다큐멘터리 소설 명성황후』(현대문학북스, 2001)에서 비로소 진중하게 기울여지고 있다. 그런데 이런 새로운 노력에도 불구하고 기쿠치가 창도한 이미지는 사라질 줄 모른다. 새로운 긍정적 해석을 의심하는 분위기 속에, 옛대로 부정적 이미지를 그대로 담은 만화가 대중 독서물로 적지 않게 나돌고 있다.

명성황후에 대한 잘못된 인식을 바로잡는 것은 곧 우리 근대사의 바른 인식을 위한 필수 과제이다. 이 글에서는 기쿠치 겐조의 『대원군전』과 정비석의 『민비』의 상관관계를 밝혀 그 문제점을 살핀 다음, 이를 타개하는 길이 무엇인지를 논의해보기로 한다.

2. 기쿠치 겐조의 『대원군전』

(1) 기쿠치 겐조, 어떤 인물인가?

기쿠치 겐조는 1870년 일본 구마모토雄本 현 출생으로 교토의 혼간지本願寺 관계의 학교를 거쳐 1893년 7월에 동경전문학교(현 와세다대학)를 졸업하였다. 졸업 후 바로 조선으로 건너와 여행과 교제를 통해 조선에 대한 지식을 쌓았다. 여행 중이었던 1894년 3월에는 사사 도모후사佐佐友房란 자의 소개서를 가지고 대원군을 면회하기도 했다.

기쿠치가 대원군을 만난 직후인 1894년 3월 28일 상하이의 한 호텔에서 홍종우가 김옥균을 쏘아 살해하는 사건이 발생하여 일본이 발칵 뒤집어졌다. 일본정부뿐 아니라 반도 진출에 야망을 가진 일본 지식인들은 사건의 배후에 조선왕실이 있다며 군대를 동원해 김옥균 복수전을 펴야 한다고 외쳤다. 이어 4월에 일어난 동학농민군 봉기를 진압하기 위해 조선정부가 청국정부에 출병을 요청하였다는 소문은 일본의 조야를 다시 한 번 긴장시켰다.

청국에 대한 조선의 출병 요청은 알려진 것과는 달리 주차조선총리통상사의駐箚朝鮮總理通商事宜 위안스카이袁世凱가 조선정부에 대해 강요한 것이었다. 청국이 그간 취한 속방화정책으로 조선의 조야에 높아진 반청의식이 불만스러웠던 위안스카이는 임오군란 때처럼 '천자'의 군대를 한반도에 대거 출동시켜 조선을 눌러버리려 하였다. 때마침 동학 농민군이 일어나자 기회라고 생각한 그는 조선정부에 대해 출병 요청을 강요했던 것이다.

조선정부는 거듭 출병 요청 거부의사를 보냈지만 위안스카이도 지지 않았다. 서너 차례 줄다리기 끝에 결국 조선정부가 6월 3일에 출병 요청서를 보냈는데, 여기에는 농민군이 움직이지 않으면 청군은 하륙하지 않는다는 조건이 붙었다. 청국정부는 곧 톈진조약에 따라 출병 사실을 일본정부에 통고하였다. '김옥균 복수전'을 펼 기회를 엿보던 일본정부는 탐문을 통해 출병 요청에 이른 과정을 주시하고 있었고, 마침내 톈진조약에 따라 청국이 출병을 통고하자 히로시마 대본영에서 모든 준비를 끝내고 대기 중이던 일본군이 6월 7일에 출동하였다. 이와 동시에 일본정부는 출병을 청국과의 일대 결전으로 발전시킬 계획 아래 대규모 종군기자단을 편성하였다.

기쿠치는 김옥균 살해사건이 일어나기 전에 귀국하여 『국민신문國民新聞』의 교토 특파원으로 있다가, 같은 해 6월 동학농민군 진압을 위한 출병이 이루어지면서 종군기자단의 일원으로 다시 서울에 왔다. 『국민신문』의 창립자 도쿠토미 소호德富蘇峰는 1896년에 출간된 기쿠치의 저서 『조선왕국朝鮮王國』에 붙인 서문에서 '우인友人' 기쿠치는 한국문제 전문가로서 회사의 명령을 받들어 다시 경성(서울)으로 갔다고 하였다.

도쿠토미의 『국민신문』은 1894년 일본군의 조선 출병, 뒤이은 청국과의 전쟁에서 가장 호전적인 논조로 일본 국민을 선동하였다. 출병과 전쟁은 야만(청국, 조선)에 대한 문명(일본)의 응징이라고 규정하면서 악으로서의 야만 퇴치에 모든 무력을 동원할 것을 부르짖었다. 그리하여 일본정부는 출동 병력을 서울로 바로 진입시켜 조선정부에 대해 내정개혁을 요구하였다. 내정을 개혁하지 않으면 농민군 봉기는 또 일어날 수 있으며, 그렇게 되면 동양의 평화는 보장되지 않는다는 것이 그들의 주장이었다. 조선정부가 이를 내정간섭이라 하여 거부하자 양측 간에 한 달 이상 줄다리기가 계속되었다. 조선정부가 끝까지 굽히지 않자 일본은 7월 23일 0시 30분을 기하여 1개 여단 병력이 서울의 성곽을 둘러싼 가운데, 1개 대대 병력을 국왕이 있는 경복궁 안으로 투입하였다. 일본군은 3시간여의 교전 끝에 조선 친위대를 궁 밖으로 밀어냈고, 아침 7시 30분경 궁을 완전히 장악한 상태에서 일본 공사가 대원군을 앞세워 개혁안을 들고 왕을 알현하여 내정개혁기구로 군국기무처軍國機務處를 발족하게 하였다. 도쿠토미는 기쿠치의 저서 『조선왕국』의 서문에서 7월 23일의 경복궁 침입 때 기쿠치가 기자로서 직접 취재했던 것을 "저 메이지 27년 7월 23일의 경성사변 같은 것은 군이 실제로 경험한 한 활극〔實歷中의 一活劇〕" 이라고 표현하였다.

김옥균 피살사건, 동학 농민군의 봉기, 대원군의 재등장 등은 1894년 한국사의 격동의 변수들이었다. 이 세 가지 변수에서 중요한 것은 일본의 입장이다. 기쿠치는 『대원군전』의 서론 격인 「대원군전 편찬의 유래」에서 자신이 1894년 3월에 대원군을 처음 찾아간 것은 단순한 인사였다고 밝혔다. 즉 "백면서생으로 아직 사리를 헤아리지 못하고 단지 이 노옹老翁의 영자英姿를 접견하기를 바랐고 당일에는 특별한 의도가 없는 두어 가지 담화를 나누고 돌아왔다" 고 했다. 당시 대학을 갓 나온 기쿠치에게 대원군 섭외 임무가 주어졌을 가능성은 어떤 경우에도 대단히 낮으므로 이 말은 겸양사가 아니라 사실로 여겨진다.

그러나 기쿠치는 7월 23일 대원군 동원 때 오카모토 류노스케岡本柳之助와 함께 여러 차례 대원군을 방문하여 당시의 현안을 의논하면서 대원군이 나서도록 하는 데 힘쓴 것을 스스로 밝혔다. 당시 일본 측은 조선정부에 대한 내정개혁 강요에서 군주권에 버금하는 권위가 필요했는데, 대원군만이 그것을 가지고 있었기 때문에 온갖 수단을 동원해 대원군을 나서게 하려 했던 것이다. 그러나 일본은 군국기무처의 '갑오개혁' 진행에서 대원군을 중도 하차시키고 약속과는 달리 권력을 주지 않았다.

1895년 10월 8일, 일본 공사가 나서서 왕비 시해사건을 일으켰을 때 기쿠치는 『국민신문』의 특파원으로 가담하였다. 시해사건이 '실패'로 돌아가자 일본정부는 관계자 전원을 히로시마 감옥으로 보내 국제여론의 비난이 가라앉기를 기다렸다가, 1896년 1월에 증거 불충분을 이유로 모두 석방시켰다. 옥중에서 자신이 지금까지 알고 있는 조선에 대한 지식을 모아 『조선왕국』을 출간하기로 결심한 기쿠치는, 석방 후 국민신문사의 기자로 복직했다가 책 출간을 위해 신문사 직영 출판사인 민우사民友社의 사원으로 자리를 옮겼다.

1898년에 다시 서울에 온 기쿠치는 언론에 종사하면서 사적으로 운현궁에 출입하였다. 이때 그는 일본에 망명 중이던 대원군이 사랑하는 손자 이준용李埈鎔과 운현궁 사이의 연락을 중개해주는 일로 출입이 가능했던 듯하다. 이준용은 경복궁 침입사건 때 일본 측이 대원군을 동원하기 위해 왕위 보장의 언질을 주었다는 풍설이 돌 정도로 일본에 가까운 인물이다. 그래서 그런 관계가 드러나자 고종이 일본으로 보내 사실상 망명 상태가 되었는데 기쿠치가 그런 처지의 그를 도운 것이다. 경복궁 침입사건으로 이렇게 깊어진 대원군과의 관계가 『대원군전』을 저술하게 했던 것이다.

기쿠치는 1900년경 『한성신보漢城新報』의 주필이 되었다. 아다치 겐조安達謙藏가 창설한 이 신문은 일본의 한국 진출의 교두보 역할을 하면서 1895년 왕비 시해 때는 민간 장사들이 모이는 장소가 되기도 하였다. 기쿠치는 시해의 만행에 가담한 것이 인연이 되어 이 신문의 주필이 되었다. 1904년 2월 러일전쟁이 일어났을 때 『국민신문』의 도쿠토미는 일본정부로부터 전시 언론통섭의 총책을 부여받았다. 특히 서방 열강국의 언론기관의 특파원들을 관리하여 그들로 하여금 전쟁 관련 기사를 일본에게 유리하게 쓰도록 유도하였다. 이 역할은 전쟁이 끝난 뒤 한국의 언론정책을 주도하는 것으로 이어졌다.

1906년 2월에 통감부가 설립되면서 『한성신보』는 그해 6월 『경성일보京城日報』로 이름을 바꾸어 통감부의 기관지가 되었다. 도쿠토미는 1910년부터 『경성일보』의 감독직을 수행하였다. 그는 대한제국기에 발족한 모든 한국 신문들을 폐지하고 『대한매일신보』 하나만 『매일신보』로 이름을 바꾸어 존속시켜 이에 기고하려는 조선인 문필가들을 장악하여 총독부 통치에 협조하도록 만들었다.

기쿠치가 처음부터 이런 '거물' 언론인과 깊은 관계를 가지고 있었다는 것은 주목할 점이다. 도쿠토미는 일본을 군국주의로 몰아간 대표적 언론인으로 종전 후의 동경재판에서 A급 전범으로 선고받은 인물이다. 최근 일본에서 활동하고 있는 '새로운 역사교과서를 위한 모임'이 바로 도쿠토미의 군국주의를 추종하는 세력이라는 지적도 나오고 있다. 이 점을 고려하면 기쿠치가 그의 영향 아래 쓴 『대원군전』은 단순히 한 저널리스트의 역사물로 보아 넘길 문제가 아니다. 이 책이 그리는 한국 근대사의 역사상에는 곧 일본의 침략주의의 독수가 서려 있다고 볼 수 있다.

기쿠치는 1908년 11월에 통감 이토 히로부미伊藤博文로부터 한국의 역사를 편찬해보라는 요청을 받았지만, '장편의 역사 편찬'이 될 이 사업을 수행해내지는 못하였다. 그 대신 낸 것이 바로 『대원군전』이다. 따라서 이 책은 일본의 한국 통치부의 의도와 의지를 반영한 것이라고 할 수는 없다. 그러나 한국 식민지화를 추진한 일본 수뇌부의 한국에 대한 인식을 반영한 저술인 것은 틀림없다. 기쿠치의 한국에 관한 저술 활동은 1930년대 말까지 계속되었다.[1]

(2) 『대원군전』의 줄거리

저자의 술회에 따르면 『대원군전』은 1910년 3월부터 쓰기 시작하였는데, 9개월 만인 같은 해 11월 22일에 책이 나왔다. 자료는 고사나 시사에 밝은 조선인 2~3인에게 부탁해 모았고, 당초 대원군의 전기傳記로 준비했지만 집필 중에 역사서로 바뀌었다고 한다. 즉 여러 가지 자료상의 제약으로 '최근의 외교사론'으로 주제를 바꿀 필요를 깨달았고, 그래서 대원군을 중심으로 하되 왕비 및 국왕의 성격, 그 행동 등도 가능한 한 상세히 기술하는 방식을 취해 '조선최근외교사 대원군전 부 왕비의 일생'이란 서명을 붙이게 되었다고 밝혔다(「대원군전 편찬의 유래」).

기쿠치는 최근의 조선왕국의 역사는 대원군과 왕비 민씨 '두 영웅'의 전기나 마찬가지라며, 흥하고 폐한 그 수많은 사업, 붉은 피로 뒤덮인 수많은 사변, 시끄럽고 혼잡한 외교관계 모두가 두 영웅이 각기 야심을 발동하여 일으킨 쟁투의 역사라고 주장하였다. 그는 대원군을 "공전空前의 업적을 세우고, 미증유의 세력을 발휘한 인물"로, 반면에 왕비는 대원군이 '연약한' 왕을 위해 신중하게 골라 맞아들인 사람인데도 10년도 되지 않는 사이에 그의 성과을 부수고, 그가 심은 세력을 파괴하는 상상하기 어려운 일을 해낸 또 다른 영웅으로 표현하였다. 기쿠치의 묘사를 그대로 따르면, 대원군은 건설적 영

---

1 그의 다른 저술로는 『各種의 朝鮮評論』(『鮮滿叢書』 제1권 수록, 自由討究社, 1922), 『朝鮮諸國記』(대륙통신사, 1925), 『朝鮮讀本』 甲編(조선독본, 민족독본간행회, 1925), 『朝鮮雜記』(계명사, 1931), 『金剛山記』(계명사, 1931), 『近代朝鮮史』(대륙연구소, 1937) 등이 있다.

웅, '민비'는 파괴적 영웅이다.

그런데 조금 더 읽어 내려가면 대원군도 미완의 '영웅'에 불과하다. 기쿠치는 만약 대원군이 섭정 초기의 뜻을 지속시키고, 근세적(근대적—필자) 지능과 개국의 대사大事를 잘 이해하고, 국민통일의 위업을 성취하고, 또 이조李朝의 왕실을 회복시켰다면, 반도 국민은 아세아에서 근세의 강국으로 그 명맥을 보전하고, 일천만여의 민족이 자립한 국가의 번영을 이루었을지도 모른다고 하였다. 이런 가능성을 가진 대원군을 살리지 못한 것이 바로 한국인의 불행으로, 자신은 전기를 쓰는 동안 이런 상황이 파악되어 반도 국민을 위해 슬퍼하지 않을 수 없었다고 했다. 이 논리에 따르면 왕비는 곧 그러한 대원군을 파괴한, 다시 말하면 반도 조선의 패망을 불러들인 저주받을 '영웅'이다.

기쿠치는 대원군이 '반도의 태양'이라면 왕비는 '궁전의 달'이라고 서술하였다. 왕비는 근본적으로 총민한 성행의 소유자로, 대원군이 거대한 투사라면, 왕비는 근세(근대)의 조선을 만들고 근세(근대)의 외교를 만들어냈다. 만약 조선에서 세계를 알고 문명을 이해하고 강대를 존중하고 근세(근대)적 국민의 상태와 세력을 아는 자가 있다면, 이는 왕비의 정치로부터 나온 것이라고 하였다. 대원군 실각 후 펼쳐진 개국, 개화의 역사를 인정하는 대목이다. 다만 왕정의 주체가 되어야 할 군주 고종을 '연약한' 존재로 규정한 나머지 이 시기에 이루어진 근대화의 성과를 모두 왕비에게 돌렸다.

그런데 기쿠치는 이런 성과를 의식의 소산이 아니라 감정의 산물로 간주하였다. 왕비가 대원군에 대한 반발심에서 개국을 추구하였다는 것이다. 이런 감정적 반응은 일종의 생존 본능으로 왕비는 자랄 때 세태와 인정의 쓴맛을 다 본 사람이기 때문에 이런 변신이 특히 강했다고 설명한다. 아버지를 일찍 여의어 숙부 집에서 자라면서 어려움을 겪은 것이 타고난 지모와 결합해 엄청난 힘을 발휘했다는 것이다. 이 대목에서 기쿠치는 "여성의 변화의 반은

히스테리"라고 하면서 여성의 심리까지 운운하며 왕비도 어쩔 수 없는 여성으로 감정에 휩싸였다고 서술하였다. 『대원군전』의 조선 근세사(근대사) 파악의 맥에 해당하는 이 부분에서 설명의 틀이 이렇게 갑자기 바뀌고 있는데, 여기서부터가 '소설적'이다. 기쿠치는 왕비가 고종과 궁인 이씨와의 사랑을 알게 되면서 민감해진 것으로 그리고 있다.

왕비가 16세로 처음 궁에 들어왔을 때 어린 왕은 연상의 궁인 이씨와 사랑에 빠져 있었다. 왕비가 이 사실을 알았을 때 여성으로서는 감당하기 어려웠지만 궁인 이씨에게서 왕자(완화군)가 태어나기 전까지는 왕비로서의 품위를 의식하여 잘 참았다. 그러나 대원군이 이 왕자를 귀히 여긴 나머지 세자로 책봉하려 하자 왕비의 태도는 표변하기 시작하였고, 이 '히스테리'의 작동이 곧 시아버지 대원군을 밀어내는 동력이 된 것으로 파악하였다. 기쿠치의 표현을 그대로 옮기면 "대원군과의 30년간의 알력 쟁투는 이 조그마한 아해(완화군)로부터 발생하였으니, 어떤 계급에서도 가정의 변동은 실로 이 범위에서 이탈하는 것이 없다"라고 하였다.

새롭게 결심한 왕비는 '농후한 정교情交'로 왕을 제 편으로 끌어들이고 마침내 두 번이나 왕자를 낳음으로써 왕을 사로잡는 데 성공한다. 기쿠치는 왕비가 실제로 『좌전左傳』을 애독한 사실을 주목하여 이를 대원군과의 대결을 준비하기 위한 '정권학' 공부로 부각시켰다. 이런 숨은 노력 끝에 왕비는 1873년 말 최익현 상소사건을 일으켜 대원군을 권좌에서 물러나게 하였다는 것이다.

앞에서 이미 살펴보았듯이 기쿠치는 왕비가 대원군을 밀어내면서부터 조선의 비극은 시작되었다고 보고 있다. 그는 정권 다툼 곧 당쟁을 조선역사의 가장 큰 병폐로 보았다. 대원군을 '건설적' 영웅으로 규정한 것도 그가 집권하면서 서원을 철폐하고 세도정치를 종식시켜 정국을 조용하게 만든 업적을 높이 평가해서였다. 그런데 '두 영웅'이 원한 싸움을 벌이면서 대원군 자신도 당쟁의 와중에 휩쓸려 반도의 왕실은 앞 시대의 암흑으로 돌아가 전후 40년간 선혈을 뿌리는 싸움 속에 패망의 길을 걸었다. 그래서 두 사람의 대립을 '맹렬한 호랑이' 왕비가 '거대한 코끼리' 대원군을 향하여 격투를 벌이는 것과 같았다고 표현하였다. '민비'는 캐서린 대제(예카테리나 2세)처럼 많은 참극을 일으킨 주인공으로, "병란兵亂의 신과 같아 그 일생은 내외 대소의 변란으로 수놓았다"라고 표현하였다. 이 설명 체계의 궁극적 목표는 이런 왕비였기 때문에 대원군이 왕비를 살해할 수밖에 없었다는 것이다.

'두 영웅'의 싸움이 왕비 시해로 이어지는 과정은 길고 복잡하다. 건너뛰어서 시해사건에 대한 기쿠치의 서술을 바로 보자. 그는 이렇게 쓰고 있다. 일본은 추호도 조선의 독립을 침해하고 평화를 교란시키려 하지 않았다. 오히려 조선의 독립과 평화를 실현시키기 위해 대원군의 알현과 집정을 도와야 한다고 결의하였다. 이른바 10월 8일 사변(시해사건)은 그 결의를 실천하기 위해 일본인들이 나선 것이지만, 사변의 내용이나 발생 상태는 전적으로 '두 영웅'의 쟁투의 모습일 뿐이다. 이 사건의 핵심인 왕비 살해는 대원군이 처음부터 정치적 수단으로 기도한 것이다. 10여 년 전의 임오군란 때의 상황을 보라. 군란 시 다수의 난민이 한 궁녀를 왕비로 잘못 알고 선화문宣化門 앞으로 끌어내 공중 앞에서 살해하지 않았던가. 또한 대원군은 행방불명의 왕비가 죽은 것으로 선포하고 가장假葬을 거행하지 않았던가. 1895년 10월 8일의 왕비 시해가 일본공사의 목적이라든가, 일본국민이 맹악猛惡한 인류의 적이라고 규탄하는 것은 잘못된, 옳지 않은 판단이다. 기쿠치의 『대원군전』은 바로 이러한 결론을 내리기 위한 것으로 시해사건의 철저한 변명서이다.

(3) 『대원군전』의 오류와 픽션

그러면 기쿠치의 설명은 어느 정도 믿을 수 있는가? 유감스럽게도 그의 설명에는 연대 착오를 비롯해 기본 사실이 잘못된 것이 수두룩하다. 논지의 맥인 대원군과의 불화의 시발인 궁인 이씨 소생을 둘러싼 문제부터 그렇다. 기쿠치는 분명히 궁인 이씨가 왕자를 낳았을 때 왕비는 기품을 잃지 않고 잘 참다가 대원군이 이 아이를 원자로 간주하여 세자로 책봉하려 하자 적의를 품게 되었다고 하였다. 왕비로서는 출산 가능성이 얼마든지 남아 있는데도 대원군이 서두르는 데에 대한 불만이 컸다는 것이다.

궁인 이씨와 왕비 민씨의 왕자 · 공주 출생관계

어머니	생일	구분	이름	사망 여부
궁인 이씨	1868. 윤4. 10(고종 5)	왕자/완화군	선墡	1880. 1. 12 사망
왕비 민씨	1871. 11. 4(고종 8)	원자		1871. 11. 8 사망
왕비 민씨	1873. 2. 13(고종 10)	공주		1873. 9. 28 사망
왕비 민씨	1874. 2. 8(고종 11)	원자	척坧	1907. 황제 즉위

* 『고종실록』의 해당 연월조 참조.

표에 따르면 고종은 궁인 이씨로부터 1868년 윤4월에 첫 아이를 얻었다. 왕비는 이로부터 3년 뒤에 첫 '원자'를 낳았는데 나흘 만에 죽고 말았다. 다시 10개월 뒤에 낳은 공주도 7개월여 만에 사망했고, 그 후 12개월 만에 두 번째 '원자'를 얻었는데 이 아이가 무사해 나중에 대통을 잇게 된다.

기쿠치는 왕자들의 출생관계에서 아주 잘못 안 것이 있다. 왕비에게 아이가 생기기도 전에 대원군이 궁인 이씨의 몸에서 난 왕자(선)를 세자로 책봉하려 하여 왕비로부터 큰 반발을 샀다고 하였는데 관련 기록들은 이 설명을 뒷받침해주지 않는다. 『고종(태황제)실록』에 따르면 왕자 선은 1874년 2월에 왕비가 두 번째 원자(척)를 출산한 지 2년여의 세월이 흐른 뒤인 1876년(고종

13) 4월 10일에 완화군完和君에 봉해졌다. 이것은 왕실이 왕비가 아직 젊기 때문에 궁인의 몸에서 난 왕자 선을 원자로 삼을 생각을 하지 않았다는 것을 의미한다.

조선 왕실의 후계자 선정의 전통으로 볼 때, 왕비가 아직 20세도 되지 않았는데 궁인 소생을 원자로 책봉한다는 것은 있을 수 없는 일이다. 실록에 기록이 남아 있지 않지만 대원군이 이씨 소생을 봉군하여 세자로 삼을 생각을 했을 수도 있지 않냐고 반문할지 모르나, 궁중의 어른인 조대비가 아직 살아 있는 가운데 대원군이 그런 생각을 한다는 것은 있을 수 없는 일이다. 완화군을 둘러싼 왕비와 대원군과의 갈등관계는 기쿠치의 완전한 픽션이다. 황현의 『매천야록梅泉野錄』은 왕실, 특히 왕비에 대해 대단히 비판적이다. 그런데도 그는 궁인 이씨와 그 소생인 완화군에 대해서는 일언반구도 언급하지 않았다. 왕비의 대원군에 대한 원망은 오히려 1876년(고종 13)에 일어난 민승호 폭탄 사망사건에서 비롯한 것으로 보는 것이 설득력이 있다.

기쿠치는 왕비가 왕자를 생산하자마자(1874) 바로 밀사를 베이징에 보내, 종주국의 환심을 사서 훗날의 태자 책봉문제가 원활하게 이루어질 수 있도록 사전 준비를 했다고 서술하였다. 베이징정부에 대원군의 전횡의 문제점을 알려 사대의 전통적 의리를 표하였을 뿐만 아니라, 새로운 '강대'로 부상한 일본에 대해서도 수교의 우호관계를 확립하여 도움을 얻는 "대단히 기민한 정략"을 폈다고 하였다. 이 설명에도 앞뒤가 맞지 않는 것들이 많다.

대원군의 섭정은 다 알듯이 1873년(고종 10) 10월 25일에 올려진 최익현의 시폐 상소문을 계기로 타격을 받기 시작하였다. 같은 해 11월 1일에 최익현이 재차 상소를 올려 대원군의 정치를 비판하자, 고종은 11월 13일에 이유원을 영의정으로 재신임하고 12월 2일에 박규수를 우의정으로 삼아 친정체제를 다졌다. 고종은 대원군의 집정을 중단시킴과 동시에 동래부에 심복을 보내 일본과의 국교 정돈의 실태를 조사하게 한 다음 외교 실무자들을 교체하였다. 왕은 나라를 지키기 위해서는 서양문물의 수용이 불가피하다는 판단 아래 그간 교착상태에 빠진 국교 수립의 교섭을 재추진할 계획이었다.[2] 이듬해(1874, 고종 11) 1월 6일에는 대원군이 미루어온 국내에 통용되던 청전淸錢(중국 화폐)의 혁파를 단행하였다. 왕비에게서 두 번째 원자가 탄생한 것은 이런 일들이 진행된 뒤인 (1874) 2월 8일이었다. 기쿠치의 언급과는 달리 조선 정부의 일본과의 관계 개선 의지는 원자 탄생 이전에 이미 시작되었던 것으로 원자의 세자 책봉을 위해 일본과의 수교를 서둘렀다는 설명은 성립하지 않는다.

기쿠치는 일본과 수교조약이 체결되어 대원군의 쇄국정책을 완전히 부정하기에 이르는 시기를 메이지 7년(1874)이라고 하였는데 이 연대도 잘못된 것이다. 대원군의 실각은 1873년 말이었고, 조일수호조약(강화도조약)은 1876년 2월에 체결되었다. 1874년이란 연대는 어느 것과도 관계가 없다. 이런 착오는 모든 주요 정사를 왕비의 원자 출산과 연관 지우려는 데서 생긴 것이라 할 수 있다.

기쿠치는 모든 것을 왕비와 대원군의 대결 구도로 설명하기 위해 민씨 일족 외에 1873년 10월 이후 대원군의 실정을 논핵한 최익현, 홍재학 등을 왕비당으로 규정하여, 이들은 모두 왕비의 지시에 따라 상소를 올린 것처럼 서술하였다. 『고종실록』에 따르면 이 시기에 대원군의 실정을 논핵한 인물로 홍재학이란 자는 보이지 않는다. 최익현은 1868년(고종 5) 10월 10일에 이미 한 차례 상소를 올려 대원군이 벌인 토목공사의 정지를 건의하였다. 5년 뒤에 다시 대원군의 정책을 규탄한 것은 그 연장선상에서 나온 것으로 왕비의

2 이태진, 『고종시대의 재조명』, 태학사, 2000, 157쪽.

획책과는 무관하다. 대원군의 집정이 10년이 되는 시점인 1873년은 대원군의 정사가 여러 면에서 한계를 드러내기 시작한 때였다. 이 시점에서 최익현은 소신대로 대원군의 정치를 다시 비판하였고, 20세를 넘어선 국왕도 친정을 구상하게 되었던 것이다. 왕비에 의한 사전 계략은 들어설 자리가 없었고, 왕비의 뜻은 왕의 결단에 작용하는 선에 그쳤지 별도의 '왕비당' 구성은 있기 어려웠다.

1874년 2월 8일에 왕비가 출산한 두 번째 아들에 대한 원자 책봉 절차는 왕의 지시로 1875년 정월 1일에 준비되었다. 이해는 마침 태조의 탄강 9회갑(540년)이 되는 해이므로 원자 책봉을 이에 맞추어 서둘러 준비하였다. 왕조의 지속이 오래된 까닭인지 이 시기에 왕실은 경사를 역대의 경사에 맞추어 택일하는 예가 아주 많았다. 이 결정에 따라 7일에 왕세자의 이름(척)이 정해지고 관례에 따라 이를 청나라에 알리는 주청奏請 사절단이 구성되었다. 즉 원자의 책례와 이를 알리는 주청사는 예에 따라 진행되었지, 소기의 목적을 달성하기 위한 어떤 사전 교섭도 의도되지 않았다. 더구나 같은 시기에 공교롭게 청조에서 천자 동치제同治帝의 국상이 발생하여 조선왕실의 로비가 이루어질 틈은 더 없었다. 같은 달 4일에 동치제 서거의 보고가 의주부윤을 통해 들어와 5일에 진위겸진향사陳慰兼進香使가 구성되었다.

이상에서 살펴본 것처럼 원자의 안전을 목적으로 왕비가 청조와 일본을 상대로 행하였다는 국제 로비설은 터무니없다. 또한 책에 나오는 완화군 생모와 완화군의 죽음을 모두 왕비가 저지른 의도적 살해로 돌린 것은 더욱 믿을 수 없다. 1875년에 원자의 책례가 모두 끝난 뒤 완화군은 관례에 따라 1876년(고종 13) 윤5월에 궁에서 나갔다. 이때 호조에서 완화군의 제택第宅 마련과 유지 경비에 관한 대책을 왕에게 올려, 왕실 규정에 따라 면세전 800결에 대한 매득가 은자銀子 2,000냥과 제택 구입용으로 별도의 은자가 주어졌다.

이처럼 모든 것은 왕실의 규칙에 따라 진행되었지 왕비의 시기심에서 나온 특별한 제재나 불이익은 없었다. 완화군은 1877년(고종 14) 12월 4일에 10세가 되어 소정의 절차대로 관례冠禮(성인식)가 행해졌다. 이에 앞서 11월에 있었던 한 진찬進饌 행사에서는 종친의 반수班首로서 진상의 예를 담당하였다(11월 3일의 왕의 지시). 왕의 장자로서 대접을 받은 것이다. 1880년(고종 17) 1월 12일에 완화군이 죽자 고종은 몹시 비통해하면서 연령군延齡君의 예에 따라 예장물을 보내도록 지시하였다. 숙종의 6남인 연령군의 출생관계와 비슷한 조건이어서 이에 따르도록 한 것이다.

1882년 6월의 임오군란에 대한 서술에도 많은 문제점이 보인다. 기쿠치는 장호원 국망산國望山으로 피신한 왕비가 밀사를 보내 국왕에게 무사함을 알리면서 어윤중을 베이징정부에 보내 보호를 요청할 것을 제안했다고 하였다. 그리하여 청군 4,000명이 조선에 파병되었고, 군란의 주동자로 대원군을 잡아가게 된 것으로 설명하였다. 이런 식의 해석은 학계에서도 오랫동안 사실처럼 받아들여졌으나, 최근에 청군 출병의 경위는 다음과 같이 정리되었다.

고종은 1873년 말 친정에 나선 후 서양 기계문명의 수용은 피할 수 없는 대세라고 판단하여 개화정책을 취하기로 하였다. 알려진 것과는 달리 1876년 2월의 일본과의 수교조약 체결에서도 조선정부는 일본이 준비한 조약문 가운데 9개조에 수정을 가할 정도로 능동적이었다. 고종은 1881년에 조사시찰단朝士視察團을 일본에 파견하여 메이지정부의 서양문물 수용 실태를 조사할 것을 명하였다. 그 보고에 따라 서양문물 수용을 총괄할 기구로 통리기무아문을 설치하였고 미국과의 수호통상조약 체결을 준비하였다.

1881년 말, 고종은 나가사키에 있던 어윤중을 톈진으로 보내 거기서 이동인을 만나게 하였다. 비밀리에 이들에게 주어진 임무는 조미수호통상조약이 체결된 뒤 조선과 청국의 관계에 관한 의견 교환이었다. 청국과 미국은 이미

조약 체결국 관계이지만, 이제 조선이 미국과 조약을 체결하면 3국은 서로 대등한 독립국 간의 관계가 되므로 이에 대한 협의를 나누게 했던 것이다. 어윤중, 이동인 두 사람에게 주어진 구체적 협의사항은 조미수호통상조약이 체결된 뒤 청국도 상무원商務員을 인천에 보내줄 것과 지금까지 해오던 왕래사신제도를 상주사신제도 즉 공사제도公使制度로 바꾸는 문제였다. 청국은 전자는 받아들일 수 있었지만, 후자는 조공책봉체제의 중단을 뜻하는 것이므로 충격이 아닐 수 없었다. 조선이 미국과의 수교조약 체결을 계기로 청국의 영향권에서 이탈하려는 것으로 이해한 청국정부는 후자에 대해 답을 하지 않았다. 처음 북양대신 이홍장이 조선에게 미국과의 통상조약 체결을 권할 때는 내심 중국과의 전통적 관계가 조약문에 명시되기를 바랐다. 그러나 국제법상의 조약은 어디까지나 독립국 간에 체결되는 것이므로 이 요구는 원천적으로 받아들여질 수가 없는 것이었다. 미국이 이를 거부한 상태에서 조약이 체결되자 청국으로서는 충격이었다.[3]

조미수호통상조약은 1882년 4월에 체결되었고, 6월에 임오군란이 일어났다. 베이징정부는 베이징에 체류 중인 조선 대신(김윤식)에게 이 군란이 조선 군주가 원하는 것인지 여부를 물었다. 원하지 않는다는 답변을 들은 청국은 일방적으로 천자는 책봉주로서 조선 군주가 원하지 않는 정변의 주모자를 징벌할 의무가 있으므로 군대를 파견한다고 선언하였다. 이러한 청군 출병 과정에서 도피 중인 왕비의 의사가 끼어들 틈은 없었다. 어윤중이 베이징에 간 것은 사실이지만 그 시기는 기쿠치의 지적과는 달리 임오군란 이전이었고 임무도 전혀 다른 것이었다.

기쿠치는 대원군의 환국도 왕비와의 대립관계의 일환으로 설명하였다. 즉

3 이태진, 「19세기 한국의 국제법 수용과 중국과의 전통적인 관계 청산을 위한 투쟁」, 『역사학보』 181, 2004.

왕비가 러시아를 끌어들이자 이를 견제하기 위해 보정부保定府에 연금되어 있던 대원군을 환국시켰다는 것이다〔1885년(고종 22) 8월 27일〕. 이것도 사실 관계가 잘못된 단순 풀이이다.

임오군란으로 빚어진 청군의 주둔에 대해서는 두 가지의 강한 반발이 있었다. 첫째는 1884년 10월에 김옥균, 박영효 등이 벌인 갑신정변이다. 이 정변은 잘 알려졌듯이 청의 간섭을 밀어내기 위해 일본 공사관 수배대의 힘을 믿고 일으켰던 것이다. 다른 하나는 군주인 고종의 반발이다. 군대를 파견한 청국은 조선과의 관계를 국제법적 질서가 아니라 천자의 칙령 이행의 수준으로 처리하였다. 이는 일종의 칙령이었던 임오군란 이후의 양국 관계를 규정한 「조청수륙상민통상장정」에서 알 수 있다. 이에 고종은 청국을 견제하기 위해 러시아 세력을 끌어들이고자 1884년 연말부터 1885년 6월까지 비밀리에 러시아와의 비밀 접촉을 시도하였지만, 청 측이 이를 간파하여 미수에 그쳤다.[4] 두 사건을 전후하여 고종은 청국의 압박을 더 많이 받는 형세가 되어, 청 측으로부터 국왕 교체설이 나올 정도였다.

그러나 다른 한편에서 고종에게 유리한 변수가 생기기도 하였다. 청·일 양국은 1885년 4월에 갑신정변의 뒤처리로 톈진조약을 체결하고 6월부터 양국군이 서로 철수하기로 하였다. 바로 이때 고종은 진주사進奏使로 민종묵을 청국에 보내 청국군의 계속 주둔을 요청하면서 대원군의 환국을 요구하였는데, 이것이 성사되었던 것이다. 청국군의 계속 주둔은 톈진조약으로 이미 불가능한 것임을 알고 있는 상태에서 청국에 대한 의리 표시의 제스처를 취하여 국가적 수모인 대원군의 연금 상태를 해소하려는 것이 조선의 전략이었다. 앞서 3월 영국군이 거문도를 무단 점령했을 때 조선은 나가사키에 관리

---

4 이태진, 「19세기 한국의 국제법 수용과 중국과의 전통적인 관계 청산을 위한 투쟁」, 『역사학보』 181, 2004.

를 보내 영국군 사령관에게 강력하게 항의한 반면, 청국은 '종주국'으로서의 역할을 전혀 수행하지 못하였다. 고종은 청국의 이런 약점을 십분 활용하여 사친私親의 환국을 얻어냈던 것이다. 청국 스스로 왕비의 친러정책을 견제하기 위해 대원군을 방환했다는 사실이나 흔적은 기록상 어디에도 보이지 않는다. 그리고 임오군란으로 빚어진 불리한 외교적 형세를 만회하려는 노력의 주체는 어디까지나 군주로 나타나지 왕비가 아니다.

기쿠치는 조선의 군주인 고종의 존재를 무시했기 때문에 그 설명체계의 오류는 태생적으로 면하기 어려웠다. 그는 군주 고종에 대해 왕비가 살아 있을 때는 '허약한' 군주라고 한 반면, 왕비가 시해된 뒤 10년간 대한제국의 황제로서 발휘한 업적에 대해서는 "왕은 외교에 능하여〔巧〕 사실상의 외교장관이었다"고 상반된 평가를 하였다. 왕은 자신의 권위와 나라의 평화를 유지하는 데 도움이 된다면 어느 나라의 요구이든 받아들이고, 여러 나라의 자본을 끌어들여 국가의 부를 개척하는 데 대해 적극적인 생각을 가졌다고 하였다. 또한 탄환과 칼날로 왕궁에 선혈鮮血이 뿌려지는 것과 같은 위험물이 아니면 모든 외국인의 요구와 운동을 오히려 환영했다고 하였다. 고종이 왕으로서 허약한 존재였다면 기쿠치의 이런 평가는 나올 수 없다. 이는 그가 말한 왕비 생존 시에 발휘된 왕비의 외교적 능력이 본래 군주의 것 아니면 두 사람의 합력에 의해 발휘된 것이었음을 의미한다. 왕비 시해 후의 왕(황제)의 업적은 기쿠치 자신이 서울에 체류하면서 직접 눈으로 보거나 들은 것이므로 거짓이거나 착오일 수 없다.

결론적으로 기쿠치는 왕비 시해사건에 대한 변명 때문에 왕비 생존 시까지의 조선의 역사를 바르게 서술하지 못하였다. 대원군이 왕비 시해의 주범이란 것을 입증하기 위해 양자의 관계를 과장한 나머지 모든 왕정을 왕비가 휘두르는 것으로 그렸고, 이에 따라 왕은 '허약한' 존재가 되거나 때로는 실종 상태가 되었다. 왕비의 전횡의 면모로 가장 많이 강조한 것이 민씨 족벌이다. 그러나 고종 조정에 등용된 많은 수의 민씨는 모두 왕비를 중심으로 한 것이 아니다. 민씨 관료 가운데는 고종과 이종 간인 인척관계가 더 많았다.[5]

기쿠치는 왕비의 부정적 면을 부각하기 위해 점쟁이, 무녀, 승니 등을 궁중에 출입시키고 왕자(원자)의 건강을 위해 전국 사찰과 산천에 기도를 올림으로써 빚어진 국고 낭비를 여러 차례 언급하였다. 즉 척족만이 아니라 왕비 자신이 낭비벽이 심해 백성을 도탄에 빠트리는 학정虐政의 주체가 된 것처럼 묘사하여, 외교에서의 총명함에 비해 내정의 치적은 모두 악덕 부패로 꽉 찼다는 표현까지 썼다. 왕비의 이런 악정 때문에 임오군란이 일어나고 동학농민의 난이 일어났다는 것이다.

왕비의 미신 행위와 낭비벽에 대해서는 황현의 『매천야록』에도 비슷한 비판이 있어 이는 지금도 의심 없는 사실처럼 간주되고 있다. 『매천야록』은 기록 형식상 고종 즉위부터 갑오 이전까지의 수문수록隨聞隨錄(들은 대로 적은 것)으로 된 것과, 그 이후 강제병합까지의 일기체 두 가지로 나뉜다. 기록 방식으로 봐도 전자는 후자에 비해 사료적 가치가 낮을 뿐 아니라, 황현은 소론 계보에 속하는 인물로 당색적으로 왕비의 노론계 출신 성분에 대해 비판적이다. 심지어 고종까지도 노론 두둔 성향을 가졌다고 비난하는 대목도 보인다. 그러므로 당색적 취향을 강하게 보이는 '수문수록' 형식의 글로서 절대적 평가를 내리는 것은 위험하다.

왕비가 무녀 신령군, 점쟁이 이유인 등의 잡인들을 궁중에 자주 끌어들여 가까이 한 것처럼 서술한 부분에서 기쿠치는 왕비를 부정不貞한 여인으로 인식시킨다. 특히 이범진에 관한 부분이 그러한데, 그는 미남에 가창歌娼에 재

5 이상찬, 「1896년 의병운동의 정치적 성격」, 서울대학교 박사학위논문, 1996.

주가 있었다고 하면서 왕비가 총애하여 침실까지 끌어들였다고 소개하였다. 이범진은 훈련대장 이경하의 아들로 문과에 급제하여(1879, 고종 16) 왕 중심의 개화정책의 적극적 지지자로서 미국, 프랑스, 러시아에서 주재공사를 차례로 역임한 요인이다. 기쿠치는 이런 인물을 한낮 불량한 잡인으로 소개하였다. 이처럼 기쿠치가 왕비의 미신 행위와 낭비벽을 사실처럼 과장한 것은 왕궁의 부패상을 강조하기 위한 것이었다. 대원군이 집권하여 쌓은 공적의 하나인 왕궁의 쇄신을 왕비가 모두 무너트렸다는 것을 강조하기 위해 왕비의 성벽性癖을 과장한 혐의가 많다.

기쿠치의 『대원군전』에 사료적 가치가 있는 내용도 물론 없지 않다. 특히 저자 자신이 직접 관여하거나 목격한 일들에 관한 서술 가운데 주목할 만한 것들이 보인다. 동학농민군 봉기에 대한 위안스카이와 대원군의 관계에 대한 언급이 한 예이다.

기쿠치는 동학당의 변란은 대원군과 위안스카이의 밀약에 의해 교사된 것이라고 하였다. 즉 두 사람은 이 변란을 청군이 조선에 다시 출병하는 계기로 삼아 소기의 정치적 목적을 달성하려 하였다는 것이다. 두 사람은 다 같이 조선의 왕비 및 그 정부를 전복할 필요성을 가졌고, 위안스카이는 이에 더해 왕비가 크게 간여하고 있는 러시아와의 세력관계를 제어할 필요가 있었다. 이 지적은 상당한 타당성이 있어 보인다. 동학농민군이 봉기했을 때, 조선정부가 공포에 질려 청국에 출병을 요청한 것이 아니라, 위안스카이가 민영준을 시켜 조선정부가 출병 요청을 하도록 거듭 강요했던 것은 일본 공사관의 탐문 기록을 이용한 최근의 연구에서 명백하게 밝혀졌다.[6] 기쿠치는 민영준이 위안스카이에게 청군 출병 요청을 제의한 것으로 바꾸어 언급하였지만, 그가

6 이태진, 「1894년 6월 청군 출병 과정의 진상—자진 請兵說 비판」(『고종시대의 재조명』 수록).

증언하고 있는 운현궁과 동학본부 간의 비밀 왕복은 학계에서 여러모로 검토되면서 그 가능성이 높은 것으로 드러나고 있다.[7]

재집권을 노린 대원군이 청국의 힘을 빌려 동학농민군 지도부와 비밀 내통을 했다면 이 시기 내외 정세상의 역관계는 대단히 복잡하면서도 중요해진다. 동학농민군 본부가 대원군과의 내통에서 얻고자 한 것이 무엇인지, 전라도 일대에서 농민 착취를 일삼은 민영준이 곧 위안스카이의 조선정부 내 동조자가 된 점은 대원군과 농민군의 밀착관계에서 어떤 의미를 가지는지, 대원군의 동학농민군 지도부와의 접촉을 방조한 일본의 의도는 무엇인지 등 여러 가지 문제가 제기된다. 동학농민군의 규탄 대상 가운데 민씨 세도세력은 흔히 왕비로 지목되지만 실제는 민영준이며, 그는 인척관계에서 왕비보다 군주 편에 더 가까웠다. 왕비에 대한 부정적 편견의 핵심에 해당하는 동학농민군의 지탄 대상도 이러한 여러 문제와 함께 진지하게 연구, 해명되어야 할 과제이다.

3. 정비석의 장편 역사 소설 『민비』

(1) 장편소설 『민비』의 출현 배경

기쿠치의 『대원군전』의 논지는 오랫동안 고종시대사의 정설처럼 기능하였다. 왕비와 대원군의 원한관계, 그 사이에서 방황하는 유약한 군주 등 3자의 모습은 한국 근대사의 표준상이 되었다. 이런 인식이 유포되는 과정에는 소설이 큰 역할을 하였다. 앞에서 소개한 호소이 하지메가 지은 『국태공의 비』와 『여왕민비』가 제일 먼저 유포의 매체가 되었다. 두 책은 모두 기쿠치

7 이상백, 「동학당과 대원군」, 『역사학보』 17~18 합집, 1962 ; 유영익, 『동학농민봉기와 갑오경장』, 일조각, 1998.

의 『대원군전』에 근거해 다큐멘터리 소설 형식으로 쓴 것이다. 다만 대원군의 환국에서 그치고 갑오개혁 이후는 전혀 다루지 않았다.

호소이 이후 소설로서 기쿠치의 역사상을 충실하게 활용한 소설은 정비석의 『민비』이다. 작가 정비석은 1936년 단편 「졸곡제」, 1937년 「성황당」으로 각각 『동아일보』와 『조선일보』 신춘문예에 당선한 이래, 장편소설로 대중적 명성을 얻었다. 그가 1980년에 장편소설 『민비』를 발표한 것은 역사물 특히 역사 속 여인 이야기에 관한 관심이 동기가 된 듯하다. 그는 1976년 『조선일보』에 『명기열전』을 4년간 연재하여 인기를 모았고, 이듬해 『이조여인사화李朝女人史話』를, 이어서 장편 『민비』를 발표하였다. 이후에도 『손자병법』, 『초한지』, 『김삿갓 풍류기행』, 『현부열전』, 『소설김삿갓』, 『미인별곡』 등 역사물을 잇달아 발표하였다.

『민비』는 곧 그의 만년의 역사물 취향의 한 소산으로 특별한 역사의식이 있었다고 보기는 어렵다. 1960년대 후반부터 고조하기 시작한 국학 붐이 역사물 집필에 자극을 주었을 가능성은 상정할 수 있다. 그러나 명성황후에 대한 인식은 '국학 붐'의 시대에도 조금도 개선된 것이 없었으므로 그의 소설에서 어떤 변화를 기대하기는 어렵다. 그가 이 소설을 쓰면서 사용한 텍스트가 기쿠치의 『대원군전』이라는 것은 두 책의 내용이 중요한 대목에서 거의 비슷한 내용과 구도를 가지고 있는 사실로서 충분히 입증된다. 이때에도 『대원군전』 외에 참고할 만한 다른 역사책이 없었다.

(2) 최악의 명성황후상과 파탄적 역사인식

정비석의 장편소설 『민비』는 기쿠치의 『대원군전』을 텍스트로 삼았기 때문에 대원군과 '민비'의 대립관계를 기본 구도로 삼았다. 그런데 단순 활용에 그치지 않고 소설 주인공에게 능동성을 새롭게 부여해보려 한 결과, '민비'는 포악한 여성이 되어버리고 말았다. 기쿠치의 '민비'는 본래 왕비로서 품위와 지모를 갖춘 인물이지만, 정비석의 '민비'는 태어날 때부터 억세고 강한 성격의 소유자이다. 또한 기쿠치는 왕비가 날을 세우게 된 이유를 대원군의 견제 때문이라고 해석하였지만, 정비석의 '민비'는 태생적으로 시아버지 대원군에게 질 수 없는 성격의 소유자였다.

정비석이 그린 민자영(민 왕후의 이름)은 네댓 살 때 이미 사내아이들을 거느린 골목대장이었고, 일찍 돌아가신 아버지가 죽기 전에 양주 토반 조봉희의 아들과 정혼해두려고 하자 "난 시집을 못 가면 못 갔지 그런 집에는 안 가요"라고 대꾸할 정도로 당돌한 아이였다. 또한 자신과 부딪친 동네 남자아이의 뺨을 벼락같이 후려갈기며, "이 망할 자식아! 가라면 잠자코 가버릴 일이지, 네가 누구한테 대들어보겠단 말이냐!"라며 폐부를 찌를 듯한 우렁찬 고함소리를 지르는 소녀였다. 작가는 "후일에 고종의 왕비로서 국태공 대원군을 상대로 정권 쟁탈전을 치열하게 벌였고, 나아가서는 조선 팔도를 맘대로 주름잡을 그녀의 여걸적인 기개가 이미 어려서부터 여실히 드러나 보였다"는 내레이션을 붙였다. 이외에도 소녀시절부터 어떤 고난에 처하더라도 결코 굽힐 줄 모르는 강한 성격을 부각시킨 대목이 여럿이다.

정비석의 '민비'는 자신의 적에 대한 살의를 품는 것을 주저하지 않는 인물이다. 상감과 이 귀인(궁인 이씨)의 사랑을 처음 알았을 때, 자신의 지위 확보를 위해 "이 귀인을 없애버리지 않을 수 없다"고 생각하고, 대원군이 이 귀인을 우대하자 "민 중전의 가슴에 맺힌 운현궁에 대한 원한은 한 날 한 시도 풀릴 때가 없어" 대원군마저도 살해하려고 한다. 완화군의 탄생 소식을 들은 '민비'는 민승호에게 "오라버님! 차라리 국태공을 아무도 모르게 우리 손으로 돌아가시게 하면 어떻겠소?"라고 제안한다. 작가는 이러한 증오가 나중에는 대원군과 민 중전의 암투로 변하였으니 조선이 멸망하게 되는 한말 풍운의 씨는 이미 이때 뿌려졌다는 설명을 덧붙였다. 기쿠치와 같은 일본인들이 노린 당쟁 망국론의 덫에 보기 좋게 걸려들어 '두 영웅'의 관계를 훨씬 더 숙명적으로 그린 것이다. 그래서 '민비'의 운현궁에 대한 감시 장면도 『대원군전』에 비해 훨씬 자주 되풀이된다. 심복 시녀 반야월이 대원군을 몰아내고 대권을 장악하기 위해서는 운현궁에 자주 드나드는 인물들의 동태를 세밀하게 살펴야 한다고 제안하자, 중전은 "오냐 대원군이고 이 귀인이고 모두가 나에게는 원수일 뿐이다. 내가 살기 위해서는 어떤 수단을 써서라도 원수를 내 손으로 때려잡아야 한다"는 말로 화답한다.

민 중전은 대원군을 실각시키기 위해 대원군에게 불만을 품은 유학자들을 널리 규합하여 대원군의 실정을 탄핵하게 하고, 대원군의 차남(고종)에 대한 편애에 불만을 가진 장남 이재면과 중형 홍인군 이최응 등을 제 편으로 포섭한 다음에 '천품이 나약한' 고종에게 친정에 나설 것을 종용한다. 그리하여 대원군 실각 후, 중전이 조정에 포열시킨 민씨 일족은 4, 5년 사이에 36명이나 되어 중요한 자리는 모조리 그들 차지가 된다. 고종의 어명에 의해 이루어진 인사정책이지만 내용을 알고 보면 모두 중전이 시킨 것으로, 고종은 중전의 말이라면 반대하는 일이 하나도 없었고 고종이 중신회의에서 어명을 내릴 때에는 민 중전이 병풍 뒤에 숨어서 실수가 없도록 엿들었다고 하였다. 대원군의 10년 세도가 물러가자 이번에는 온 세상이 민 중전의 여인 천하가 되어 버리고 말았으며, 새 내각은 민 중전의 의중 사람만으로 조각하였다고 설명하였다.

조선이 일본과 수교조약을 체결하는 것도 기쿠치가 설정한 대로 대원군에 대한 견제책의 하나로 그려졌다. 대원군이 재기를 위해 민승호 가족 폭사사건을 일으키자, 일본이 대원군 몰락 후 간신히 이룬 통상을 계속 유지하기 위해 조약 체결에 나섰다는 것이다. 즉 대원군이 다시 집권하면 쇄국으로 되돌아갈 것을 염려해 조약 체결을 서둘렀다는 것이다. 또한 일본이 운양호 등 군함 13척을 앞세워 무력으로 위협하자 화승총밖에 없는 조선은 강화도가 점령된 상태에서 수교조약을 받아들이지 않을 수 없었다고 하였다. 즉 국제관계를 '두 영웅'의 싸움과 연결시킨 구도는 기쿠치와 거의 비슷하나, 부연 설명으로 상황을 더 과장하여 운양호사건과 강화도조약을 동일한 사건으로 간주하는 오류를 범하였다. 원자 책봉 때 청을 움직이기 위해 일본의 힘을 빌리는 대목도 기쿠치의 설명을 거의 그대로 따른 것이다. 이 경우에도 상황 묘사에서 과장과 왜곡이 더 심하게 빚어졌다. 결론적으로 "민 중전은 일본과 수교조약을 맺기는 했어도 그 자신이 신념을 가진 개화주의자는 아니었고", "다만 자신의 지위를 보존하는 방편의 하나로서 일본과 화친했을 뿐"이라는 것이다.

정비석의 소설 『민비』가 그리는 '민비'는 중전답지 않게 음험, 음탕하다. 복술쟁이 이당주(이유인)를 대궐 안에 불러들인 것은 "대원군이 속히 죽어버리도록" 밤중에 기도를 올리게 할 목적이었다. 이당주는 장님이기는 하지만 기골이 장대하고 정력이 절륜한 사내여서 민 중전에게 남모르는 총애를 받았으며, "사흘이 멀다 하게 대궐에 들어가 밤을 새고 나온 것은 민 중전의 뜨거운 정열을 만족시켜주는 중요한 임무까지 맡고 있었는지도 모를 일이었다"라고 하였다. 이당주가 죽고 난 뒤에는 이경하의 서자인 이범진을 그 상대로 설정하였는데, 이 대목이 기쿠치의 책을 그대로 취한 것임은 말할 것도 없다. 1884년 갑신정변 때 피살된 좌영사 이조연 또한 내전 출입이 잦고 음담패설이 능하다고 하여 "민 중전과 몹시 뜨거운 사이"로 그려놓았다.

유교 국가의 궁중 법도는 엄하다. 그런데도 작가가 근거 없는 성관계를 설정한 것은 무례, 무식하기 그지없는 처사다. 아마도 서양 궁정 소설을 읽고 거기에 흔하게 등장하는 왕실의 문란한 성관계를 도입한 결과로 보인다. 중,

근세 유럽은 왕국들끼리 결혼정책을 취하였기 때문에 그런 상황이 빚어질 수 있었지만 조선의 상황은 이와는 전혀 달랐다. 군주와 왕비는 백성의 부모로 간주되었고, 왕비는 만백성 가운데서 자격이 있는 자를 간택한 자이기 때문에 모든 면에서 모범이 되어야 하는 존재이다. 이런 위치의 왕비에게 그런 잡다한 비도덕적 행위는 있을 수 없다.

『민비』는 '민비'를 욕정에 어두운 여인으로 그렸을 뿐 아니라 잔인한 투기자로까지 묘사하였다. 고종이 상궁 장씨에게서 아이를 얻자, 민 중전은 칼을 들고 상궁 장씨의 처소로 달려가 "장 상궁! 너 이년 듣거라. 네가 낳은 아이가 누구의 아이냐?"며 저속한 욕지거리를 쏟아낸다. 군주의 소생이라고 답하자 아이는 살려두지만 너는 용서할 수 없다면서 들고 온 칼을 내던진다. 장 상궁이 이를 피하자 그 목덜미를 잡아챘다가 미모에 감탄하여 "상감인지 곶감인지 내가 사내라도 반할 만하구나. 죽이기는 아까우니 자식만 내놓아라. 그 아기는 내가 갖다 기르기로 하겠다"고 물러선다. 그러나 끝내 투기심을 이기지 못해 며칠 후, "숫제 그년의 하문을 도려내어버리리라"고 결단하여 사람을 시켜 장 상궁의 하문을 도려내게 하였다고 한다. 작가는 이에 대해 "실로 잔인한 처사였다"고 논평했지만, 오히려 있지도 않은 일에 대한 작가의 상상이 참으로 잔인하다.

왕비, 왕실의 낭비와 사치에 대한 서술도 기쿠치의 것을 거의 그대로 따랐다. '민비'로 인한 대궐 기풍의 문란은 그 자체로 끝나는 것이 아니라 백성들의 원성이 크게 높아진 가운데 국가적 불이익을 초래한 원인이 되었다고 서술하였다. 즉 백성의 원성을 이용해 청국과 일본을 비롯하여 영국, 독일, 프랑스, 러시아, 미국 등의 열강 제국이 저마다 우리나라에 통상조약 체결을 요구하자 이를 그대로 받아들일 수밖에 없었다는 것이다.

이러한 작가의 기쿠치 따라 하기는 고종의 무능한 모습을 언급하는 부분에서도 마찬가지이다. 임오군란 때 대원군이 대궐로 들어오니 고종은 "골방에 숨어 몸을 떨고", "대원군을 보기가 무섭게 어린아이처럼 달려와 두 손을 덥석 움켜잡으며 볼멘소리로 '아버님! 군인들이 난동을 치고 있으니 아버님께서 소자를 도와주시옵소서'" 라고 호소한다. 작가는 이때 고종의 나이가 이미 서른한 살이건만 오랫동안 기승스러운 중전의 치마폭에만 휘둘려 기백이 너무도 부족한 상태라고 판단하여 이렇게 그린 것이다. 작가가 『고종실록』을 한 번이라도 펼쳐 보았다면 이런 만화를 그려 내놓지는 않았을 것이다.

기쿠치는 앞에서 보았듯이 조선이 외교적으로 각국의 세력을 이용하여 제자리를 찾으려고 노력한 점은 높이 평가하였다. 다만 왕비 시해의 책임을 대원군에게 떠넘길 목적에서 왕비의 역할을 실제보다 과도하게 부각시키다 보니 심각한 역사왜곡을 초래하였다. 그런데 정비석은 기쿠치의 책을 조술하면서도 조선의 외교를 더욱 굴종적으로 표현하였다. 즉 청국 군대가 톈진조약에 의하여 철수를 하자, "청국군을 하늘처럼 믿고 있던 조선정부"는 한편으론 당황하고 한편으론 크게 분개하였고, 청국의 간섭을 배제하기 위해 취한 러시아 세력 끌어들이기도 독일인 외교 고문인 묄렌도르프(한국 이름 목인덕)의 말 한마디로 바뀐 것이라고 서술하였다. 아무런 주관도 없이 그때그때의 풍향에 따라 이리 흔들리고 저리 흔들리는 것이 당시 조선국의 실정이란 인식 아래 나온 서술이다. 이 굴종적 역사인식은 아무래도 작가가 받은 일제하의 교육 탓으로밖에 볼 수 없다. 기쿠치를 비롯한 일본인 저널리스트와 학자들이 식민주의적 역사관을 수립하면서 노린 효과가 바로 이것이다.

1894년(고종 31)의 동학농민군 봉기 부분에서 작가는 기쿠치의 설 가운데 위안스카이와의 공동 보조설은 버리고 대원군의 동학군과의 내통설만 받아들였다. 동학당 간부들이 상경하여 궐문 앞 연좌시위를 벌이면서 민씨 척족의 척결을 주장하는 것을 본 대원군이 "동학당의 세력을 잘만 이용하면 민

중전 일파를 몰아내고 나의 평소 뜻을 마음껏 펴볼 수 있을 것 아닌가" 라고 판단하여, 심복 부하들을 전주로 내려 보내 전봉준에게 "동학군을 이끌고 서울로 쳐 올라오게 하라고 일렀다" 고 하였다. 한편, 일본은 동학란으로 세상이 소란한 틈을 타서 조선을 그대로 삼켜버릴 계획으로 청국에는 사전 통고도 없이 1만여 명의 군대를 인천으로 출병시켰고, 민 중전은 일본군과 동학군을 한꺼번에 막기 위해 청국에 군대 파병을 요청한 것으로 서술하였다. 이것은 사실 확인부터 잘못된 것이다. 앞에서 지적했듯이 청군 출병문제는 위안스카이가 조선정부에 강요하여 길항 끝에 조건부로 이뤄진 것으로, 청군 출병이 먼저 결정된 뒤에 이를 탐문하던 일본이 시기를 같이하여 8,000명의 여단 병력을 출동시켰다.

끝으로 왕비 시해사건에 관한 부분에서는 기쿠치와는 다르게 상황을 파악하였다. 작가는 왕비 시해의 중심을 대원군이 아니라 일본 측으로 간주하였다. 이 점은 한국 측의 정론을 따른 것이다. 시해사건을 지휘한 미우라 고로三浦梧樓 공사가 왕비를 처음 배알했을 때 호걸이란 느낌을 받았고, "이런 여인이 대궐에 도사리고 앉아 있어 가지고서는 일본은 조선을 지배하기가 좀처럼 어려울 것이다" 라고 하여 시해에 나서는 것으로 처리하였다. 일본 낭인들의 입을 빌려 "암탉이 울면 집안이 망하는 법" 이며, "일본국의 백년대계를 위해" 죽여야 한다는 결심 속에 만행을 저질렀다고 하였다. 그리고 일본군이 내민 폐비 문서를 앞에 놓고 '나약한 고종' 은 이번만은 서명할 것을 완강히 거절한 것으로 처리하였다. 작가는 텍스트를 그대로 따르다가 왕비 시해 대목에 와서는 자신에게도 남아 있는 민족적 정서에 부딪혀 설명의 틀을 고친 것이다. 그래서 이 소설의 끝 부분은 엄청나게 헝클어진 모습을 보인다. 작가는 "명성황후의 공죄는 별문제로 하고 그녀가 오천 년 한국 역사 중에서 뛰어난 여걸이었음은 분명하다" 고 하면서 "그녀가 일본의 총검에 쓰러지지 않았다면 적어도 우리 민족 전체가 36년간이나 일본 제국주의의 쇠사슬에 묶여 있지는 않았으리라. 명성황후는 정녕 여걸이었다" 고 끝을 맺었다. 내용적으로 본 줄거리와는 뒤집힌 결구여서 독자를 상당한 혼란 속에 빠트린다.

정비석의 『민비』에서는 처음부터 끝까지 대원군의 호칭을 국태공國太公이라고 하였다. 이 호칭은 1894년 7월 일본군이 경복궁을 장악하여 군국기무처를 세워 '개혁'을 주도하게 했을 때, 왕권을 무력화할 목적에서 그들이 앞세운 대원군의 위상을 높이고자 사용한 것이다.[8] 따라서 그것은 집권 초기부터 적용할 수 있는 호칭이 아니다. 대원군 집정 초기에 이 호칭의 고사가 거론된 적은 있었지만 상용 호칭으로 채택되지는 않았다.[9] 조선정부 또는 고종이 공식적으로 인정한 대원군의 호칭은 '대원군'과 '대원위大院位' 두 가지였으며, 그가 물러나기 직전인 1873년(고종 10) 윤6월 20일에 대로大老란 존칭을 올린 것이 유일한 변화였다. 이 책이 유독 국태공이란 호칭을 남발하다시피 한 것은 곧 작가가 역사 사실에 대한 검증을 소홀히 했다는 것을 스스로 보여주는 것이다.

4. 맺음말—바람직한 역사 소설

소설가에게 역사가적 전문지식을 요구하는 것은 무리이다. 반대로 소설가가 부족한 역사 지식으로 지나치게 역사적 사실과 사건을 다루는 것도 삼갈

8 『고종실록』 권33, 고종 33년 정월 1일. 3월 24일조. 이때 대원군이 궁내에서 머문 곳을 국태공행차소國太公行次所라고 했다.

9 『고종실록』 권2, 고종 2년 5월 을축조. 경연석상에서 뚜껑 있는 동기銅器에 새겨진 중국 당나라 화산도사華山道士의 시구 "헌수동방국태공獻壽東方國太公"이란 구절을 놓고 시강관간에 오간 대화에 국태공은 왕의 사친 대원군에게 올릴 만한 것이라고 하였다. 이 대화를 조지朝紙에 싣게 했지만 대원군의 호칭으로 쓰이지는 않았다.

일이다. 명성황후를 소재로 한 정비석의 소설『민비』는 후자의 과오를 저지른 대표적 예이다. 이 소설은 일본 식민주의 역사를 대표하는 저술의 하나인 기쿠치의『대원군전』을 텍스트로 삼았기 때문에 태생적으로 온전한 역사 소설이 될 수 없었다. 소설적 흥미를 더하기 위한 재구성 과정에서 주인공의 부정적 면을 과장하여 텍스트보다 더 부정적인 역사상을 만들어놓았다.

명성황후 또는 대원군을 소재로 삼은 작품 가운데 김동인의『운현궁의 봄』(1933년부터『조선일보』연재)과 유홍종의『다큐멘터리 소설 명성황후』가 특별히 주목된다.『운현궁의 봄』은 대원군이 집정하기 전에 파락호 생활을 하던 때를 소재로, 대원군 개인의 취향과 고단한 신세를 문학적으로 풍부하게 그린 작품이다. 이 작품에도 역사적 사실 전달에 사소한 잘못이 없지는 않지만 작자가 자신의 역사인식을 독자에게 강요하지 않기에 하등 문제가 되지 않는다. 오히려 대원군 개인의 성격이나 행위에 대한 풍부한 문학적 묘사로 독자에게 더 넓은 역사 사유 공간을 제공한다. 나는 이런 형태의 역사 소설은 역사학이 하지 못하는 부문을 채워주기 때문에 그 역할에 대해 도리어 찬사를 보내고 싶다.

유홍종의『다큐멘터리 소설 명성황후』는 소설가가 역사문제를 역사가처럼 진지하게 다루면서 소설적 재미도 견지하는 작품이다. 이 소설은 다큐멘터리이기 때문에 작중 인물에 대한 이미지를 상상에 의존하지 않고 폭넓은 관련 문헌의 섭렵을 통해 역사의 진실에 근거하는 이미지를 만들어간다. 그런 과정에서 얻어진 군주 고종의 모습은 정사를 놓고 고뇌하는 진정한 국정 주관자로 나타나기 때문에 도리어 흐뭇한 감을 준다. 명성황후도 군주를 제압하는 '암탉'이 아니라 왕을 돕는, 왕을 지지하는 세력 기반을 구축하는 존재로 그려진다. 작자는 명성황후를 직접 만난 언더우드 여사의 저서『상투 튼 사람들과 15년』에서 왕비의 진정한 모습을 찾아내어 전래의 왜곡된 이미지로부터의 이탈을 쉽게 달성한다. 언더우드 여사는 왕비에 대해 "나라를 사랑했고, 폭넓은 진보주의자였으며, 중국 고전은 물론 세계 선진국들에 관한 높은 식견을 갖추고 계셨다. 실로 서양 기준을 놓고 볼 때도 완전무결한 귀부인이었다" 라고 표현하였다.

유홍종의 『다큐멘터리 소설 명성황후』와 대면하면 기쿠치의 『대원군전』을 역사서가 아니라 다큐멘터리 소설로 분류하는 것이 옳다는 것을 깨닫게 된다. 물론 다큐멘터리 소설로 보더라도 그 합목적성 때문에 수준이 크게 떨어진다는 평가를 피하기는 어렵다. 그러므로 이런 왜곡된 다큐멘터리에 근거한 정비석의 『민비』는 수준을 논하기 어려운 작품이다. 이 정도의 역사 소설은 논외로 돌리고 싶지만 불행하게도 지금도 많은 국민들이 이런 종류의 독서물로부터 심대한 영향을 받고 있다. 2000년에 방영된 텔레비전 드라마 〈명성황후〉의 줄거리도 저속한 부분들을 취하지 않는 정도의 배려가 가해졌을 뿐 이 소설에서 크게 벗어나지 않는다. 이 소설이 담은 잡다한 스토리는 현재 시중에 나도는 수많은 청소년용 만화의 텍스트가 되고 있다. 게다가 이 소설 자체가 드라마 〈명성황후〉 방영 후 『소설 명성황후』로 이름을 바꾸어 시중 서점가에 버젓이 나와 있다. 국민의 바른 역사의식 확립을 위해 이 소설은 독서계로부터 폐기 처분 선고를 받는 것이 옳다. 대중의 독서 세계가 이런 해악물로부터 보호되지 않으면 바른 역사의식 정립을 위한 노력은 헛수고가 되고 말 것이다.

〈부록〉 고종황제가 쓴 「황후 평전」과 친일정권이 발표한 「폐비 조칙」

1. 고종황제가 지은 명성황후 「어제행록御製行錄」

고종황제는 황후의 국장을 앞두고 「행록行錄」을 지어 황후를 지키지 못한 자신의 죄를 크게 자책하였다. 이 글은 한국 역사상 군주가 왕비를 위해 지은 유일한 평전 형식의 글이다. 세계 역사상으로도 예를 찾기 어려운 것이다. 이 글 가운데 황후의 성품과 황제와의 진실된 관계를 아는 데 도움이 되는 부분들을 발췌하여 소개한다.

- 온 나라에 수재와 한재의 재변이 있을 때마다 얼굴에는 근심스러운 기색을 띠고 너그럽게 돌봐주기에 힘썼고 무더운 여름과 혹한의 겨울에는 도성(서울)의 빈궁한 백성들을 돌봐주는 것을 해마다 상례로 하였다. 빈한하여 혼례婚禮와 상례喪禮를 치르지 못하는 사람이 있으면 후하게 돌봐주었다.

- 병자년(1876)에 큰 흉년이 들자 (궁에 내는) 조세를 감면해주었고 경비가 모자라면 돈과 곡식을 내주어 보충하도록 하였다. 호위 군사들이 힘들어할 때, 출동 군사들이 비바람을 맞을 때, 특별히 음식을 공급하여 위로하였으니 심부름 하는 자들이 잇따라 오자 군사들이 다 감격해서 눈물을 흘리면서 저마다 충성을 다할 것을 맹세하였다.

- 궁궐이 여러 번 화재를 겪었기 때문에 늘 궁중 하인들에게 불을 조심하게 하면서 애완의 진기한 물품들을 아예 없애서 하나도 남기지 않았다. 진전眞殿(왕의 어진御眞을 모시는 전각)의 남쪽 전각에 둔 은그릇이 없어졌을 때 곧 내전에서 주조해 주도록 하고 추궁하지 못하게 하였다. 이것은 무고한 사람이 횡액을 입을 것을 염려하였기 때문이다. 평소 아랫사람들을 관대하면서도 엄하게 거느려 은혜와 위엄을 함께 보이니 궁중 사람들이 감화하여 서로 이르기를 "이 황후의 인자하고 두터운 혜택이 우리에게 깊이 젖어 있는 것을 잊지 말아야 한다" 고 하였다.

- 황후는 어려서부터 배운 바가 있어서 선량하고 간사한 것을 판별하고 옳고 그른

것을 밝혀내는 데 과단성이 있어서 마치 못을 자르고 쇠를 쪼개는 듯이 하였다. 슬기로운 지혜는 타고난 천성이어서 사물의 기미를 알아차리는 것이 신과 같았다. 어려운 때(임오군란을 뜻함-역자)를 당한 이후로는 더욱 살뜰히 나를 도왔다. 짐이 잘못하여 화합을 깨트리는 일이 있으면 반드시 아침을 기다려 자리했으며, 짐이 근심하고 경계하는 것이 있으면 대책을 세워 풀어주었다.

- 심지어 타국과 교섭하는 문제가 제기되었을 때는 나에게 먼 곳을 편안하게 하는〔綏遠〕정책을 권해 택하도록 하여 각국에서 돌아온 사신들이 말하기를, "다른 나라 사람들이 모두 감복한다"라고 하였다. 황후가 일찍이 짐을 도와서 말한 것이 있는데 근래에 돌아가는 형세를 보면 황후가 일찍이 말한 것이 그대로 됨이 부신符信 두 쪽이 그대로 맞추어지는 것과 같다. 심원한 생각으로 미래의 일을 잘 요량하는 황후의 통달한 식견은 고금에 탁월하여 다른 사람이 미칠 수 없는 것이다.

- 임오군란 때 황후는 침착하게 대처하여 무사히 돌아왔다. 어떤 자가 이르기를 군란을 일으킨 군사들을 모두 철저히 다스려야 한다고 하자 황후가 말하기를, "내가 부덕하였고 또 운수에 관계되는 일이었다. 어찌 그들이 한 짓이겠는가"라고 하였다. 『주역周易』에 이르기를 "크게 포용하면 덕은 끝이 없다"라고 하였는데 황후의 덕이 그러하였다.

- 갑신년에 역신 김옥균, 박영효, 홍영식, 박영교가 난리를 일으켜 거짓으로 사변이 나 전殿과 궁宮이 모두 피난 가고 나라가 대단히 위급한 처지에 놓였다고 하였다. 이전에 황후가 역적 영효를 타일러 그 음모가 일어나지 않았는데 이제 함부로 난을 일으켜놓고서는 저들은 스스로 서로 의심하며 도망쳐 망명하여 난리가 곧 평정되었다. 황후는 성의 동쪽에 피해 있으면서 자성慈聖(임금의 어머니)을 호위하고 세자世子를 보호하였는데 창황한 가운데도 시종한 사람들이 한 명도 흩어지지 않았다. 황후가 평상에 은혜로서 아랫사람들을 돌보아 간난에 닥쳤어도 용부勇夫가 있었던 것이다.

• 갑오년에 외국 군사가 대궐에 들어오므로(1894년 7월 23일 침입사건—역자) 짐이 황후와 태자에게 건청궁乾淸宮으로 피신할 것을 권고하였는데 황후가 곧 도로 함화당咸和堂에 돌아와 말하기를, "한 궁궐 안에서 가면 어디로 가겠습니까. 차라리 여기 있으면서 여러 사람들의 마음을 안정시키겠습니다. 그리고 지금 (명검의) 칼자루를 잃어서 여러 역적의 머리를 베지 못하게 되었는데 이럴 바에야 포용해서 흉악한 무기의 끝을 늦추어놓는 것만 못합니다"라고 하였다. 역적의 무리가 곧 법과 제도를 고치고(군국기무처에 의한 제도 개혁을 뜻함—역자) 크고 작은 제사도 다 없애버렸다. 황후가 크게 한숨 쉬며 말하기를, "이것들이 어찌 없애고 보탤 수 있는 것인가. 역적들이 신과 하늘에 죄를 지음이 참으로 가득하다"고 하면서 진전眞殿에 제사 지내는 물품을 하나같이 옛 규례대로 따라서 하였다. 황후는 대궐의 하인들에게 일러 이 일을 여러 역적들이 알지 못하게 하였다.

• 황후가 일찍이 인재 등용에 관해 얘기하면서 거듭 신칙하여 말하기를, "국가의 치란治亂과 안위安危는 오직 인재 등용의 잘잘못에 달려 있습니다. 인재가 어진 사람인 것을 알았으면 전적으로 맡겨 의심하지 말아야 하고, 어질지 않다는 것을 알았다면 빨리 제거하는 것이 옳습니다. 대체로 대간大奸은 충신처럼 보여서 요순堯舜도 사람을 제대로 알기를 어려워하였습니다. 그런데도 간사할지 모른다고 의심하면서도 그대로 둔다면 이것은 화환禍患을 키우는 것입니다"라고 하였다. 내가 황후의 말이 옳다는 것을 알면서도 일찍 용단을 내려 김홍집, 유길준, 조희연, 정병하 네 역적을 제때에 처형하지 않아서 끝내 저들이 외국 군사를 불러들이고 몰래 훈련대를 사주하여 을미년의 천하 만고萬古에 있어본 적이 없는 큰 변란을 일으키게 하고 말았다. 아! 짐이 황후를 저버렸다. 황후는 짐에게 간절한 한 가지 생각으로 받들었다. 비록 문안하는 것과 같은 절차에 대해서도 빠짐이 있을까 봐 근심하면서 성실하기를 다하였는데, 짐은 황후의 몸을 궁 안에서 지키지 못하였다. 아! 내가 황후를 저버렸다. 지금을 슬퍼하면서 지난 일을 좇아 생각하니 회한悔恨이 그칠 줄 모른다.
(『고종실록』 권36, 광무 원년 11월 22일조)

2. 가해자 측이 작성해 반포했던 「폐비 조칙」

명성황후에 대한 부정적 인식은 시해 이틀 뒤인 1895년(고종 32) 8월 22일(음력. 양력은 10월 8일)에 나온 「폐비 조칙」에 근거한다. 당시는 일본이 세운 친일정권인 김홍집 내각이 여전히 군주권을 구축한 상태였다. 고종은 이듬해 2월 11일에 러시아 공사관으로 이필移蹕을 단행하고, 당일에 「폐비 조칙」이 자신이 모르는 사이에 나온 것을 밝혀 상황을 반전시킨다. 조칙문은 본래 국한문 혼용체로 된 것이지만 아래에 소개하는 것은 이를 현대문체로 바꾼 것이다.

짐이 보위寶位에 오른 지 32년에 정사와 교화가 널리 퍼지지 못하고 있는 중에 왕후 민씨가 자기의 가까운 무리들을 끌어들여 짐의 주위에 배치하고, 짐의 총명을 가리며 백성을 착취하고, 짐의 정령政令을 어지럽히며, 벼슬을 팔아 탐학이 지방에 퍼지니, 도적이 사방에서 일어나서 종묘사직宗廟社稷이 아슬아슬하게 위태로워졌다. 짐이 그 죄악이 극대하다는 것을 알면서도 처벌하지 못한 것은 짐이 밝지 못하기 때문이기는 하나 또한 그 당여黨與를 꺼려하기 때문이기도 하였다. 짐이 이것을 억누르기 위하여 지난해 12월에 종묘에 맹세하기를, '후빈后嬪과 종척宗戚이 나라 정사에 간섭함을 허락하지 않는다' 고 하여 민씨가 뉘우치기를 바랐다. 그러나 민씨는 구악을 고치지 않고 그 당여와 군소 무리를 몰래 끌어들여 짐의 동정을 살피고, 국무대신國務大臣의 인접引接을 가로막으며, 또한 짐의 나라의 병사를 해산한다고 짐의 명령을 위조하여 변란을 격발하여 일으키고, 사변이 터지자 짐을 떠나고 그 몸을 피하여 임오년(1882)의 지난 일을 답습하여 찾아도 나타나지 않는다. 이것은 왕후의 작위와 덕망에 걸맞지 않을뿐더러 그 죄악이 가득하여 선왕先王들의 종묘를 받들 수 없는 것이다. 짐이 할 수 없이 짐의 가문의 고사故事를 삼가 본받아 왕후 민씨를 폐하여 서인庶人으로 삼는다.

(『고종실록』 권33, 고종 32년 8월 22일조)

이 조칙은 왕비가 행방불명 상태에서 내리는 것으로 되어 있다. 고종은 러시아 공사관 이필과 동시에 내린 조칙에서 자신이 왕비가 죽은 것을 알리는 조칙을 내릴 것을 총리대신 김홍직에게 지시했으나 30여 일에 걸쳐 지체시켰다고 하였다. 실제로 김홍집 내각은 「폐비 조칙」을 10월 10일에 철회하는 위조 조칙을 내렸다. 왕비 시해 지도부의 혼선을 느끼게 하는 대목이다. 시해된 왕비를 폐비하는 것은 있을 수 없기 때문에 어느 한 입장에 따라 시해 자체를 30여 일간 숨겼던 것이다. 고종황제는 러시아 공사관 이주 직후 두 가지 위조를 모두 철회하는 조칙을 따로 냈다.

기쿠치 겐조는 1894년 7월 23일 경복궁 침입사건 후에 집권한 대원군이 왕비의 생명을 빼앗는 것보다 폐비하자는 의견을 냈지만 일본 측이 지지하지 않아 행해지지는 않았다고 하였다(『대원군전』 169쪽). 이는 당시 대원군과 직접 접촉한 사람의 증언이기 때문에 중요하다. 일본 국회도서관 소장의 『이노우에 가오루 문서井上馨文書』(조선관계 II 필기 제2호, 대원군과의 담화) '(1894년) 11월 12일 오후 2시 대원군 내방, 정상공사와의 담화 필기'에 대원군과 이노우에 공사가 청국 제거 후의 조선 독립 기반 확립 문제, 부패 척결 문제, 왕실과 정부 지출 비용의 과다 상태 등을 얘기한 다음, 왕비의 간여로 인한 정치 문란, 민씨 정권하의 지방관직의 매관 등 「폐비 조칙」의 내용 일부에 해당하는 것들을 거론하였다. 이 대화에서 왕비에 대한 언급은 이노우에 가오루井上馨가 먼저 했다. 기쿠치의 말처럼 대원군이 먼저 폐비를 거론했다는 것에 대해서는 더 검토할 여지가 있지만, 왕비 민씨에 대한 부정적 인식은 왕비와 적대관계에 있던 측의 것에 불과하다는 사실은 자명하다. 왕비 시해는 군주에 대한 시해 위협 경고나 다를 것이 없다.

소설 『태백산맥』 속의 대한민국

양동안

1. 머리말— '진실의 기록' 임을 강조하는 『태백산맥』
2. 대한민국 건국에 관한 『태백산맥』의 서술내용
3. 대한민국 건국에 관한 『태백산맥』 서술내용의 반사실성
4. 대한민국 경찰과 군에 관한 『태백산맥』의 서술내용
5. 대한민국 경찰과 군에 관한 『태백산맥』 서술내용의 반사실성
6. 맺음말

1. 머리말— '진실의 기록' 임을 강조하는 『태백산맥』

조정래의 장편소설 『태백산맥』은 여순반란사건 때부터 6 · 25전쟁 휴전 직후까지의 시기에 전라남도 벌교筏橋 출신 좌익인사들이 전개했던 투쟁에 관한 이야기이다. 총 10권에 달하는 방대한 길이의 이 소설은 우리 사회에 큰 반향을 불러일으켰다. 그래서 이 소설을 발간한 출판사는 이 소설을 '대한민

梁東安 한국학중앙연구원 정치학 교수.
저서로 『대한민국건국사』(현음사, 2001), 『민주적 코포라티즘』(현음사, 2005), 『과도정부 비교연구』(공저, 백산서당, 2003), 『근현대 한국정치사상사연구』(공저, 한국학중앙연구원, 2006) 등이 있고, 논문으로 「45~48년 기간 중도제파의 정치활동에 관한 연구」〔『정신문화연구』 84(가을호), 2001〕, 「45~48년 기간에 있어서 이승만의 정치활동에 관한 연구」〔『정신문화연구』 88(가을호), 2002〕, 「여운형의 민족통일노선」〔『정신문화연구』 97(겨울호), 2004〕 등이 있다.

국에서 가장 영향력 있는 소설' 이라고 선전하고 있다.

이 소설에 대한 사회적 반향이 컸던 만큼 그에 관한 논란도 많았다. 이러한 논란 가운데 매우 특이한 것 중의 하나는, 이 소설의 작가나 소설을 긍정적으로 평가하는 평론가들이 이 소설은 허구가 아니라 '역사의 진실한 기록' 이라고 주장했다는 점이다. 작가 조정래는 소설의 각 권 첫머리에 게재된 「작가의 말」에서 『태백산맥』이 '진실의 기록' 임을 반복해서 주장했다. 그는 이 소설을 집필하는 것은 곧 '역사 속의 올곧은 진리를 발견해내는 일'(4권, 「작가의 말」)이라고 말했다. 그는 또 "역사는 '힘 있는 자들의 기록' 이어서는 아니 된다. …… 역사의 그런 허위가 파괴되고, 역사가 '자각하는 민중의 소유' 가 될 때 비로소 우리 민족의 '허리 잇기' 인 통일도 이루어지리라 믿는다. …… 나는 소설로써 그 일을 이루어보려고 욕심 부리는 것이다"(4권, 「작가의 말」) 라고 말했다. 이 소설의 내용이 '힘 있는 자들' 에 의해 기록된 허위의 역사를 파괴한 진실이라고 강조한 것이다.

조정래는 '진실의 기록' 인 『태백산맥』 집필을 위해 "수많은 사람들을 만났고, 여러 현장을 찾아다녔다" 라고 밝히면서, "소설은 단순히 상상력의 산물일 수만은 없으며, 엄연한 역사 사실 앞에서 소설을 쓰는 자는 제멋대로일 수가 없는 것이다. 『태백산맥』에 나오는 수많은 이야기들은 그렇게 증언을 토대로 하고, 확인을 거친 것들이다"(8권, 「작가의 말」)라고 밝혔다.

조정래는 『태백산맥』과 관련된 좌담회에서도 "역사적 진실을 찾아내고 그 동안의 왜곡과 굴절을 바로잡기 위해" 또는 "역사의 진실과 정당성을 확보하기 위해", "수많은 사람을 찾아다니고 만나면서 증언을 들었고, 수많은 현장을 끝없이 되풀이하여 답사하면서 확인했으며, 책들을 읽은 것은 그보다 훨씬 먼저 진행했다"[1]라고 말했다.

---

1 이창동 외, 「좌담, 상처받은 시대 그 한과 불꽃의 문학」, 고은 외, 『문학과 역사와 인간 : 태백

이처럼 작가가 『태백산맥』의 내용이 모두 '확인을 거친 진실'한 것이라고 주장한 것에 장단을 맞추어서 소설을 긍정적으로 평가하는 평론가와 학자들도 소설의 내용이 객관적으로 서술된 진실한 것이라고 보증해주었다.

임헌영(문학평론가, 민족문제연구소장)은 "(『태백산맥』은) 소설이라기보다는 처절한 민족사적 대실록이다"(4권, 뒤표지)라고 평했고, 권영민(문학평론가, 서울대학교 교수)은 "그(조정래)가 주력하고 있는 것은 숨겨진 진실의 재확인"(6권, 뒤표지)이라고 평했으며, 전영태(문학평론가, 중앙대학교 교수)는 『태백산맥』을 "한국근대사의 총체적 양상과 복합적 문제점을 객관적으로 투시하는 대형 서사문학"(7권, 뒤표지)이라고 평했다. 조남현(문학평론가, 서울대학교 교수)은 "『태백산맥』이 우리의 분단사를 역사보다도 더욱 역사적으로 그려냈다"(9권, 뒤표지)라고 찬양했으며, 하재규(시인)는 '『태백산맥』이 이룩해낸 민족사적 · 문학사적 업적과 가치'는 매우 크며, "우리 문학사에서 이처럼 역사학과 사회학을 앞질러가면서 역사적 진실을 규명해내고 또한 사회적 충격과 동시에 대중들을 각성시켰던 소설은 없었다"[2]라고 극찬했다.

『태백산맥』을 '진실의 기록'으로 찬양하는 저명인사들 가운데는 노무현 정부에서 고위직에 있거나 역임한 인사들도 있다. 친일반민족행위진상규명위원회 위원장으로 있는 강만길(역사학자, 전 고려대학교 교수, 전 상지대학교 총장)은 "조정래는 8 · 15 이후의 민족분단 과정과 6 · 25를 중심으로 하는 분단고착 과정을 밝히기 위한 현지답사와 탐문, 진실을 드러내려는 열정과 용기, 그리고 섬세한 문체를 통해 우리 현대사 물줄기의 궤적을 제대로 그려냈다"(10권, 뒤표지)라고 찬양했다. 노무현정부에서 문화관광부 장관을 역임한 이창동(문학평론가, 영화감독)은 『태백산맥』을 "역사학이나 사회과학이 밝혀

산맥의 소설적 성과와 통일문학의 전망』, 한길사, 1991, 23 · 37쪽.

2 위의 글, 39쪽.

내지 못한 진실들과 올바로 증언해내지 못한 역사적 사실들을 소설로 입증해낸 작품"[3]이라고 논평하면서, "『태백산맥』 1부는 우리의 실종된 해방 3년사를 복원했을 뿐만 아니라 그 3년 동안의 사회적 모순과 갈등의 축적으로 폭발한 이른바 여순반란사건에 대한 …… 새로운 내용을 소설 기법에 의한 과학성으로 분석해냈다"[4]라고 찬양했다.

『태백산맥』이 소설을 뛰어넘어 객관적으로 서술된 역사책의 성격을 지니며, 그 속에 기술된 과거사의 일들은 모두 정확한 진실이라고 작가가 주장하고, 평론가들이 그 주장을 보증하고 있기 때문에, 소설을 읽는 독자는 『태백산맥』에 서술된 과거사의 내용들을 모두 진실로 받아들이는 경향이 있고, 심지어는 학생이나 대중이 해방 이후의 우리나라 역사를 이해하기 위해 이 소설을 읽는 경향까지 생겼다. 이러한 사실을 홍정선(문학평론가, 인하대학교 교수)은 "소설이 역사를 대체할 수 있는가. 그럴 수는 없다. 그럼에도 불구하고 사람들은 해방 이후 우리 역사를 이해하기 위해 『태백산맥』을 읽는다. 이 소설을 통해 역사에서 읽을 수 없는 진실을 읽으려 한다" (2권, 뒤표지)라고 지적했다.

『태백산맥』의 서술 내용에는 '역사보다 더 역사적으로 서술된' '민족사적 대실록'이라는 평에 걸맞게 '역사강의'가 매우 많은 부분을 차지하고 있다. 화자를 바꿔가며 장황하게 그리고 반복적으로 서술되는 '역사강의'를 접하고 보면, 『태백산맥』이 '소설의 형식을 빌려 쓴 역사책'이라는 생각이 들 정도이다.

작가의 검증과 확인을 거쳐 서술된 '진실의 기록'이며, 역사책보다 더 '과학성'과 '진실성'을 가진 것으로 찬양되고 있는 『태백산맥』의 현대사에 관한

3 이창동 외, 앞의 글, 23쪽.

4 위의 글, 26~27쪽.

서술 속에 대한민국은 어떻게 묘사되어 있을까? 이하에서 필자는 『태백산맥』에 서술된 대한민국에 관한 내용을 대한민국 건국에 관한 부분과 대한민국 군대 및 경찰에 관한 부분으로 나누어 정리하고, 그러한 서술내용이 『태백산맥』의 작가 및 찬양자들의 주장처럼 진실한 것인가를 검증하려 한다.

2. 대한민국 건국에 관한 『태백산맥』의 서술내용

『태백산맥』은 대한민국이 미국이 세운 미국의 속국이며, 대한민국 건국세력은 민족세력을 참칭한 친일 민족반역자들이라고 서술하고 있다. 이에 관한 서술내용을 인용하면 다음과 같다.

> (미)군정은 정치와 경제 양면 모두를 반민족세력에게 떠넘겨줌으로써 이 땅의 남쪽을 명실 공히 속국화시켜버린 것이오. …… (미군정은) 점령지를 자기네 경제에 예속시킴과 동시에 자기네 시장으로 확보한 것이오. …… 미군은 철수했지만 군정은 끝난 것이 아니라 형태를 달리해서 계속되도록 되어 있는 게 우리의 실정이오(5권, 311～312쪽).

> 단독선거로 정부가 세워지면서 미군정은 형식적으로만 끝났다(1권, 228쪽).

> 남쪽 땅에는 민주주의라는 미명 아래 지주계급과 친일세력이 합세하여 남쪽만의 나라를 세우고 만 것이다(2권, 142쪽).

> 공산주의자나 그 추종자들은 민족과 국가를 소련에 팔아넘기려는 집단이라는 황당하고 유치한 주장을 앞세우며 친일반역자들은 스스로를 민족진영이라 자처하는 또 한 번의 반민족행위를 저지르면서 진정한 민족주의자 백범을 반대쪽으로 내몰았던 것이다(5권, 214～215쪽).

『태백산맥』은 대한민국이 한국인의 뜻에 반하여 미국에 의해 강압적으로 수립되었으며, 이승만정권(대한민국)의 수립에는 대중의 참여가 없었고, 대한민국의 건국은 미국이 군정기간 중에 학살한 10만 명에 달하는 한국인의 시체 위에 이루어졌다고 서술하고 있다. 그에 관한 이 소설의 서술내용을 인용하면 다음과 같다.

그들(미국)은 군정기간을 통하여 공산당을 철저히 파괴하고, 친일반민족세력을 철저히 옹호함으로써 자신들의 실리 추구와 권위주의 실천을 얼마나 잘 증명해보였던 것인가. 그때 이미 남쪽 사람들의 의사는 가차 없이 묵살되지 않았던가. 친일반민족세력의 옹호에 대하여 당사자와 그 가족을 빼놓고 모든 사람들의 반발과 항의가 그 얼마나 노골적이고 적극적으로 일어났던가. 그러나 끝내 친일반민족세력의 정권은 세워지고 말았던 것이 아닌가(6권, 287~288쪽).

이북은 친일파 · 민족반역자들을 완전하게 정치적 · 사회적으로 숙청을 단행해 버렸네. 그래서 오십만이 넘는 친일반민족자들이 삼팔선을 넘어 이남으로 도망을 나왔네. 그런데 이남에서는 이북과는 반대로 오히려 친일반민족자들을 옹호하고 보호하며, 그들을 핵심세력으로 해서 정권을 세워나갔네. …… 한쪽은 절대다수의 민중들이 권력기반을 이룩했는데, 다른 한쪽은 극소수의 반민중들이 또다시 다수 민중들을 노예화한 것이네(3권, 176쪽).

군정은 …… 통일조국을 바라는 절대다수 인민들의 뜻을 짓밟고 단독 괴뢰정권을 세웠다. …… 우리 민족이 사회주의를 선택하든 자본주의를 선택하든, 그것은 오로지 우리 민족 전체의 총의에 따라 결정하고 선택되어야 할 문제였다. 그런데 그들은 제국주의 폭력과 간악을 앞세워 우리 민족의 삶을 파괴하고 자주를 강탈했다(4권, 160~161쪽).

공산주의에 비해 자유민주주의가 정치이념으로서 하등 못할 것이 없습니다. 그러나 그게 공산주의와 대등하게 되려면 순수한 대중의 손에 의해 생겨나야 하고,

그 정권은 절대적 대중이 원하는 바에 따라, 절대적 대중을 위해 정치를 실천해야 합니다. …… 그런데 우리가 처한 자유민주주의는 그 과정을 일체 생략해버렸습니다. 그러니까 허울뿐이고, 대중들의 배척을 받고, 현재로서 북쪽의 체제와는 대적이 안 되는 겁니다(5권, 313~314쪽).

이승만정권이야말로 반민주적이고 반민중적인 양키들의 모조정권이오. 이건 김일성이나 공산당 입장에서가 아니라 역사의 입장에서 그렇소(5권, 149쪽).

"사 년 동안에 남쪽에서만 죽어간 사람들이 십만 명을 헤아린다는 계산이군요." "그게 군정 삼 년이 세운 업적이고, 그 시체들 위에 이승만정권은 세워진 것 아닌가." "미국 놈들은 일본 놈들보다 더 악독하게 학살을 해댔군요." (5권, 310쪽)

『태백산맥』에 따르면, 대한민국 건국을 위해 실시된 5 · 10선거는 때 묻은 걸레들만 입후보한 가운데 관권이 개입하여 진행된 부정선거였고, 이승만은 선거를 자기에게 유리하게 치르기 위해 향보단鄕保團을 조직했으며, 향보단은 한민당 후보 선거운동을 했다. 이에 관해 서술한 내용을 인용하면 다음과 같다.

(5 · 10선거의) 후보자들은 하나같이 때 묻은 걸레였고, 선거를 감시한 유엔 한국위원회는 '관권이 개입된 강압적 부정선거' 였다는 보고서를 유엔에 보낼 정도였다(1권, 251쪽).

이승만은 남한 단독선거를 유리하게 치르기 위해 경찰력을 보조할 수 있는 향보단을 전국적으로 조직화했고, 그 단원으로 둔갑한 염상구와 그의 졸개들은 장타령도 아니고 육자배기도 아닌 가락에다 이런 말(한민당 국회의원 후보를 선전하는 구호)을 붙여가지고 실성한 놈들처럼 외치고 다녔다(1권, 245쪽).

최익승은 해방이 되고서도 망하지 않았고, …… 한민당의 공천을 받아 보성 · 벌교지구 국회의원으로 출마하기에 이르렀다. …… 한쪽으로는 경찰과 향보단을 이용해서 반공갈 반협박의 회유책을 썼고, 다른 한편으로는 동리 단위로 술판을 돌아가며 벌였다(1권, 250쪽).

3. 대한민국 건국에 관한 『태백산맥』 서술내용의 반사실성

앞에 소개한 대한민국 건국에 관한 『태백산맥』의 서술내용은 실제 상황과 일치하지 않거나 정반대되는 거짓말들이다.

첫째, 대한민국은 미국이 세운 국가가 아니며, 미국의 속국도 아니고, 대한민국의 건국세력은 친일 민족반역자들이 아니다. 그리고 대한민국이 건국됨에 따라 미군정은 완전 종료되었다. 대한민국은 미국이 건국한 것이 아니라, 이승만과 한민당을 중심으로 한 우익진영이 건국한 것이다. 미국은 제1차 미·소공동위원회 결렬 후 남한에 정부를 수립하려는 이승만의 구상에 명시적으로 반대했고, 대한민국을 건국하려는 이승만을 정계에서 퇴출시키려 했으며, 1947년 가을까지도 이승만의 대한민국 건국운동을 견제했다.

미국정부가 남한에서 독자적으로 정부를 수립하려는 이승만의 구상에 반대했다는 사실은 남한에서의 독자적 정부 수립 구상을 밝힌 이승만의 정읍발언에 대한 미군정 장관의 반대논평에서 분명하게 확인할 수 있다. 이승만의 정읍발언이 보도된 직후 미군정 장관 러치Archer L. Lerch는 기자회견을 통해 "만일 이 박사가 남조선에 따로 정부를 세워야 된다고 하였다면 그것은 그의 입장에서 한 말이고 군정청을 위해서 한 말은 아니다. …… 나는 군정장관으로서 남조선 단독정부 수립에 대해서는 전연 반대한다"[5]라고 말했다.

---

5 『서울신문』, 1946년 6월 5일자.

미국정부가 이승만을 한국 정계에서 퇴출시키려 했다는 사실은 1946년 6월 미국무성이 주한미군사령관 하지John R. Hodge에게 보낸 다음과 같은 각서 내용에서 확인된다.

> 만일 조선의 최근 정치논쟁에서 폭풍의 중심이 되어왔던 어떤 인물들이 정치무대에서 일시적으로 물러난다면 미·소 당국 간의 합의뿐만 아니라 남조선의 여러 정파 간의 합의도 크게 용이해질 것이다. …… 이 지도자들은 일본의 항복 이후 조선으로 귀국한 나이 많은 망명객 집단으로 구성되어 있다. 그들이 조선인들의 정치적 의견을 완벽하게 대변한다고 할 수도 없고, 조선의 민주주의 건설과 조선에서 미국이 정책목적을 달성하는 데 필수적인 존재들도 아니다. …… 조선에서 미국의 정책목적 달성은 조선정치에 그들이 참여함으로써 도움을 받기보다는 전반적으로 방해되었다고 결론 내릴 수 있다.[6]

이 각서에서 말하는 '어떤 인물들'이란 이승만과 김구를 지칭한다. 미국정부가 이승만을 정계에서 퇴출하려 한 사실은 1946년 12월 남조선과도입법의원을 구성할 때 이승만을 김구와 함께 배제한 데서 더욱 분명하게 확인된다.

미국정부가 이승만의 대한민국 건국 노력에 반대했다는 사실은 이승만이 1946년 12월부터 1947년 4월까지 미국을 방문하여 대한민국 건국에 대한 미국 조야의 지지를 획득하려는 외교활동을 전개했을 때 미국의 대통령은 말할 것도 없고 미국정부의 차관급 이상 고위관리를 단 한 사람도 만나지 못한 사실에서도 확인할 수 있다. 미국정부는 이승만을 철저히 외면했던 것이다.[7]

---

6 U.S. Department of State, *Foreign Relations of the United States*(이하 *FRUS*) *1946*, vol.Ⅷ, Washington D.C.: U.S. Government Printing Office, 1971, pp.698~699.

7 미국정부가 미국을 찾아온 이승만을 외면하고 냉대한 것은 소련의 독재자 스탈린이 1946년 7월 김일성을 모스크바로 불러들여 김일성의 북한 지배자 지위를 인정해주면서 "소련군정의 협력을 받아 북한의 소비에트화 정책을 조기 실현하도록 투쟁하라"고 지시한 것과 극히 대조적이다. 미국정부는 이승만이 추진하는 남한의 정권 수립(대한민국 건국)에 반대했기 때문에

미국정부는 1947년 가을 한국문제를 유엔총회에 상정해놓고 남한에서의 총선 실시에 대비하면서도 이승만의 건국운동을 견제했다. 미국정부는 당시 하지에게 이승만의 건국운동을 제지하라고 지시했으며, 하지의 제지 노력에도 불구하고 이승만이 건국을 위한 총선을 조속히 실시할 것을 추구하자 하지가 이승만을 제대로 제어하지 못한다고 판단, 이승만을 더 효과적으로 제어할 수 있는 인물로 주한미군사령관을 교체하려고까지 했다.[8]

미국은 종국에 가서는 이승만의 대한민국 건국을 지원하였지만, 지원 목적은 대한민국을 미국의 속국 혹은 식민지로 만드는 데 있지 않았다. 당시 미국정부 관리들은 남한이 미국에게 전략적으로 중요한 지역이 아니라고 평가했으며, 주한 미군정 관리들이나 미국의 정보기관들은 주한미군이 철수하고 나면 남한이 조만간 공산화될 것으로 예측하고 있었다. 그러므로 미국정부가 남한 우익진영의 대한민국 건국을 지원한 목적은 남한의 식민지화가 아니라 '남한 공산화의 속도를 늦추는 장치'를 확보하기 위함이었다. 남한에 정부조차 없으면 공산화가 더욱 빨리 진행될 것이라고 판단했기 때문이다. 즉 미군이 철수하자마자 남한이 공산화됨으로써 국제사회로부터 미국이 무책임한 국가라는 비난을 받는 것을 피하려면 남한의 공산화를 조금이라도 지연시켜야 할 필요가 있었으며, 그러기 위해서 미국은 대한민국의 건국을 지원했던 것이다.[9]

대한민국의 건국세력이 친일 민족반역자들이 아니라는 점은 대한민국 건

미국을 찾아온 이승만을 외면 · 냉대했고, 소련정부는 북한의 분단정권 수립을 지지했기 때문에 김일성을 소련으로 불러들여 스탈린이 직접 김일성을 만나서 북한의 조속한 소비에트화 추진을 지시했던 것이다. 김일성의 모스크바 방문 관련사항은 박명림, 『한국전쟁의 발발과 기원』 II, 나남출판, 2003, 244~246쪽 참조.

8 차상철, 『해방직후 미국의 한반도정책』, 지식산업사, 1991, 179~180쪽 ; *FRUS 1947*, vol. VI, p.875.

9 차상철, 위의 책, 165~173쪽 참조.

국을 위해 실시된 1948년 5월 10일의 제헌의회 의원선거(5 · 10선거)의 선거법이 친일파들의 피선거권은 물론 선거권까지 박탈한 사실에서 분명하게 드러난다. 제헌의회 의원선거법의 친일파 관련 조항은 다음과 같다.

> 제2조 좌의 각 항에 해당하는 자는 선거권이 없음. …… ④ 일본정부로부터 작위를 받은 자, ⑤ 일본제국의회의 의원이 되었던 자.
>
> 제3조 좌의 각 항에 해당하는 자는 피선거권이 없음. ① 본법 제2조에 의해 선거권이 없는 자, …… ③ 일제시대에 판임관 이상의 경찰관 및 헌병, 헌병보 또는 고등경찰 직에 있던 자 및 그 밀정행위를 한 자, ④ 일제시대에 중추원의 부의장 고문 또는 참의가 되었던 자, ⑤ 일제시대에 부府 또는 도道의 자문 혹은 결의기관의 의원이 되었던 자, ⑥ 일제시대에 고등관으로서 3등급 이상의 지위에 있던 자 또는 훈勳 7등 이상을 받은 자(단 기술관 및 교육자는 제외함).[10]

대한민국 건국 주도세력이 친일파 민족반역자들이라면 친일파들을 자기들의 지도자 또는 동지로 우대했어야 옳다. 친일파들의 피선거권은 물론이고 선거권마저 박탈하는 이런 선거법을 만들었다는 것은 대한민국 건국 주도세력이 친일 민족반역자들이 아니라는 사실을 확인해준다. 대한민국 건국 주도세력 가운데 일부 친일경력을 가진 인사들이 있었던 것은 사실이지만, 그들은 건국 주도세력의 극히 적은 부분에 불과하며, 그나마도 악질 친일분자들이 아니었던 것이다.

대한민국 건국과 동시에 미군정이 완전히 종료되었다는 점은 대한민국 정부 수립이 선포된 다음 날인 1948년 8월 16일부터 9월 11일까지 꽤 긴 시일에 걸쳐 대한민국 정부와 주한미군 민사처(미군정청이 해체됨에 따라 그 업무를

10 군정청 관보에 게재된 남조선과도정부(미군정)법령 제175호(1948년 3월 17일자). 이 자료는 『미군정청관보』 vol.4(복사판), 원주문화사, 1991, 190~205쪽(영문)과 206~214쪽(국문)에 수록되어 있다.

일시적으로 대행한 조직) 간에 행정권 이양에 관련된 업무가 진행되었다는 사실에 의해 분명하게 확인된다. 대한민국 정부가 수립되었는데도 미군정이 형식적으로만 종료되고 실질적으로 지속되었다면 그와 같은 복잡한 행정권 이양작업을 수행할 필요가 없었을 것이다.

둘째, 대한민국 건국은 한국인의 뜻에 반하여 미국이 강압적으로 이룬 것이 아니라, 민중의 참여 속에 이루어졌으며, 미군은 군정기간에 10만 명이나 되는 한국인을 학살하지 않았다.

대한민국 건국운동이 한국인의 뜻에 반하여 이루어진 것이 아니라는 점은 이것을 주도한 이승만이 해방 3년 동안 줄곧 남한 민중에게 최고의 지지를 받은 지도자였다는 사실과, 5 · 10선거의 높은 유권자 참여율(등록률 및 투표율)로써 확인할 수 있다.

미국은 대한민국 건국을 남한 민중에게 강압한 일이 없다. 남한 민중의 다수가 대한민국 건국에 반대했다면 미국이 남한 민중을 강압했겠지만, 남한 민중의 다수가 대한민국 건국을 지지했기 때문에 미국이 굳이 그들을 강압할 필요가 없었다. 게다가 미국은 전술한 바와 같이 오히려 대한민국 건국을 방해한 적이 많다. 군정기간 중 미국이 대한민국 건국을 지원했던 시기보다는 대한민국 건국을 저지하는 시기가 더 길었다.

대한민국 건국을 위해 실시된 5 · 10선거에서 선거인으로 등록한 인원은 783만 7,504명이고, 그중 703만 6,750명이 투표에 참가했다. 이 투표 참가자 수는 남한 거주 유권자 총수(만 21세 이상 인구)의 75퍼센트에 해당한다.[11] 좌익과 기타 남북협상파들의 격렬하고도 집요한 선거 저지투쟁이 있었음에도 법정 유권자의 75퍼센트가 대한민국 건국을 위한 선거에 참여했다는 사

11 국제신문사 출판부 옮김, 『유엔조선위원단보고서』, 국제신문사 출판부, 1949, 166 · 172쪽.

실은 대한민국의 건국이 민중의 참여 없이 이루어진 것이라는 주장이 잘못되었음을 입증해준다. 5 · 10선거를 비판하는 사람들은 높은 유권자 참여율이 강압에 의해 이루어진 것이라고 주장한다. 그러나 그러한 주장은 당시 선거를 감시했던 유엔조선위원단이 "선거 준비기간과 선거 실시 당일에 있어서 남조선에는 언론 · 출판 · 집회의 자유 등 민주주의적 제 권리가 인정 및 존중된 상당히 자유로운 분위기가 존재했다"[12]라고 평가한 사실 앞에 타당성을 상실한다.

미군정 기간에 발생한 인명피해는 좌익세력의 폭동기간에 발생했으며, 그 숫자는 아무리 과장해도 2만 명을 넘지 않을 것이다. 인명피해 가운데는 좌익에 의해 타살된 우익인사와 경찰 및 양민들도 많다. 군정기간 중 미군은 한국인들 간의 일에 가능한 한 개입하지 않으려 했으므로 이 기간에 미군이 한국인을 학살했다는 주장은 이치에 맞지 않는다. 한국인을 학살하려면 한국인들의 일에 그들이 더 많이 개입했어야 한다.

일본의 한국인에 대한 학살을 막기 위해 미국이 한국인을 일본의 지배로부터 해방해주었다는 사실은 군정기간에 미군이 한국인을 대량학살했다는 주장의 타당성을 더욱 확실하게 영零으로 만든다. 미국이 한국인들을 학살하고 싶었다면 일본인들이 한국인들을 학살하도록 방치해두기만 하면 될 것인데, 애써서 일본인들의 한국인 학살을 저지하고 자기들이 한국인을 학살할 필요가 있었겠는가? 따라서 '미국 놈들이 일본 놈들보다 더 악독하게 학살해댔다'는 것은 터무니없는 거짓말이다.

셋째, 대한민국 건국을 위해 실시되었던 5 · 10선거는 '때 묻은 걸레들'만 입후보한 가운데 관권이 개입하여 실시된 부정선거가 결코 아니었으며, 향보

12 국제신문사 출판부 옮김, 앞의 책, 180쪽.

단은 이승만이 조직하지도 않았고 한민당을 위한 선거운동도 하지 않았다. 그리고 유엔한국(조선)위원단이 5 · 10선거를 부정선거로 규정하는 보고서를 유엔에 제출한 일도 없다.

5 · 10선거에는 좌익과 남북협상파들이 참여하지 않았지만, 그 선거에 입후보한 정치인들이 '때 묻은 걸레들'만이었던 것은 결코 아니다. 이러한 주장은 좌익과 남북협상파들만을 좋은 사람들로 볼 때에만 가능한, 이데올로기적으로 편향된 것이다. 5 · 10선거에 입후보한 우익진영과 무소속 정치인들 가운데는 지사적 풍모를 지닌 훌륭한 정치인들도 매우 많았다. 가령 5 · 10선거에서 보성군에서 한민당 후보로 국회의원에 당선된 이정래도 해방 전에는 일제시대 일본의 2대 명문대학 가운데 하나인 교토제국대학 경제학과를 졸업한 수재임에도, 일제에 협조하는 것을 피하기 위해 총독부나 기업체에 취직하지 않고 서울에서 서점을 운영하며 민족주의적 지식인들과 어울렸으며, 건국 후에는 자유당 독재에 끝까지 저항했던 지사적 정치인이었다.

5 · 10선거가 관권이 개입한 부정선거가 아니었다는 사실은 선거를 감시했던 유엔조선위원단의 보고에서 확인된다. 유엔위원단의 보고서는 행정 당국자나 선거 관계당국자 및 경찰이 선거에 영향을 미칠 만한 규모로 개입한 사실이 없었다고 보고했다.[13]

향보단은 이승만이 선거를 자기에게 유리하게 치르기 위해 만든 조직이 아니다. 향보단은 좌익들의 폭력적 선거 저지투쟁으로부터 선거업무를 보호하기 위해 각 지역의 행정단위별로 조직된 지역주민들의 한시적인 향토방위조직이었다. 당시 선거 저지를 위한 좌익의 살인, 방화, 시설 파괴 등 폭력과 무장공격이 극심하여 경찰력만으로는 그들의 공격으로부터 선거관련 업무와

---

13 국제신문사출판부 옮김, 앞의 책, 173~174쪽.

시설을 보호할 수 없어서 선거보호를 위한 민간의 보조역량이 절실히 필요했고, 그러한 필요를 충족시키기 위해 향보단이 조직된 것이다. 향보단은 이승만이 조직한 것이 아니라 미군정 경찰이 각 지역의 주민들과 협조하여 만든 조직이다.[14] 또한 향보단은 선거보호 활동만 했을 뿐 한민당이나 기타 특정 당파 후보를 위한 선거운동은 하지 않았다. 향보단이 특정 후보를 위한 선거운동을 하지 않았다는 사실은 선거를 감시했던 유엔위원단의 보고서에서 확인된다. 보고서의 관련 내용은 다음과 같다.

> 청년단체들은 대부분이 극우에 속하고 있었는데 이들 청년단체는 선거 실시 과정에 있어서 실제적인 간섭을 삼가고 있는 것으로 보였다. 그들은 투표소 또는 투표자 보호 심지어 입후보자 보호까지 당국을 원조함에 주력하였다. 이들 청년단체의 다수 회원들은 선거 실시하의 사회질서를 유지함에 있어서 경찰을 원조할 목적으로 창설된 향보단에 지원 가입하였거니와 이 향보단에서는 완력 사용이 일절 금지되었으며 경찰의 감독하에 놓여 있었다. 이리하여 이들 청년단체는 그들의 활동을 담당한 위원단 관계당국자의 경고도 이미 있었던 관계로 현명하게도 불법적인 간섭을 삼갔던 바 폭력행사는 극좌분자의 독점이 되어버리는 형편이었다.[15]

이러한 보고서의 내용으로 미뤄볼 때 향보단원이 설혹 특정 후보를 위한 선거운동을 했다 하더라도 『태백산맥』에 서술되어 있는 바와 같이 집단적으로 몰려다니며 실성한 놈들처럼 장타령 곡조에 맞추어 특정 후보 지지를 외치고 다닐 수는 없었을 것이 분명하다. 게다가 당시 선거에서는 같은 우익진영에서도 여러 정파의 후보가 난립하여 경쟁하고 있었기 때문에 향보단이 한민당 후보만을 위해 선거운동을 할 수는 없었다.

14 미군정청 경무부장이었던 조병옥은 자기가 향보단을 창안하여 조직했다고 밝혔다(조병옥, 『나의 회고록』, 해동, 1986, 187~188쪽 · 193쪽).

15 위의 책, 174~175쪽.

끝으로, 유엔조선위원단(조정래는 유엔한국위원회로 잘못 기록했다)은 5 · 10 선거에 대해 부정적인 보고서를 유엔에 보낸 일이 없다. 앞서 단편적으로 소개한 바와 같이 유엔조선위원단이 유엔에 보낸 보고서는 『태백산맥』의 서술 내용과는 정반대로 매우 긍정적인 것이었다. 유엔위원단의 5 · 10선거 관련 보고서의 최종결론은 다음과 같다.

> 위원단은 (5 · 10선거에 대해) 다음과 같은 견해를 얻었다. (A) 선거 준비 기간과 선거 실시 당일에 있어서 남조선에는 언론 · 출판 · 집회의 자유 등의 민주주의적 제 권리가 인정 및 존중된 상당히 자유로운 분위기가 존재하였었다. (B) 재조선 미주둔군 및 남조선과도정부는 선거수속에 관한 위원단의 건의에 응하였으며, 선거실시는 일반적으로 선거법 및 선거규정에 부합되었다. (C) 선거는 조선독립재건에의 일단계로 간주되고 있었는데 이것이야말로 선거인들 앞에 제시된 유일한, 본질적인 문제였으며 등록과 투표의 양면에 있어서 우수한 성적을 얻게 된 원인이었다. (D) 선거감시반의 보고서도 고려하고 또 조선국민의 전통적 역사적 배경을 고려한다면 1948년 5월 10일 선거투표의 결과는 조선의 (선거가) 가능한 부분이며 조선인구의 약 3분의 2를 차지하고 있는 지역에 있어서의 선거인의 유효한 자유의사의 표현이며 그들의 자유의사를 정확히 표시한 것이다.[16]

4. 대한민국 경찰과 군에 관한 『태백산맥』의 서술내용

『태백산맥』은 미국이 남한에서 공산주의세력을 전멸시키고자 일제시대의 한국인 경찰들을 애써 찾아내어 재임용했으며, 재임용된 친일파 경찰들은 남의 집을 강탈하고 국민들을 '빨갱이로 몰아치는' 일이나 하는 사람들이었다고 서술했다. 그에 관한 이 소설의 서술내용을 인용하면 다음과 같다.

---

16 조병옥, 앞의 책, 180~181쪽.

남한에서 공산주의세력을 완전히 제거하고자 했던 미군정은 그 일을 효과적으로 수행할 수 있는 조직된 세력을 필요로 했다. 그것이 일제시대의 경찰조직과 그때에 경찰관이나 끄나풀 노릇을 했던 집단이었다(4권, 158쪽).

순천을 점령한 미군이 제일 먼저 시작한 일은 일정시대 경찰 근무자들을 찾아내는 것이었다. 자신들이 저지른 죄를 미리 알아 어딘가로 도망을 간 그들을 (그들을 다시 채용하기 위해서) 찾아내려고 미군들은 소란을 피워댔다. 삐라를 뿌리고, 다른 지방으로 피한 사람을 지프차로 실어 오고, 산속에 숨어 있는 사람을 찾으려고 미군들이 산으로 들어갔다(1권, 228쪽).

재생을 얻은 경찰들은 일본 경찰이 식민통치를 위해 자행했던 짓들을 그대로 답습하면서, 미군정이 원하는 공산주의 척결의 선봉장이 되었던 것이다(4권, 159쪽).

그(민 순경)는 경찰노릇을 하게 되자마자 남의 집을 뺏는 일을 저질렀다. …… 민 순경이 그 집(변 서방의 집)을 탐내 변 서방한테 엉뚱한 죄를 뒤집어씌워 빼앗은 것이다. 그 엉뚱한 죄라는 것이, 미군정을 욕하고 다녔다는 것이었다(3권, 66쪽).

지금 남아 있는 것들을 절대 믿어서는 안 되오. 그것들이 모두 빨갱이 물을 배가 터지게 먹은 것들이니까. 그 물을 빼자면 그것들을 빨갱이로 몰아치는 방법이 젤이오(7권, 274쪽).

『태백산맥』은 여순반란 진압작전에 미군이 참여했고, 순천과 여수에서 반란군은 무고한 시민들의 희생을 줄이려고 노력한 데 반해 미군의 지휘를 받은 진압군은 시민들의 생명을 경시하여 무차별 폭격과 함포사격을 가했다고 서술했다. 그에 관한 이 소설의 서술내용을 인용하면 다음과 같다.

미군정의 무력은 변함없이 신속성과 잔인성을 그대로 유지하고 있었다. 아니, 이번 사건(여순반란사건)에서 그 신속성과 잔인성은 더 확대 팽창되었다. …… 이

번 사건은 시기적으로도 그렇지만 세력에 있어서도 무장한 군대의 항거였기 때문에 그 전의 사건들과는 성격이 다르다는 것을 그들이 모를 리 없었다. 그 반증이 신속한 대응이었고, 막강한 무력의 동원이었으며, 잔인한 색출 처단이었다. …… 그것(여순반란)에 대응한 미군들의 기동성과 무력행사도 또한 놀랄 만한 것이었다. 비행기로 순천에 무차별 폭격을 가하고, 함대로 여수에 무작정 함포사격을 퍼부어대면서, 가까운 지역들의 군경을 투입시킨 입체공격은 전에 볼 수 없었던 완전한 전쟁 수행이었다(3권, 33쪽).

적의 반격은 의외로 신속했다. 23일 아침부터 (순천의) 중심가를 향해 무차별 비행기 폭격을 감행하는 것으로 반격을 개시했다. 지상군에 앞서 비행기 폭격이 감행되고 있는 것은 미군의 본격적인 출동을 의미했다. 무고한 읍민들의 희생을 줄이기 위해서는 읍내 전투를 피해 병력을 외곽으로 분산시키자는 (반란군의) 결정이 내려졌다. 병력 분산은 신속하게 이루어졌고, 적들은 아무런 저항을 받지 않고 순천 읍내로 진입했다. (반란군은) 이틀 동안 적을 외곽으로 유인해내기 위한 전투를 벌이는 동시에 여수 쪽의 상황변화에 대처하고 있었다. 여수 앞바다에는 미군함정이 떠서, 읍내 중심가를 향해 또한 무차별 포격을 가하고 있었다. (반란군은) 여수에서도 같은 결정('무고한 읍민들의 희생을 줄이기 위해서 읍내 전투를 피해 병력을 외곽으로 분산시키자'는 결정)을 내릴 수밖에 없었다(1권, 114~115쪽).

『태백산맥』은 대한민국의 군인과 경찰이 여순반란사건을 진압한 후 순천, 여수, 벌교에서 잔인한 방법으로 양민들을 대량학살했다고 서술했다. 그에 관한 이 소설의 서술내용을 인용하면 다음과 같다.

"엊저녁에 한바탕 콩을 볶았응께, 고런 식으로 가먼 사나흘이면 읍내 뿌리는 뽑을 것잉마요." "콩을 볶다니?" "빨갱이 총살도 몰르요?" (1권, 174쪽)

험한 소문이 거짓말은 아니었을 것이다. 여자들은 대개 풀려나는 눈치였지만 남자들은 그렇지가 못했다. 복도 끝 교실에서는 남자들의 숨넘어가는 비명이 밤낮없이 들려왔고, 하룻밤이 지나고 나면 그 수가 표 나게 줄어들고는 했었다. 웅크려 박고 앉아 있는 여자들은 서로 말은 하지 않았지만 그 남자들이 살아서 돌아갔다고 생각하는 것 같지는 않았다(1권, 268쪽).

순천이 진압된 직후 며칠에 걸쳐 경찰·군인·서북청년단·피해자가족·반장들까지 동원되어 좌익합동색출에 나섰고, 읍민들 중 오만여 명이 동네 단위로 북국민학교 운동장에 끌려 나와 심사를 받는 수난을 겪었는데, 손가락질 하나로 무수한 사람들이 즉결처분을 당하는 수라장이었다(5권, 152쪽).

여수읍민들이고 순천읍민들이고, 표 나는 우익들을 빼놓고는 모두가 동네별로 학교운동장에 끌려 나가 심사를 받는다고 했다. …… 간단한 조사마저 필요 없는 확실한 좌익으로 지목된 사람들은 수많은 사람들이 지켜보는 가운데 몽둥이로 때려죽이거나 대창으로 난자해서 죽였다. 조사를 거쳐 좌익 혐의를 받은 사람들은 삼사십 명씩 차에 실려 가까운 산골짜기나 해변으로 끌려 나가 무더기로 총살당해 죽었다. 순천에서 죽어간 사람들도 수없이 많았지만 특히 여수에서 죽어간 사람들은 그 수를 알 수가 없을 지경이라고 했다(2권, 126쪽).

목을 무참하게 자르는 처형은 반란 당시에 백두산 호랑이 김종원 대대장이 일본도를 휘둘러 시범을 보인 다음부터 예사가 되었다. 목만을 친 것이 아니라 다시 그 목을 모아 가마니에 넣고 다니며 동네마다 전시를 하는 것이 유행이었다. 썩어가는 흉한 두상들을 가마니에서 쏟아내 벽돌장이나 판자 위에 즐비하니 늘어놓고 사람들을 일삼아 끌어 모아 구경을 시켰다(5권, 53쪽).

『태백산맥』에 따르면, 대한민국의 군인과 경찰이 여순반란사건 직후 제주도에서 잔인한 방법으로 무고한 양민들을 대규모로 학살하였고, 6·25전쟁 발발 후 보성(율어면 제외)과 순천 일대에서 보도연맹원들을 잔인한 방법으로 집단학살했다는 것이다. 그에 관한 이 소설의 서술내용을 인용하면 다음과 같다.

제주도에서는 그런 일(한 마을 사람들을 몰살시키고, 집들을 불질러버리는 짓)이 예사로 저질러지는 모양이었고, 빨치산을 잡아다가 나무에 묶어놓고 마을사람들에게 대창으로 찔러 죽이게 한다는 것이었다. 그 명령에 반항하는 사람은 물론이고, 대창으로 찌르지 못한 사람까지 처단해버린다고 했다(5권, 53쪽).

"제주도 일언 어처크롬 되야가고 있는 심판이까?" "싸우자고 나슨 사람덜만 쥑이는 것이 아니라 아그덜이고 여자고 노인네고, 양민덜얼 닥치는 대로 떼몰이럴 혀서 죽이고, 동네도 지멋대로 불질러댄다는 소문이 끝도 욊이 퍼져오고 있는디." "고것도 필시 그짓말이 아닐 것이여. 순사덜이 즈그덜찌리 허는 소리도 그렁께로." (4권, 59～60쪽)

보도연맹원 소집은 해가 지기 전에 완료되었다. 그들은 경찰서를 거쳐 동척 쌀창고에 갇혔다. …… 열 명씩 묶인 여덟 줄의 사람들은 둘로 나뉘어 세워졌다. 그리고 발 밑만 비추는 전짓불빛을 따라 어둠 속을 걷기 시작했다. 총을 멘 사람들이 그들을 에워싸고 있었다. …… 열 명이 뒤돌려 한 줄로 세워졌다. 그들의 윗몸을 여러 개의 전짓불빛들이 일제히 비추었다. 「발사!」 총소리가 서로 뒤엉키며 어둠을 깨고 찢었고, 손들을 뒤로 묶인 사람들은 순식간에 불빛 밖으로 사라졌다. …… 예비검속은 보성군 각 읍면 단위로 비슷비슷한 시간에 실시되었다. 그러나 한 군데, 율어면에서만은 아무런 총성이 울리지 않았다. 이튿날 마을마다 통곡이 물굽이를 이루며 퍼져나갔다(6권, 310～318쪽).

웃대가리덜이야 권력 잡겄다고 못된 일 억지로 시킨다 허드락도 현지에서 일허는 사람덜이 정신 채리고 허먼 그리 기가 차게 쌩사람덜 죽이지는 안 혔을 것 아니겄소? 보도연맹 가입자들 중에 누가 진짜배기 빨갱인지 아닌지는 현지 경찰이 질로 잘 아는 일 아니겄소? 빨갱이 아닌지 뻔허게 암시로도 우에서 죽이라고 헌께 쌩사람덜 그리 무작시럽게 죽여라?(8권, 86쪽)

예비검속 소식 들으시었소? …… 그때 순천을 떠나오지 않았더라면 우리가 영영 이리 만나지 못할 뻔했지요. 소식을 듣자니까 순천에서는 아이들까지 다 죽였다고 하더군요(7권, 76쪽).

5. 대한민국 경찰과 군에 관한 『태백산맥』 서술내용의 반사실성

위에 소개한 대한민국 경찰과 군에 관한 『태백산맥』의 서술내용은 실제상황과 일치하지 않은 것들이다.

첫째, 미군정이 일제시대 한인경찰들을 재임용한 것은 공산주의세력을 전멸시키려는 목적에서가 아니라 남한의 사회질서를 유지하기 위해서였다.

미군정은 남한에서 공산주의세력의 '완전 제거'를 기도하지 않았으며, 오히려 공산주의자들의 정치활동 자유를 보장했다. 이러한 사실은 미군정이 지침으로 삼았던 미국정부의 군정 실시에 관한 기본훈령에 들어 있는 다음과 같은 내용에서 명확하게 확인할 수 있다.

> △ 행정 · 사법 · 경찰 등 정부기관이나 기타 공공기관 및 사기업 등에서 특별한 경우를 제외하고는 일본인이나 친일파를 제거하고, 한국의 정치 · 경제 · 사회생활에서 일본통치 잔재를 점진적으로 제거할 것. △ 일본이 남겨놓은 기존 행정기관과 법률들을 활용하되 정치적 · 시민적 자유를 제한하는 법과 규칙은 철폐할 것. △ 통신과 언론 등은 군정의 목표 달성에 필요한 최소한의 통제와 검열만 실시하고, 모든 정당과 단체들을 통제할 것. △ 신교 · 사상 · 언론 · 출판 · 집회의 자유는 군정의 목표 달성이 방해받지 않는 범위 내에서 보장할 것.[17]

미군정은 이러한 훈령에 따라 남한의 모든 정치세력의 정치활동 자유를 보장했다. 미군정은 심지어는 합법적으로 진행되는 좌익의 집회에 간부를 파견하여 연설하게 하고 그 집회에 대한 우익의 공격을 방지하기 위해 헌병을 파견하여 보호하기까지 했다.[18] 미군정하에서 공산당은 당사도 가지고 있었

17 *FRUS 1945*, vol. VI, pp.1073~1082.

18 1945년 11월 20~22일 서울에서 좌익세력이 인공의 제1차 전국인민위원회 대표자대회를

고 기관지도 발행했다. 미군정은 공산주의자들이 법령을 위반할 때에만 그들을 체포했다. 물론 법령을 위반할 경우에는 우익인사들도 체포했다.

미군정이 사임한 일제시대의 한인경찰들을 재임용하기 위해 산속까지 찾아다니는 등의 소란을 피웠다는 것은 허무맹랑한 거짓말이다.

미군정이 재임용한 경찰들이 무고한 양민에게 '미군정을 욕했다'는 죄를 뒤집어씌워서 집을 강탈했다거나, 6·25전쟁 시기 수복지구에서 국민들을 모두 '빨갱이로 몰아치는' 태도를 취했다는 것은 성립할 수 없는 거짓말이다. 미군정기에는 언론의 자유가 보장되어 있어서 미군정을 욕하는 것이 죄가 되지 않았다. 미군정기에 발행된 남한의 언론매체들에 미군정을 욕하는 기사들이 매우 많은 것을 보면 쉽게 이해할 수 있다. 또 6·25전쟁 시기 수복지구에 들어온 경찰이 공산군 협조자들을 색출하려고 노력한 것은 사실이지만 그 지역의 모든 국민들을 '빨갱이로 몰아치는' 일은 없었다. 공산군 치하에서 공포에 떨던 압도적 다수의 국민들은 경찰을 반가워했다.

둘째, 여순지역 반란진압에 미군은 참여하지 않았으며, 진압군이 순천과 여수에서 무차별 공중폭격이나 함포사격을 가한 일이 없다.

여순반란을 진압하기 위한 군수뇌부 작전회의에 미군장교들이 참여하고, 현지에 출동한 진압부대에 미군장교가 파견된 것은 사실이다. 또한 미군 정찰기가 반란지역 상공을 비행하면서 정찰한 정보를 국군에 제공하고, 미군이 반란 진압군의 출발기지인 광주에 무기와 전투 지원물자를 수송해준 것도 사실이다. 그러나 진압전투 전개 과정에서 국군은 미군의 지휘를 받지 않았으며 미군병력이 진압전투에 직접 개입한 일도 없었다.

국군은 순천과 여수에서 반란을 진압할 때 공중폭격이나 함포사격을 가

개최했을 때, 미군정은 미군헌병을 대회장에 배치하여 우익행동대의 대회 공격을 방지했고, 군정장관 아널드Archibald V. Arnold를 회의에 파견하여 연설하게 했다.

하려고 해도 그럴 수 있는 능력이 없었다. 당시 한국군은 폭격을 가할 수 있는 폭격기나 함포사격을 가할 수 있는 대형 군함을 가지고 있지 못했기 때문이다.

여순지역 반란진압에 참여한 공군력은 연습기인 L-4기 10대였다. 이들은 육군의 진압전투를 지원하는 작전을 수행했으며, 지원작전의 내용은 작전기간 중의 긴급연락, 정찰, 지휘관 수송 등이었다. 비행부대는 또 조종사 뒷자리에 정비사를 태우고 정비사가 수류탄과 박격포탄을 공중에서 투하하게 했으나 폭도를 살상하는 효과는 거두지 못했다.[19] 여수 앞바다에서 반란진압에 참여한 해군함정은 총 7척이었다. 이 해군함정들은 모두 경비정 및 소해정으로 활동하는 소형 선박이었고 고정 설치된 함포가 없어서 37밀리미터 포 2문을 수시로 갑판에 장착하여 사용하였다. 여수 반란진압 전투에서 해상에서 가해진 포사격은 병력수송선인 LST선의 갑판에 임시로 설치된 2문의 박격포로 부두에 있는 반란군을 향해 발사한 포격이 전부였다.[20] 실정이 이러했는데, 무슨 무차별 공중폭격이나 함포사격이 있었겠는가?

한편 반란군이 무고한 시민들의 희생을 줄이기 위해 반란부대를 외곽으로 분산시켰다는 서술도 거짓말이다. 순천에서는 반란군이 국군에 맞서 시가전을 전개했고, 여수에서는 반도의 끝에 위치하는 지형적 특성 때문에 여수 시내에 있으면 몰살당하게 될 것이므로 반란군은 살아남기 위해 국군 진공 전에 인근의 광양 백운산으로 도망갔다. 이처럼 반란군이 살기 위해 도망간 것을 무고한 시민들의 희생을 줄이려고 병력을 외곽으로 분산시켰다고 말하는 것은 억지다.

셋째, 국군과 경찰은 반란진압 후 순천, 여수, 벌교에서 잔인한 방법으로

---

19 국방부 전사편찬위원회, 『한국전쟁사』 1, 국방부 전사편찬위원회, 1967, 608~609쪽.
20 위의 책, 469~470 · 568 · 581쪽.

양민을 대량학살하지 않았으며, 반도들의 목을 잘라서 가마니에 넣고 동네마다 돌아다니며 전시한 일도 없었다.

『한국전쟁사』는 순천과 여수에서 반란진압 후 "반도들에 대한 처단이 상당 시일 계속되었으며, 혼란과 무질서 속에서 군경부대에 의해 양민들이 무고하게 희생당하기도" 했으며, "반도 처단 과정에서 제5연대 대대장 김종원 대위가 일본도를 가지고 참수斬首 처단했다" 고 확인해주고 있다.[21] 그러나 당시 '좌익으로 지목된 자들을 대중 앞에서 몽둥이로 때려죽이고 대창으로 찔러 죽이는' 일은 없었으며, 희생당한 무고한 양민이 '수를 알 수 없을 지경으로' 많았던 것은 아니다. 특히 벌교에서는 진압군이 벌교에 진입하기 전에 이미 좌익반란분자들이 도망갔기 때문에, 진압군이 벌교를 탈환한 직후 '콩 볶듯이' 많은 총알을 쏘아대며 즉결처분한다거나 '하룻밤이 지나고 나면 그 수가 표 나게 줄어들' 정도로 죽여야 할 많은 처형 대상자들이 없었다. 순천이나 여수에서 김종원이 한 것처럼 '목을 치는 것이 예사'가 되지도 않았고, 더구나 목을 모아서 가마니에 넣고 다니며 동네마다 전시하는 일은 유행이 되기는커녕, 단 한 번도 없었다.[22]

넷째, 여순반란사건 직후 제주도에서 진압군이 '빨치산을 잡아다가 나무에 묶어놓고 마을 사람들에게 대창으로 찔러 죽이라고 명령한 후, 그 명령에 반항하는 사람들은 물론이고 대창으로 찌르지 못한 사람까지 처단해버린'

21 국방부 전사편찬위원회, 앞의 책, 471쪽.

22 필자는 1945년생이고, 필자의 고향은 여수와 순천의 중간에 위치한 승주군 해룡면이다. 필자는 여순사건 때는 나이가 어려서 당시의 상황을 목격한 것이 거의 없고 기억하는 것도 없지만, 고향에서 성장하면서 여순사건에 관한 많은 이야기를 들었다. 그러나 "목을 모아서 가마니에 넣고 다니며 동네마다 전시를 했다" 라는 말은 전혀 들은 바가 없다. 필자는 이 글을 쓰면서 반란사건을 생생하게 목격하고 기억하는 여순지역의 나이 많은 친지들에게 그런 일이 있었는지를 물어봤지만, 모두 하나같이 "그런 일을 보지 못했고 듣지도 못했다" 며 어처구니없어 했다. 필자는 또 이 글을 쓰기 위해 여순사건에 관한 자료들을 많이 보았지만 이 엽기적인 사건을 기록한 자료는 하나도 없었다.

일은 없었으며, 6 · 25전쟁 발발 후 벌교를 비롯한 보성군 전역(율어면 제외)과 순천 일대에서는 보도연맹원 집단학살사건이 발생하지 않았다.

필자는 이 글을 쓰면서 제주4 · 3사건 진상규명 및 희생자명예회복위원회(위원장 고건 국무총리)가 2003년에 발행한 『제주4 · 3사건 진상보고서』를 비롯하여 제주4 · 3사건을 다룬 많은 자료들을 읽어보았다. 그러나 국내에서 발행된 자료 중 어느 것에서도 그와 같이 잔인한 방법으로 무고한 시민을 학살했다는 서술을 보지 못했다. 다만 재일조총련계 공산주의자로 추측되는 김봉현과 김민주가 저술한 『제주도인민들의 4 · 3무장투쟁사—자료집』[23]에서 그와 비슷한 내용의 서술을 발견했을 뿐이다. 물론 이 자료는 북한의 입장에서 대한민국에 대한 악선전을 하기 위해 작성된 것이기 때문에 신뢰할 것이 못 된다.

벌교를 비롯한 보성군 전역과 순천 일대에서 보도연맹원 집단학살사건이 발생하지 않았다는 점은, 한국전쟁전후 민간인학살 진상규명 범국민위원회가 엮은 『한국전쟁전후 민간인학살실태보고서』(한울, 2005)에 6 · 25전쟁 발발 후 이들 지역에서 발생한 보도연맹원 집단학살사건에 대해 아무것도 기록되어 있지 않은 데서 쉽게 확인할 수 있다. 그동안 소문으로 떠돌던 모든 민간인학살사건들을 집대성해놓은 이 자료집의 「광주 · 전라남도」 부분(401~519쪽)을 보면 보성군지역에서 보도연맹원 학살사건으로 수록된 것은 단 1건뿐이다. 그것은 1950년 7월 22일 보성군 미력면 도개리 국도변에서 발생한 사건이다. 이 자료집에는 순천지역에서 6 · 25전쟁 발발 후에 발생한 보도연맹원 학살사건이 수록되어 있지 않다.

이런 점에 비추어볼 때, 벌교에서 보도연맹원들을 잔혹한 수법으로 집단학

23 이 책은 아라리 연구원 엮음, 『제주민중항쟁 II : 단행본 자료집』(소나무, 1988)에 수록되어 있다.

살했다거나, 율어면을 제외한 보성군 전역에서 보도연맹원들의 집단학살이 있었고 그 과정에 빨갱이가 아닌 사람들까지 죽였다거나, 순천에서 보도연맹원들을 학살하면서 어린애들까지 학살했다는『태백산맥』의 서술내용은 그야말로 '새빨간 거짓말'이라 하겠다.

6. 맺음말

이상에 소개한『태백산맥』의 대한민국에 대한 부정적 서술은 이 소설에서 서술된 그것의 일부에 불과하다. 지면제약 때문에 이 정도만 소개한 것이다. 다소 거칠게 표현하자면『태백산맥』은 대한민국과 관련된 모든 것을 부정적으로 서술했으며, 그러한 내용은 거의 모두가 실제와 부합하지 않거나 과장된 것이다. 이 소설은 또 대한민국 건국을 지원하고 북한공산군의 침공을 받아 사멸해가는 대한민국을 구원해준 미국에 대해서도 마치 악의 화신이라도 되는 것처럼 부정적으로 서술했다.

『태백산맥』은 대한민국과 미국에 대해 전면적인 부정적 서술을 한 데 반해, 대한민국에 반대하는 세력들에 대해서는 전부 다 극히 긍정적으로 서술했다. 물론 대한민국 반대세력들에 대한 긍정적 서술도 거의 모두가 실제와 부합하지 않는다. 그처럼 미화하여 서술된 대상에는 대한민국을 전복하기 위하여 반란을 일으킨 좌익세력과 좌익빨치산, 북한공산군과 중국군이 포함되며, 나아가서는 북한에서 전개된 공산주의 지향적 토지개혁과 반공세력 숙청 및 북한공산군이 남한을 점령한 후 실시한 정책까지도 포함된다.

작가 조정래는『태백산맥』을 확인 작업을 거친 '진실의 기록'이라고 반복해서 주장해놓고서는 대한민국의 모든 것에 대해 실제와 부합하지 않게 부정적으로 서술하고, 대한민국에 반대하는 모든 것에 대해서는 실제와 부합하지 않게 긍정적으로 서술했다. 『태백산맥』은 '진실의 기록'이 아니라 '허위의 기록'이라 해야 마땅할 것이다.

그러면 작가는 무슨 의도로 그러한 짓을 했을까? 『태백산맥』의 내용 중에는 작가 조정래의 의도를 짐작할 수 있게 해주는 대목들이 있다. 몇 가지 소개하면 다음과 같다.

> 백삼십여 만 명의 친일반민족세력으로 뭉쳐진 반인민적 반동정권을 쳐 없애기 위해서 인민들의 희생은 너무나 컸다. …… 그자들에게 미국이 없었으면 인민은 단 한 사람도 피 흘리지 않고 그자들을 모두 처단해 인민해방을 맞이했을 것이다(9권, 202쪽).

> 친일파 · 민족반역자들은 해방이 되자마자 틀림없이 처단되어야 했습니다. 그런데 그놈들은 다시 권력을 잡았고, 일정 때보다 더 높은 자리에서 떵떵거리며 인민을 탄압하고 착취하기 시작했습니다. …… 바로 그 탄압과 착취에서 인민 여러분들을 해방시키기 위하여 지금 해방전쟁이 수행되고 있습니다(7권, 105쪽).

> 반민족세력의 지배로부터 인민을 해방시킨다는 것, 그래서 이념적 통일을 이룬 민족을 형성해야 한다는 것은 저도 진작부터 인식하고 있는 점입니다(6권, 342쪽).

> 전쟁은 일단 터지면 그 누구에게도 방관을 용납하거나 중립을 허용하는 게 아니잖습니까? 어느 쪽으로든 입장을 분명하게 만드는 것이 전쟁의 속성이니까요. 그것이 서로의 이익을 앞세운 국가 간의 전쟁이 아니고 사회개혁의 혁명성을 가진 민족세력과 반민족세력 간의 전쟁일 때 소위 지식인이란 사람들은 어떤 입장에 서야 하겠습니까?(9권 217쪽)

위의 인용문들에서 말하는 전쟁은 바로 6 · 25전쟁을 말한다. 『태백산맥』의 작가 조정래는 한 좌담회에서 자신의 그러한 의도를 더욱 선명하게 알 수 있는 다음과 같은 말을 흘리기도 했다.

남진우 : 작가는 오늘의 지식인들이 역사현실에 대응하는 데 있어서 김범우적 변모를 해야 한다고 생각하거나 요구하시는 겁니까?

조정래 : 그렇습니다.

이용범 : 선생님이 작품을 써나가면서 작가의 입장이 아닌 개인의 입장으로서 소설 속의 주인공들 중에서 자신이 누구라고 생각했을 법도 한데요, 그런 인물이 혹시 없으십니까?

조정래 : 염상진, 농담이 지나쳤나요?[24]

위의 인용문에 등장하는 김범우는 『태백산맥』에서 김구의 노선을 추종하는 민족주의자였다가 6 · 25전쟁 발발 후 공산주의자로 변한 인물이고, 염상진은 해방 전부터 공산주의자로 활동했고, 여순반란사건 이후 벌교 · 보성지역 공산주의자들의 당 및 게릴라부대 지도자로 활동하면서 남한의 공산화를 위해 목숨 바쳐 싸운 투사이다.

참고문헌

조정래, 『태백산맥』 1~10, 해냄, 2006.

건국청년운동협의회, 『대한민국 건국청년운동사』, 건국청년운동협의회총본부, 1989.

국방부 전사편찬위원회, 『한국전쟁사』 1, 국방부 전사편찬위원회, 1967.

국제신문사 출판부 옮김, 『유엔조선위원단보고서』, 국제신문사 출판부, 1949.

김득중, 「여순사건과 제임스 하우스만」, 여수지역사회연구소(yosuicc.com) 여순사건자료실.

김삼웅, 『해방후 양민학살사』, 가람, 1996.

김점곤, 『한국전쟁과 노동당전략』, 박영사, 1983.

---

24 이창동 외, 앞의 글, 33~34쪽.

노영기, 「여순사건과 군」, 여수지역사회연구소(yosuicc.com) 여순사건자료실.
『미군정청관보』(복사판), vol.4, 원주문화사, 1991.
박명림, 『한국전쟁의 발발과 기원』 II, 나남출판, 2003.
아라리 연구원, 『제주민중항쟁』 I ~ III, 소나무, 1988.
양동안, 『대한민국건국사』(개정신판), 현음사, 2001.
이기봉, 『빨치산의 진실』, 다나, 1992.
이영일, 「여순사건의 진상과 민간인집단학살」, 여수지역사회연구소(yosuicc.com) 여순사건자료실.
이창동 외, 「좌담, 상처받은 시대 그 한과 불꽃의 문학」, 고은 외, 『문학과 역사와 인간 : 태백산맥의 소설적 성과와 통일문학의 전망』, 한길사, 1991.
전남일보 광주전남현대사 기획위원회, 『광주전남현대사』 1~2, 실천문학사, 1991.
제주4·3사건 진상규명 및 희생자명예회복위원회, 『제주4·3사건 진상조사보고서』, 선인, 2003.
조병옥, 『나의 회고록』, 해동, 1986.
차상철, 『해방직후 미국의 한반도정책』, 지식산업사, 1991.
최원식, 「역사적 진실과 문학적 진실－태백산맥』을 읽고」, 『창작과 비평』 58호(봄), 1987.
한국정신문화연구원 현대사연구소, 『여순사건(1948)에 관한 증언』(녹음테이프) 1~10, 1997.
한림대학교 아시아문화연구소, 『빨치산 자료집』 1~7, 한림대학교 아시아문화연구소, 1996 ; 『주한미군정보일지』 제6권, 한림대학교 아시아문화연구소, 1989.
한국전쟁전후 민간인학살 진상규명 범국민위원회 엮음, 『한국전쟁전후 민간인학살 실태보고서』, 한울, 2005.
홍영기 엮음, 『여순사건자료집』 1, 선인, 2001.
U.S. Department of State, *Foreign Relations of the United States 1945*, vol. VI · *1946*, vol.Ⅷ, Washington D.C.: U.S. Government Printing Office, 1969 · 1971.

황현

홍영기

1. 머리말
2. 재기발랄한 청년의 방황과 비분의 생애
3. '식자인' 으로서의 당대사 저술
4. 맺음말

1. 머리말

황현黃玹(1855~1910)은 한말의 시인이자 역사가로 잘 알려져 있다. 그가 태어나 활동했던 시기는 그야말로 격변기로, 조선의 성리학적 지배체제가 급속히 와해되는 상황이었다. 더욱이 제국주의 열강의 정치·경제적 침탈로 말미암아 조선은 그야말로 만신창이가 되고 있었다. 이때 황현은 시인이자 역사가의 자세로 일관하다가 자신의 신념과 지조를 지키기 위해 순절하였다. 황현에 대한 연구는 그의 명성만큼이나 비교적 활발하게 이루어졌는데,

洪英基 순천대학교 인문학부 사학전공 교수.
저서로 『전남동학농민혁명사』(공저, 전남대학교 출판부, 1996), 『광주·전남의 역사』(공저, 태학사, 2001), 『여순사건자료집』 I (편저, 도서출판 선인, 2001), 『石田 黃瑗 資料集』 I (편저, 순천대학교 박물관, 2002), 『대한제국기 호남의병 연구』(일조각, 2004), 『대한제국기 지방사람들』(공저, 어진이, 2006), 『개정판 한국근대사강의』(공저, 한울아카데미, 2007) 등이 있고, 주요 논문으로 「19세기 중엽이후 李最善家의 民族運動」(『大東文化硏究』 39, 2001), 「1910년대 전남지역의 항일비밀결사」(『전남사학』 19, 2002), 「蔡應彦 의병장의 생애와 활동」(『한국독립운동사연구』 26, 2006) 등이 있다.

역사학과 시문학 분야가 주류를 이루는 가운데 그의 활동과 사상에 대한 검토도 꾸준한 편이다.[1]

널리 알려진 것처럼 그는 상당한 저술을 남겼다. 특히 시는 일반적으로 알려진 1,000여 수보다 훨씬 많은 2,500여 수나 되어,[2] 국문학계에서는 그를 한말의 대표적인 시인으로 부른다. 역사학계에서는 그가 남긴 『매천야록梅泉野錄』과 동학농민혁명 관련 저술인 『오하기문梧下記聞』, 『동비기략東匪紀略』 등으로 인해 대표적인 역사가로 꼽고 있다.

황현의 저술은 그가 죽은 직후부터 간행되었다. 『매천집梅泉集』(7권 3책, 1911)과 『매천속집梅泉續集』(2권 1책, 1913)은 친구이자 역사가인 김택영이 중국에서 간행하였고, 국내에서는 그의 미간未刊 유고를 모은 『매천시집梅泉詩集』(2책, 1932)이 출간되었다. 가장 잘 알려진 『매천야록』은 일제강점기에 그의 집안에서 비장秘藏되어오다가 해방이 되어서야 빛을 보았다. 사학자인 신석호는 조선사편수회에서 근무할 때 『매천야록』을 조사한 바 있는데, 해방 후 국사편찬위원장을 맡게 되자 가장 먼저 한국사료총서 제1집으로 『매천야록』(1955)을 간행하였다. 이후 황현의 저작물들은 지금까지도 시시때때로 간행되거나 번역되고 있다.

이 글은 역사가로서의 황현을 살펴보기 위한 것이다. 따라서 시인 황현을 분석한 연구 성과는 거의 참고하지 않았음을 먼저 밝힌다. 하지만 논지를 전개하는 과정에서 필요하다면, 그의 시를 인용할 것이다. 먼저 황현의 생애를 살펴본 다음 그의 삶이 투영된 역사저술에 대해 알아보고자 한다. 그가 언제부터 역사서를 찬술하였는지, 『오하기문』이나 『매천야록』을 통해 말하고자

1 황현에 대한 최근까지의 연구성과는 김정환의 「梅泉詩派硏究」(전남대학교 대학원 박사학위논문, 2006)의 서론 1~3쪽을 참고.

2 위의 글, 12쪽.

하는 바가 무엇이었는지를 짚어보기 위함이다. 이러한 작업들은 그가 평생 지향했던 세계를 이해하는 데 도움이 되리라 믿는다.

2. 재기발랄한 청년의 방황과 비분의 생애

(1) 황현의 가계

황현의 본관은 장수長水, 자는 운경雲卿, 매천梅泉이라 자호하였다.[3] 먼 조상으로는 청백리로 유명한 황희黃喜 정승이 있고, 임진왜란 당시 진주성전투에서 순국한 진進은 그의 10대조이다. 그의 8대조 위暐는 병자호란 당시 남원에서 의병을 일으킨 것으로 유명하나, 이후 이렇다 할 관직에 오른 조상을 찾아보기 어렵다.

황현의 윗대 조상은 전북 남원에 거주해왔으나 대대로 가난을 면하지 못한 몰락 양반이었다. 그러던 중 조부 직樴(1795~1856)이 당시 양반가로서는 부끄러운 일이었지만 10여 년간 장사를 해서 상당한 재산을 축적하여 집안을 일으켰다.[4] 어느 정도 재산을 모은 황직은 가족들을 이끌고 남원에서 광양으로 이사하였다. 그는 큰아들이 먼저 세상을 뜬데다 비록 몰락 양반이었지만 향리에서 '장사치'라는 손가락질을 받는 게 민망했을 것이다. 그래서 다른 곳으로 이사하여 집안 분위기를 일신하고 싶었으리라 짐작된다. 이들이 광양으로 이주한 때는 1850년 전후로 추정된다. 그로부터 몇 년 뒤에 황현은 전라도 광양현(현재의 전라남도 광양시 봉강면 석사리 서석 마을)에서 아버지 시묵

---

3 황현의 가계와 활동을 알려주는 주된 전기 자료로는 김택영, 「(黃玹)本傳」; 박문호, 「梅泉黃公墓表」; 황원, 「先兄梅泉公事行零錄」; 김상국, 「梅泉先生墓誌銘」 등이 있는데, 이 글은 위의 자료를 참고하여 작성했으므로 굳이 각주를 달지 않을 것이다.

4 황현, 「王考手蹟跋」, 『황현전집』 상, 아세아문화사, 1978, 407쪽 ; 임형택, 「황매천의 시인의식과 시」, 『창작과 비평』 가을호, 1970, 776쪽.

時默과 어머니 풍천豊川 노씨盧氏 사이에 장남으로 태어났다.

황현의 조부는 자신이 배우지 못한 것을 가슴 아프게 생각하여 책을 사들이고 선생을 초빙하여 자식은 물론 인근의 가난한 재사才士들까지 함께 공부시켰다.[5] 하지만 장남이 일찍 세상을 떠나 실망이 컸던 것으로 보인다. 둘째 아들이었던 그의 부친 역시 자식에 대한 교육열이 대단하였다. 그는 1,000여 권의 서적을 구비하여 황현이 아무런 걱정 없이 학문에 정진할 수 있도록 배려하였다. 이처럼 조부와 부친 2대에 걸친 헌신적인 노력과 경제력에 힘입어 황현의 학문이 꽃필 수 있었다. 몰락 양반가의 집안을 일으키기 위한 집요한 노력을 엿볼 수 있다.

(2) 재승才勝의 '황초립'과 서울 나들이

황현은 어려서부터 총명한데다 공부에 몰두하느라 노는 것조차 잊어버릴 정도였다. 부친은 아들의 교육을 위해 여덟 살짜리 꼬마를 구례 천변 마을에 살던 형수兄嫂 왕씨에게 맡겼다.[6] 형수와 같은 마을에 살던 왕석보王錫輔(1816~1868)의 가르침을 받게 하려는 것이었다. 왕석보는 구례를 비롯한 인근 지역에서 문명을 떨치던 시인이었다.[7] 비슷한 시기에 전북 만경 출신의 해학海鶴 이기李沂(1848~1909)도 왕석보 문하에서 수학하였다. 이러한 인연으로 이기와 황현은 훗날 구례로 이사하였을 것이다. 시의 대가였던 왕석보는 어린 황현의 시재詩才를 칭찬해 마지않았다. 왕석보의 교육이 길지는 않았지만,

---

5 임형택, 앞의 글, 776쪽.

6 황현, 「祭伯母王孺人文」, 『황현전집』 상, 아세아문화사, 1978, 563쪽.

7 황현, 「川社詩稿序」, 『매천 황현과 매천집』, 순천대학교 박물관, 2006, 16~17쪽. 이 글에서 황현은, 호남지방이 절의뿐만 아니라 시향詩鄕으로 이름을 떨치게 된 것은 봉성현(구례현―필자주) 때문이며, 탄환彈丸만큼 조그마한 봉성현이 이름을 얻은 것은 왕석보가 있었기 때문이라 하였다. 아울러 그는 절의가 시를 배양하므로 호남이 곧 의향이자 시향이 분명한데, 특히 시향을 부활시킨 사람이 바로 자신의 스승 왕석보라는 점을 자랑스러워했다.

황현이 시인으로 대성할 수 있었던 중요한 배경 중 하나로 왕석보의 가르침을 들 수 있다. 이기와 황현이 훗날 크게 문명을 떨친 점만 보더라도 왕석보의 남다른 교수능력을 짐작할 수 있다.

황현은 15세를 전후하여 전라도 향시鄕試에 출입하였다. 당시 그가 작성한 답지는 뭇사람들의 아낌없는 찬사를 받았으며, 17세에는 순천에서 실시하는 백일장에 응시하여 이름은 날렸다. 이때부터 신동으로 이름난 그는 호남지역에서 '황초립黃草笠' 이란 애칭으로 불렸다.[8]

향시에 응시하는 한편 자신의 시재詩才를 닦는 것도 게을리 하지 않았던 황현은 스무 살에 근체시近體詩를 처음으로 익혀 약 110수를 완성하여 『원초잡화圓蕉襍畵』라는 시집으로 묶어 내었다.[9] 당시 지은 시 중에는 사회적 모순을 고발하고 농촌의 처참한 현실을 구체적으로 표현한 것이 적지 않다.

한편, 호남의 대유학자로 손꼽히던 노사蘆沙 기정진奇正鎭(1798~1879)을 방문하여 가르침을 구하기도 하였다. 황현은 기정진의 학문을 훗날 높이 평가[10]하였지만 도학道學의 비현실적 사상에 대해서는 동의하지 않았던 것 같다. 당시 기정진은 돌아가는 황현에게 "지극히 귀한 보배가 오매 잡아두기 어려워라. 한편 놀랍고 또한 근심스럽네. 쉬이 얻은 것은 잃기도 쉬운 법 바라건대 연잎 위의 이슬을 보게나" 라고 자신의 애틋한 심정을 담은 시를 지어주었다. 재주가 출중한 후학인 황현을 놓치고 싶지 않은 노학자의 심정이 잘 배어 있다.[11]

이와 같이 유려한 필치를 꽃피우던 20대 중반의 황현은 자신이 지은 시를 들고 서울로 올라갔다. 향리에서 문명을 날렸다고는 하나, 자신의 실력을 객

---

8 금장태 · 고광직, 『續儒學近百年』, 여강출판사, 1989, 259쪽.
9 기태완, 『黃梅泉詩硏究』, 보고사, 1999, 55쪽.
10 『매천야록』, 국사편찬위원회, 1955, 12 · 88~89쪽.
11 금장태 · 고광직, 위의 책, 261쪽.

관적으로 검증받고 싶었기 때문이다. 물론 출세를 열망하는 부모의 기대에 부응하기 위한 과거 준비도 상경 목적에 포함되었을 것이다.[12] 서울에 체류하는 동안 그는 당시 문장가로 유명한 영재寧齋 이건창李建昌(1852~1898)을 어렵사리 만나 시문을 보여주었다. 이를 계기로 의기투합한 이들은 시문을 주고받으며 함께 지내는 일이 많았다.

이건창과의 만남을 계기로 추금秋琴 강위姜瑋(1820~1884), 창강滄江 김택영金澤榮(1850~1927) 등으로 교유의 반경을 넓혀갔다.[13] 당시 연로했던 강위와의 만남은 오래 지속되지 못했으나 그를 애도하는 시를 4수나 지은 점으로 보아 그의 영향이 컸음을 알 수 있다.[14] 혜성처럼 서울에 나타난 황현은 연배가 비슷한 이건창, 김택영과 더불어 허물없이 지내며 서로의 재능을 발휘하자, 사람들은 이들을 '한말3재韓末三才'라 불렀으며, 박문호는 이들의 교유를 신교神交라고 평할 정도였다. 그런데 황현이 친하게 지낸 인물들의 당색을 살펴보면 대체로 소론이 많았으며 학문적으로는 양명학 계열이었다. 이로써 미루어보면 황현 역시 양명학의 학문적 성향을 선호하였을 가능성이 크다고 하겠다.[15]

(3) 실의 극복

황현은 서울을 왕래한 지 반십년半十年 만인 1883년(고종 20)에 자신에게 기대를 걸고 있는 부친의 뜻을 받들어 별시別試 보거과保擧科에 응시하였다. 그는 초시初試 초장初場에 1등으로 뽑혔으나, 시골의 한미한 출신임을 안 시관試官이 2등으로 낮추어버렸다. 부패가 극심한 과거 시험에는 높은 실력을

12 이이화, 「황현의 삶과 사상」, 『매천 황현의 역사의식과 문학』 발표요지, 1999, 8쪽.
13 임형택, 앞의 글, 777쪽.
14 황현, 「哭秋琴先生 四首」, 『황현전집』 상, 아세아문화사, 1978, 49~50쪽.
15 하우봉, 「황현의 역사인식에 대한 연구」, 『전북사학』 6, 1982, 118쪽.

갖추더라도 합격할 수 없다는 엄연한 현실을 확인한 황현은 청운의 꿈을 포기한 채 낙향하고 말았다. 부모의 기대는 물론 자신의 평생의 꿈도 무너져내린 것이다.

하지만 부친의 엄명으로 다시 서울에 올라가 성균관 생원시生員試에 응시하지 않을 수 없었다. 당시 정범조鄭範朝가 시관이었는데, 정범조는 친구인 정만조의 삼종형三從兄이었다. 이러한 인연이 작용했는지 황현은 생원시에서 1등으로 뽑혀 33세에 성균관 생원이 되었다. 그러나 그는 친구들의 만류를 뿌리치고 향리로 되돌아왔다. 그의 능력과 재주를 아끼던 서울의 친구들이 함께 일할 것을 종용하였지만, 황현은 "그대들은 어찌 나를 귀신나라의 미친 사람들 무리에 들어가게 해서 귀신이나 미치광이로 만들려고 하느냐" 며 단호히 거절하였다. 당시 조선의 위기가 심각하다고 판단하였던 황현은 그러한 위기가 구미열강과 일본의 침탈에서 비롯된 면도 있지만, 내부적인 요인이 더 크다고 인식하였다. 하지만 조선 정부는 위기를 해결할 만한 능력을 갖추기는커녕 세도가들의 매관매직과 관료들의 부정부패로 인해 내정개혁을 기대할 수 없는 상황이었다. 그래서 황현은 관계 진출을 포기한 것이다.

황현은 출세를 바라던 부모의 만류를 뿌리치고 동생 황원黃瑗(1870~1944) 일가를 포함한 식솔들을 이끌고 백운산 서북 쪽에 위치한 구례 만수동에 틀어박혔다. 이는, 신라 정부에 실망한 최치원이 가족을 데리고 가야산에 은거한 사실을 떠올리게 한다. 그래서인지 그는 「최치원이 피리를 불던 곳에서〔孤雲吹笛臺有感〕」라는 시를 남겼다. 구례에 틀어박힌 황현은 가족이 거처할 초옥草屋 몇 칸을 짓고 식수로 사용할 샘을 파는 한편, 언덕배기에 매화 몇 그루를 심었다. 이러한 황현의 행동에 대해 김택영은 "구례 백운산 중에 숨어서 매천거사라 자호하였다" 라고 쓰고 있다. 선비로서의 절의節義를 지키기 위해 매화를 심고, 맑고 깨끗한 석간수가 흐르는 샘을 매화샘〔梅泉〕이라 이름 짓고서 '매천거사'라 자임한 것이다.

몇 년이 지나 약간의 여유가 생기자 서재인 구안실苟安室과[16] 삿갓처럼 조그만 일립정一笠亭을 지었다. 그는 이곳에서 3,000여 권의 책 더미에 묻혀 독서와 시작詩作에 전념하는 한편 손수 농사를 지었다. 그가 자신의 시 「담배심기 노래〔種菸謠〕」에서 "나 역시 10년 동안 소작인 노릇하였거니 / 보리 갈 땐 보리 갈고 모 심을 땐 모 심었소 / 가을 곡식 익었어도 온갖 세금 떼이고 나면 / 집안은 여전히 텅텅 비니 풍년이 들어도 풍년이 아니었다오"라고 한 것과, 당시 매천은 거름 한 삼태기 장만하기와 시 한 수 짓기를 일과日課로 했다는 말이 전하는 점[17]만 보더라도 농사를 직접 지었음을 알 수 있다.

그런데 그가 왜 고향을 등지고 백운산 뒷자락의 구례 만수동으로 들어갔는지는 분명하지 않다. 아마도 세상과의 인연을 끊기 위해 은둔했을 것으로 짐작하는데, 구례에서는 스승 왕석보 문하에서 동문수학했던 친구들과 어울려 시를 지으며 소일할 수 있다는 점도 작용했을 것이다. 다시 말해 그는 구례의 벗들과 함께 시를 짓거나 독서를 하는 한편, 시골 아이들에게 글이나 가르치며 여생을 보낼 심산이었다. 그러나 마음을 다잡으려는 순간에도 액운이 그를 비켜가지 않았다. 부모님이 1892년과 그 다음 해에 각각 세상을 하직한 것이다. 1,000권의 장서를 구비하는 등 가산을 털어 자신을 공부시키다가 만년에 가난을 면하지 못한 부친의 죽음을 그는 매우 슬퍼하였다.[18] 이러한 우여곡절을 겪으면서도 그는 만수동 시절에 무려 1,160여 수를 지었을 정도로 시작詩作에 열중하였다.[19] 뒤에 언급하겠지만 역사서 역시 이곳에서 집중적으로 저술하였다. 구례 만수동에서 황현은 약 16년을 살았다.

---

16 『황현전집』 상, 아세아문화사, 1978, 72쪽.

17 임형택, 앞의 글, 793쪽의 각주 7 참조.

18 황현, 「先考學生府君行狀」, 『황현전집』 상, 아세아문화사, 1978, 477~481쪽.

19 김정환, 앞의 글, 12쪽.

만수동 시절을 흔히 은둔시절로 표현하지만, 반드시 그렇게만 볼 수는 없다. 오히려 이 시기에 황현은 문학적으로 더욱 원숙해지고 후진 교육에도 진력하였다.[20] 현실적이고 실용적인 학문을 지향하였던 황현은, 직접 농사를 지으면서 농촌의 상황과 농민이 처한 고달픈 현실을 직시하였다. 그는 "실학이 없으면 농민이 먼저 병들고, 백성의 일을 못 본 척하는 사대부가 어찌 사민四民의 으뜸이 되겠는가"[21]라고 하였다. 이러한 생각은 그의 시에 잘 반영되어 있다.[22] 황현은 음풍농월吟風弄月보다는 고금에 절의를 지킨 인물이나 역사적 사실들을 주로 시제詩題로 삼았다. 즉 시제에도 그의 치열한 현실인식이 반영되어 있는 것이다. 이처럼 만수동 시절은 황현이 실의를 이겨내며 저술에 전념하기 위한 의지를 되살린 시기였다.

(4) 인仁을 이루기 위한 순절

황현은 1902년에 친구인 이기 등의 권유로 백운산 골짜기 만수동에서 지리산에 가까운 광의면 월곡 마을로 이사하여,[23] 1910년 순절할 때까지 이 마을에서 살았다. 그의 두 번째 이사는 동학농민혁명 이후에도 혼미를 거듭하는 국가적 위기상황이 계기가 된 것으로 추측하는데, 아마도 세상의 변화에 좀더 능동적으로 대처하면서 자신의 역할을 찾으려는 의지의 표현이 아닐까 한다. 즉 그의 두 차례 이사에는 올곧은 지식인의 좌절과 방황, 그리고 시대정신이 반영되어 있다고 하겠다. 월곡 마을에 새로 만든 서재에는 성인당成仁堂 및 대월헌待月軒이라는 편액을 걸어두었는데, 사대부로서 인仁을 이루려

20 김상국, 「梅泉先生墓誌銘」; 최승효 엮음, 『國譯 黃梅泉 및 關聯人士 文墨萃編』 上, 미래문화사, 1985, 146쪽.

21 황현, 「重濬白雲渠記」; 최승효 엮음, 위의 책, 52쪽.

22 임형택, 앞의 글, 778~779쪽.

23 황수정, 「梅泉詩의 이해를 위한 傳記 硏究」, 『古詩歌硏究』 10, 2002, 281쪽.

는 의지와 자연을 벗 삼으려는 당시 그의 심경을 짐작케 한다.

그러나 1905년 말 을사조약이 늑결되었다는 소식에 황현은 망연자실하였다. 나라가 망해가는 슬픔을 달랠 길이 없던 그는 식음을 전폐하고 비분강개하였다. 당시의 심정을 담은 시가 「문변삼수聞變三首」와 「5애시五哀詩」인데, 전자는 나라 잃은 슬픔을, 후자는 을사조약에 반대하며 순국한 조병세趙秉世・민영환閔泳煥 등을 애도하는 내용이다.

이무렵 김택영이 중국으로 함께 망명하자고 권했으나 황현은 떠나지 않았다. 홀로된 종부宗婦를 염려한 때문이라거나 여비를 마련하지 못한 사정 등이 그 이유로 거론되지만, 그보다는 나라를 지키려는 의지가 작용한 듯하다. 나라가 어지러울수록 절의를 지키기로 굳게 결심한 황현은 중국의 역대 절의지사로 알려진 매복梅福・고염무顧炎武 등 10명의 초상화에 자작시를 써넣은 10폭짜리 병풍을 만들어 방에 비치해두고 그들의 뜻을 되새겼다. 이는 난세일수록 몸과 마음을 더욱 바르게 하려는 의지의 소산이라 하겠다.

한편 그는 1908년에 호양학교壺陽學校를 세우기 위해서는[24] 백척간두에서 진일보하는 노력과 신학문이 필요함을 역설하는 내용의 글을 지어 돌렸다. 그리하여 호양학교가 건립되었으며, 그의 문인 가운데 박태현, 왕수환, 왕재소 등은 교사로 참여하여 신학문 교육에 앞장섰다. 지금까지 구학舊學, 즉 유학을 중시해온 그와 그의 제자들이 신학新學, 즉 근대적인 학문의 필요성을 강조한 점에서 주목된다. 호양학교는 10여 년간 존속하다가 1920년에 광의공립보통학교로 전환되었다.[25]

그의 바람과는 반대로 조선은 망국의 상황으로 치닫고 있었다. 1909년경

---

24 황현, 「私立壺陽學校募捐疏」, 『황현전집』 상, 아세아문화사, 1978, 491~492쪽.

25 『옛문서로 만나는 선비의 세계』, 순천대학교 박물관, 2005, 23~25쪽 ; 『구례군지』 중, 2005, 322~324쪽.

그는 주변 사람들에게 비분강개하며 말하기를 "나는 강자가 약자를 먹는 것을 원망하는 것이 아니라 약자가 강자에게 먹히는 것을 원망한다"라고 하였다. 그의 내수자강론內修自强論의 일단을 보여준다.

1910년 8월에 이른바 경술국치庚戌國恥 소식이 전해지자 황현은 세 번째 충격을 이기지 못하였다. 식음을 전폐한 그는 주변을 정리한 다음 유서와 절명시 4수를 남기고 자결하였다. 그는 자제들에게 자신이 죽어야 할 명분을 아래와 같이 밝혔다.

> 내가 꼭 죽어야 할 의무는 없다. 그러나 국가에서 선비를 키운 지 오백 년이나 되었는데, 나라가 망하는 날에도 책임을 지고 죽는 사람이 하나도 없다면 어찌 가슴이 아프지 아니하겠는가. 내가 위로는 하늘로부터 타고난 천성을 저버린 적이 없고 아래로는 평생 읽었던 책을 저버리지 아니하려고 길이 잠들려 하니 죽어서도 통쾌함을 누릴 것이다. 너희들은 내가 죽는 것을 너무 슬퍼하지 마라(김택영, 「황현전」).

그는 절명시에서 식자인識字人으로서 인仁을 이루었다고 자부하였다. 지식인으로서의 양심과 도리를 후세의 귀감으로 보여준 것이다.

3. '식자인'으로서의 당대사 저술

힘들게 농사를 지었지만 가족과 함께 평화로운 시간을 보내던 어느 날 만수동에 전혀 예상하지 못한 소식이 날아왔다. 1894년 봄, 고부농민항쟁을 시작으로 농민들의 무장봉기가 전라도 각지로 확산된 것이다. 그 불길이 구례에도 들이닥치자, 황현은 만수동에서 동학농민군의 활동을 직접 보고 들으면서 커다란 충격에 휩싸였다. 수백 년 동안 수탈만 당했던 농민들의 처지를 이해하지 못한 것은 아니지만, 조선사회의 근간을 뒤흔들고 외세의 개입까지 초래한 그들의 무장봉기를 도저히 용납할 수 없었다. 따라서 황현은 동학농민군을 매우 부정적으로 인식하였다.

> 아! 재앙과 변괴가 일어나는 것이 어찌 우연한 일이겠는가. 국가 정치의 순탄함이나 혼란에는 나름대로 주어진 운수가 있고, 일이 꼬이거나 풀리는 것은 순환되기 마련이다. 이런 일들이 비록 당시의 운세와 시대적 상황에 따라 어쩔 수 없이 결정된 것이라 바꿀 수 없다고는 하나 더러는 일을 담당한 사람들의 잘잘못에 기인하기도 하는데 아마도 오랫동안 누적된 추세로 그렇게 되는 것이지 일조일석에 조성된 것은 아니다(『오하기문』, 「수필」의 첫 부분).

황현은 동학농민군의 봉기를 '재앙과 변괴'로 인식하였으며, 그러한 일이 하루아침에 일어난 것이 아니라 폐정이 오랫동안 누적된 결과로 보았다. 위의 글에 이어서 그는 붕당의 폐단, 노론의 장기집권, 세도가의 부정부패, 외척의 전횡, 왕실의 무능 등에서 농민들이 불만을 폭발시킨 원인을 찾았다.

다시 말해 1894년은 황현에게 도저히 잊을 수 없는 충격적인 해였다. 동학농민혁명 · 청일전쟁 · 일본군의 경복궁 침입 · 갑오개혁 등 조선천지를 뒤흔드는 사건들이 연달아 터졌던 것이다. 이듬해에는 명성왕후를 일본 낭인들이 잔인하게 살해하였으며, 단발령과 의복제도 개편 등 충격적인 일들이 쏟아졌다. 이러한 사건 중에서도 그는 특히 동학농민군의 무장봉기에서 큰 충격을 받았다.

그는 이 사건의 근본 원인을 파악해서 책임 소재를 분명히 밝히고 후세에 알리는 작업이 필요하다고 인식하였다. 이를 위해 그는 만수동의 구안실 서재에서 동학농민혁명과 관련된 각종 자료를 수집, 정리하였다. 나아가 사건이 일어나게 된 배경과 원인, 그리고 정부의 조처 등에 대해서도 꼼꼼히 기록하였다. 그리하여 그 제목을 '책상에서 들은 대로 기록한다'는 뜻의 '오하기문梧下記聞'이라 지었다.

『오하기문』은 동학농민군의 봉기를 시기순으로 정리한 초고본草稿本이라 할 수 있다. 동학농민군 봉기 시기를 서술한 부분은 『오하기문』의 수필首筆에서 3필까지로, 시기적으로는 1860년대부터 1895년 3월까지에 해당한다. 이후에 여기에 실린 내용이 흔히 알려진 바와 같이 『동비기략東匪紀略』으로 축약·정리된 것으로 추정되나, 『동비기략』 원본은 현재까지 발견되지 않고 있다. 또한 그러한 내용은 『매천야록』의 권1, 상·하(갑오 이전)와 권2(고종 31)에도 수용된 것으로 보인다.

또한 1895년 4월부터 1907년까지의 역사적 사실을 역시 '오하기문'이란 제목으로 초고를 작성하였는데, 이것이 현재의 전주대학교 소장본이다. 이 내용은 후에 『매천야록』 권2(고종 32)부터 권6(융희 원년)에 수용된 것으로 추정된다. 이처럼 황현은 자신이 경험한 시기, 다시 말해 1860년대 조선말 사회와 관련된 자료와 목격담, 소문 등을 『오하기문』으로 정리하는 데 온 힘을 쏟았다. 나아가 『오하기문』을 저본 삼아 『동비기략』과 『매천야록』을 저술함으로써 당시의 시대상을 매우 실감나게 보여주었다.

그동안 황현의 역사서술은 춘추필법春秋筆法에 의거하여 들은 대로 기록하였다는 이른바 '수문수록隨聞隨錄'으로 이해되어왔다. 하지만 그는 보수적인 위정척사파도 아니었으며, 그렇다고 근대적인 개화사상가도 아니었다. 분명한 점은 그가 다산 정약용을 비롯한 실학자의 학문세계에 심취했고, 역사서에 나타난 치란治亂·성쇠盛衰의 자취를 즐겨 읽었으며, 경세학·군제·형정·조세 등의 문제에도 해박했다는 사실이다. 이뿐만 아니라 서양의 이용후생 기술에도 관심을 보였다. 따라서 그를 조선후기 실학을 계승한 동도서기론자로 이해할 수 있을 것이다.

이러한 점을 염두에 두면서 황현의 역사서술에 한걸음 다가서기로 하자.

황현의 대표적 사서 『매천야록』은 『오하기문』과 비슷한 시기인 고종 즉위년부터 1910년까지 약 47년간의 당대사를 다루고 있다. 두 책은 체제와 내용도 비슷한데, 모두 편년체 위주로 서술되었고 주제에 따라 기사본말체가 활용되었다.[26] 체제 면에서 보면 전통적인 방법에 가깝다고 할 수 있다.

황현의 역사서술 특징은 첫째로 당대사當代史를 중시했다는 점이다. 그는 자신이 살고 있는 시기를 집중적으로 정리하였는데, 그 계기가 되었던 사건이 앞서 지적한 바와 같이 동학농민군의 무장봉기였다. 그러한 '재앙과 변괴'가 발생한 원인을 농민군의 잘잘못에서 찾지 않고 조선왕조의 지배계층인 왕실과 사대부의 책임으로 돌린 황현은 그 책임을 규명하기 위해 '식자인識字人', 즉 사대부의 입장에서 자신이 살고 있는 시기의 역사를 편찬한 것이다. 그런 까닭에 그는 동학농민군을 '동비東匪' 또는 '비도匪徒'로 규정하였다. 즉 황현은 조선이 지향해왔던 사대부 중심의 지배체제를 옹호하였으며, 그러한 사회를 유지하기 위해서는 왕실과 양반의 철저한 자기성찰이 필요하다고 인식하였다. 따라서 그는 현재적 반성과 책임, 그리고 후세를 경계시키기 위해 당대사를 정리했던 것이다.

황현은 당대사라 할지라도 단순히 보고 들은 대로만 기록한다면 객관성 면에서 문제가 적지 않을 것이라고 생각하여, 가능한 한 객관적 자료를 제시하려고 노력하였다. 그래서 자신이 소장하고 있던 1,000여 권의 책 외에도 관보와 각종 신문 등을 두루 섭렵하여 그 가운데 특기할 만한 내용을 선별하여 수록하였다. 동생 황원에 따르면 그는 수많은 자료들을 마치 손안에 쥐고 있는 것처럼 기억하였고, 땅을 팔아 책을 사서 다 읽지 못하면 한스럽게 생각했을 뿐만 아니라 좋아하는 책이 있으면 수백 리를 마다하지 않고 반드시 빌려

26 임형택, 「매천야록 해제」, 『역주 매천야록』 상, 문학과지성사, 2005, 17쪽.

보았다고 한다.[27] 그 밖에 다른 사람의 증언이나 구술도 수록했는데, 가능한 한 실명을 밝힘으로써 사실의 출처에 대한 신뢰도를 높였다.

둘째로 그는 역사를 움직이는 인간에 주목하였다. 『오하기문』과 『매천야록』에는 마치 『사기史記』 열전列傳처럼 수없이 다양한 사람들의 행적과 활동이 서술되어 있다. 동일한 인물의 경우에는 사안에 따라 달리 평가하였고, 집단이나 세력에 대해서도 많은 비평을 하였다. 이처럼 수많은 인간에 대한 엄정한 평가로 인해 "매천의 붓 끝에 완벽한 사람이 없다〔梅泉筆下無完人〕"라고 할 정도였다. 심지어 그와 가장 친한 벗으로 '신교'라 일컬어졌던 이건창조차 예외는 아니었다.[28] 하지만 수록된 인물들은 대체로 유교적 덕목으로써 재단되는 경우가 많았다.

황현은 시를 통해서도 다양한 인물에 대한 평가를 시도하였다. 특히 1905년에 순절한 민영환이나 전투 중에 사망한 의병들의 용기를 높이 평가하였는데, 그중에서도 의병장 최익현과 고광순의 죽음에 대해 극진한 찬사로 애도하였다.[29] 그러나 항일투쟁에 소극적인 유생의병부대에 대해서는 비판적이었다.

이처럼 의병들을 높이 평가한 것으로 보아 황현은 1900년대 역사의 근간을 의병항쟁으로 파악한 듯하다. 이는, 1906년 최익현 의병부대의 격문을 기초해준 점이나, 의병장 고광순의 약전을 찬술한 점을 보면 짐작할 수 있는데,[30] 무엇보다 『매천야록』에 「의보義報」 난을 만들어 1908년 1월부터 1910년 6월까지 전국 의병의 활동을 상세하게 수록한 점에 가장 잘 드러난다. 그러나 의병이 일본을 물리칠 것으로 기대하지는 않았던 것 같다. 이에 반해 개

---

27 황원, 「선형매천공사행영록」, 『황현전집』 상, 아세아문화사, 1978, 31쪽.
28 『매천야록』, 국사편찬위원회, 1955, 69쪽.
29 『황현전집』 상, 아세아문화사, 1978, 328~330 · 338쪽.
30 졸저, 『대한제국기 호남의병 연구』, 일조각, 2004, 47~49쪽.

화사상가와 계몽운동 계열의 인물에 대한 평가는 인색한 편이다.

셋째로 그는 당시에 떠도는 다양한 소문들을 수록함으로써 현장감이 넘치는 역사자료를 제공해주었다. 그것이 비록 객관적 사실과는 거리가 멀지라도 그 의미를 분석할 수 있는 토대를 마련해준 점에서 주목된다. 즉 시간이 흐르면 자연스레 사라질 소문들을 꼼꼼하게 기록함으로써 당시 사회상을 다양한 관점으로 복원하는 계기를 마련한 것이다. 하지만 소문 가운데 참언讖言이나 도참圖讖, 혹은 비기秘記, 무속 등과 관련된 사항에 대해서는 비판적인 입장이었다.

끝으로 황현의 역사서술은 시종일관 반일적인 입장을 견지하였다. 조선이 망한 까닭을 주로 내부적인 요인에서 찾았지만, 외부적인 원인은 일본의 침략에서 비롯된 것으로 인식하여 그 책임을 물었던 것이다. 일본에 대한 그의 적대적인 감정은 임진왜란 당시 진주성에서 순절한 황진의 후예라는 점에서 비롯된 것일 수도 있지만, 그보다는 19세기 말부터 자행된 일본의 침탈과정을 직접 목격하면서 더욱 고조된 것으로 보인다. 반일인식은 『매천야록』 곳곳에 드러나 있고, 「이충무공귀선가李忠武公龜船歌」와 「벽파진碧波津」 등의 시에도 잘 묘사되어 있다. 따라서 이 점과 관련하여 그가 의병 활동을 중시한 사실은 지극히 자연스러운 일이라 하겠다.

4. 맺음말

한말의 격동기를 살아가기가 너무 버거웠던 지식인, 황현. 그는 전라도 변방의 산부리에 살면서 시대적 고뇌를 홀로 짊어지고 살다가 순절하였다. 그는 체구가 작고 병이 잦았을 뿐만 아니라 용모 또한 평범하였다. 더욱이 지배세력의 도덕적 책임감을 운위할 정도로 집권층을 대변하는 인물도 못 되었다. 그의 말처럼 조선왕조가 500년 동안 길러온 수많은 선비 중에 한 사람이었을 뿐이다. 하지만 그는 조선왕조와 운명을 같이하기 위해 기꺼이 목숨을 내던졌다.

당시 재야의 지식인들은 이른바 처변삼사處變三事라 하여 변란에 처했을 때 세 가지 대처방안인 거의擧義, 수의守義, 순의殉義 중 하나를 선택하는 것을 최고의 덕목으로 여겼다. 황현은 그중에 순의, 즉 순절을 선택한 것이었다. 순절하기에 앞서 그는 침략자의 책임을 묻기 전에 내부적으로 문제를 해결해야 한다고 인식하고 있었다. 즉 "나는 강자가 약자를 먹는 것을 원망하는 것이 아니라 약자가 강자에게 먹히는 것을 원망한다"라고 말한 바와 같이 그는 내수자강內修自强을 지향하는 '식자인', 즉 조선의 선비였던 것이다. 다시 말해 황현은 외세를 물리치기 위해서는 과감하게 개혁을 추진해야 한다는 생각을 가지고 있었다.

전라도에서 전국으로 확산된 동학농민군의 무장봉기를 직접 체험한 황현은 무지한 농민들이 무기를 들고 일어나 순식간에 향촌사회를 장악하는 모습을 보며 전율과 함께 엄청난 충격을 받았다. 조선사회를 일신하기 위한 과감한 개혁의 필요성을 절감하였지만, 당시 조선왕조와 고위 관료들은 개혁을 주도할 만한 능력과 의지를 상실한 채 방황하고 있었다. 당시 집권층이 주도하는 내부개혁이 불가능하다는 점을 인정하지 않을 수 없었던 황현은 위기상황에 대한 철저한 반성과 책임을 묻고, 후세의 경계로 삼기 위한 역사서 편찬에 온 힘을 기울였다.

그리하여 동학농민혁명의 소용돌이가 잦아들자, 『오하기문』을 먼저 찬술하였고, 그 후 『오하기문』을 저본 삼아 『동비기략』과 『매천야록』을 저술하였다. 현재 분실된 것으로 알려진 『동비기략』은 동학농민혁명과 관련된 저술이고, 『매천야록』은 19세기 후반부터 20세기 초반까지 조선의 다양한 모습이 체계적으로 서술되어 있는 역사책이다. 특히 『매천야록』에서 수없이 다양한 사람들의 행적을 구체적으로 서술함으로써 우리가 진정으로 지향해야 할 세계가 무엇인가를 자문하게 해준다.

그런데 황현이 역사서를 저술할 때 가장 중시한 기준은 절의節義와 책임이었다. 이는 절의를 상징하는 매화를 심고, 매천이라 자호한 점이라든가, 저술 곳곳에서 절의를 지킨 인물들을 높이 평가한 점에서 알 수 있다. 그는 절의를 기준 삼아 『오하기문』과 『매천야록』에서 일본 제국주의, 일본 침략의 앞잡이 노릇을 한 친일세력, 부정부패를 자행한 왕실과 고위관료, 탐학한 수령과 아전들의 비리 등을 준열하게 비판하였다.

마지막으로 그의 순절이 무엇을 의미하는지 생각해보자. '맑고 굳세다'는 평가를 받는 자신의 시처럼, 그는 지식인의 덕목으로 인仁을 중시하였다. 황현이 말하는 인은 절의와 책임이 포함된 것으로서, 이러한 관점은 역사서술뿐만 아니라 행동규범에도 영향을 주어 끝내 순절을 선택하게 만들었다. "단지 인을 이루었을 뿐 충은 아니다〔只是成仁不是忠〕"라는 그의 절명시에서 알 수 있듯이, 인을 실천하기 위해 당대사를 저술한 역사가로서 자신의 절의와 책임을 다했던 것이다.

참고문헌

김종익 옮김, 『번역 오하기문』, 역사비평사, 1994.

『梅泉野錄』, 국사편찬위원회, 한국사료총서 1, 1955.

『梅泉全集』 1~5, 전주대학교 호남학연구소, 1984.

『梅泉集』·『梅泉續集』, 上海, 1911·1913 ; 『黃玹全集』 상·하, 아세아문화사, 1978.

임형택 외 역주, 『역주 매천야록』 1~3, 문학과지성사, 2005.

崔昇孝 編, 『黃梅泉 關聯人士 文墨萃編』 1～3, 미래문화사, 1985.
琴章泰 · 高光植, 「梅泉 黃玹」, 『續 儒學近百年』, 驪江出版社, 1989.
奇泰完, 『黃梅泉詩硏究』, 보고사, 1999.
김장환, 「梅泉詩派硏究」, 전남대학교 대학원 박사학위논문, 2006.
김창수, 「黃玹의 『東匪紀略』 草藁에 대하여―『梧下記聞』 乙未4月以前記事의 檢討」, 『千寬宇先生還曆紀念 韓國史學論叢』, 정음문화사, 1985.
외솔회 엮음, 『나라사랑』 46(황현 특집호), 1983.
李相寔, 「黃玹의 歷史認識」, 『歷史學硏究』 8, 전남대학교, 1978.
林熒澤, 「黃梅泉의 詩人意識과 詩」, 『창작과 비평』 겨울호, 1970.
정민, 「매천 황현의 인간과 문학」, 『매천 황현시선』, 평민사, 1992.
河宇鳳, 「黃玹의 歷史意識에 대한 硏究」, 『全北史學』 6, 1982.
홍영기, 「황현의 생애와 사상」, 『光陽市誌』 1, 2005.
黃秀貞, 「梅泉詩의 이해를 위한 傳記 硏究」, 『古詩歌硏究』 10, 2002.

『朝鮮性理學의 歷史像』

김태영

1. 문제의 제기
2. 역사적 과제의 추구
3. 의미

1. 문제의 제기

어떤 분야를 오래 공부하다 보면 필경 대상의 특수성이란 과제에 부닥치게 된다. 한국사의 경우는 어떤 특수성을 갖는다 할 것인가. 가령 왕조마다 그 명맥이 매우 길었다는 사실이 얼른 눈에 띈다. 왕권을 옹위하는 지배층이 서민과는 별도로 오래 존속하였다는 사실도 마찬가지다. 진골에서부터 양반사족까지 지배층의 이름도 다양하였다.

그런데 지배층이 두고두고 특권을 누리면서 왕권을 옹위하였기 때문에 왕

金泰永 경희대학교 명예교수.

저서로 『조선전기 토지제도사 연구』(지식산업사, 1983), 『실학의 국가개혁론』(서울대학교출판부, 1998), 『朝鮮性理學의 歷史像』(경희대학교출판국, 2006) 등이 있고, 역주서로 『역주 牧民心書』 I～VI(창작과비평사, 1976～1986, 다산연구회 공역)가 있다. 논문으로는 「조선초기 祀典의 성립에 대하여」(『역사학보』 58, 1973), 「世祖왕권의 전제성에 대한 일고찰」(『한국사연구』 87, 1994), 「茶山 경세론에서의 王權論」(『다산학』 창간호, 2000), 「茶山의 산업행정체계 개혁론」(『한국실학연구』 5, 2003) 등 조선시대 경세사상에 관한 연구가 많다.

조마다 명맥이 길 수 있었다는 인식은 일찍부터 일어나 있었다.

우리나라 풍속에 사족가士族家는 노비를 사역하여 토지를 갈아먹으면서 집집마다 공후公侯의 낙樂을 누리고 산다(『태종실록』).

중국은 요堯 임금으로부터 명明나라에 이르기까지 무릇 23대代 왕조가 있는데, 우리나라는 단군으로부터 지금까지 단지 7대代 왕조이다. 이는 단지 중국과 동이東夷의 풍속의 순후함과 박함이 같지 않아서가 아니다. 동방에는 대가세족이 중외中外에 포열해 있으므로 비록 간웅姦雄이 나타나더라도 그 사이에서 틈을 엿볼 수가 없었기 때문이다. 대체 대가세족이 대가세족으로 행세할 수 있는 것은 노비를 소유하고 있기 때문이다. 노비를 소유함으로써 내외 상하의 분分을 지킬 수 있으며, 예의염치를 양성할 수 있고, 기력을 왕성하게 유지하며 명망을 드러낼 수가 있다(『세조실록』).

우리나라 양반사족은 모두 옛날의 봉건 제후와 같아서 그들이 민심民心을 유지함으로써 (백성들로) 하여금 감히 변란을 일으키지 못하게 하니, 국가에 도움이 되지 않는다고 할 수가 없다(『영조실록』).

변란이 일어나지 못하도록 민심을 단속하는 한편, 지배층은 관직과 학문을 독점적으로 운용하였다. 학문을 지배층이 독점하다 보니, 한국사에서 학문은 지배적인 사회사상 또한 통치체제와 밀접히 연관되어왔다. 가령 신라에서는 왕족을 석가족釋迦族, 귀족을 미륵족彌勒族으로 배치하고 조화로운 지배체제를 유지하면서 자국이야말로 전불前佛시대부터 점지된 불국토佛國土라고 자부하지 않았는가. 불교는 고려말기까지도 지배적 사회사상으로서 귀족적 대우를 받았다. 불교 교단은 대체로 통치체제의 존속에 크게 이바지하였다. '호국불교'라는 말은 그래서 생겨난 이름이다.

한국 불교사에는 중국 동진東晉의 혜원慧遠처럼 "승려는 임금을 공경하지 않는다〔沙門不敬王者論〕"는 글을 써서 오직 불법만을 받드는 신앙인의 독자적 처신 원칙을 공표한 이가 없었다. 또한 당唐나라 무종武宗처럼 법난法難을 일으켜 불교 사원을 대대적으로 훼철하고 승려들을 박해한 군주도 없었다.

한국사에서는 정치 현상과 연관되지 않는 학술사상 분야가 독자적으로 전개되기는 매우 어려운 편이었다.

그런데 고려말 성리학이 국가 교학으로 수용되면서 변화가 일어났다. 변화는 물론 성리학으로 인해서만 일어난 것은 아니었다. 이 시기 일어난 사회적 변동이 그 배경을 이루었다. 즉 전통적인 휴한농업이 고려후기에 소위 연작농법으로 전환되면서 토지생산력이 상대적으로 크게 늘어났고, 이는 농민 노동력의 상대적 비중을 증대시켰다. 인간과 토지가 새삼 값어치를 높이게 된 것이다. 그뿐만 아니라 농민은 같은 시기 격렬해진 외침을 물리치는 데에도 동원되어 국토와 민생을 지켜냈다. 이즈음 국가 교학으로 수용된 성리학은 국가의 운용에서 이들 기층민이 객관적으로 차지하는 현실적 의미를 이전보다 더 크게 인식하고 공인하지 않을 수 없었다.

성리학에 의하면 모든 사물은 본질적으로 성·리性卽理를 타고난다. 만사만물이 모두 고유한 의미와 가치를 지니는 존재라는 뜻이다. 이것이 정치사상으로 활용될 때는 통치권력이라는 외부적 강압으로 백성을 동원하는 형태보다는, 성·리가 운행하는 길〔道〕을 따라 통치행위가 운용되어야 한다는 구도로 드러난다. 그런데 '성·리'라든가 '도'를 깨달아 체득하기 위해서는 소위 '격물치지格物致知 성의정심誠意正心'이라는 수련 과정〔修己〕을 거쳐야 한다. 그 과정을 거친 사士 계층이 곧 정치〔治人〕의 주체가 되어야만 치국治國·평천하平天下라는 원대한 이상을 실현할 수 있다고도 한다. 성리학은 원래 사대부층의 통치 교학으로 성립된 것이었다. 성리학이 고려말의 극심한 내우외환 속에서 국가 교학으로 수용된 것은 이 시기의 커다란 사회변동과 맞물린 국가 · 사회적 요청에 따라 일어난 일이었다.

그래서 조선왕조의 배타적 지배이념으로 정립된 성리학은 정치사상적으로 중요한 특색을 지닌다. 첫째, 지배층인 사족의 주된 과업이 나와 세계에 관한 깨달음을 통해 각자의 사회적 주체성을 확립하는 길로 매진하게 되었다는 사실이다. 그들은 이제 정치에 종사하지 않더라도 '마음 다스리기'를 비롯한 독자의 학술을 연마하고 함양할 수 있는 주체적 존재로 성장할 것이 기대된다. 곧 사림층의 성장이다. 둘째, 정치에 종사하더라도 왕권과 유착하거나 혹은 거기에 복속하는 비리와 인습의 행태를 지양하고, 기구와 제도를 정비하여 만민을 안양安養하고 교화하면서 이 세상에 '인의仁義의 도道'를 실현할 것이 기대된다. 즉 왕도정치의 구현이다.

조선성리학에서는 실제로 사림이라는 독자적 사회세력이 성장하고, 그들에 의해 왕도정치를 구현하려는 정치사업이 추진되기도 하였다. 그렇다면 역사적 실상은 어떻게 전개되었는가.

2. 역사적 과제의 추구

(1) 성리학의 국가 교학화

고려말에는 내우외환이 연속하는 가운데 오래 의지해온 불교마저 지배적 사회사상으로서의 기능을 상실하기에 이르렀다. 이에 고려 '구방을 유신〔舊邦維新〕'하여 중흥하기 위한 새로운 지배이념이며 국가 교학으로 수용된 것이 성리학이었다.

성리학을 운용하는 사류士類는 내외의 정세 변동에 대처하는 과정에서 배원친명排元親明과 숭유억불崇儒抑佛 정책을 추진하였다. 두 가지는 모두 위난한 현실의 타개책으로 제시된 것이며, 위화도 회군을 계기로 통치권을 장악한 개혁파에 의해 독점적으로 추구되었다.

특히 불교는 오랜 시대와 역사에 걸쳐 이데올로기적 성격을 발휘하면서 민간신앙으로서의 광범한 지반을 가졌음에도 불구하고 이에 이르러 '이단異端'으로 규정되고 말았다. 현실의 정권은 그렇게 큰 역사적 변화를 창출해낼 수도 있는 것인가.

(2) 조선 초기 '왕정'의 모색

고려말의 전제개혁 과정에서 개혁파 사류는 여럿으로 난립해 있는 사전私田의 수조권을 일괄 정리하고 소경전所耕田 위주로 토지소유권을 확인함과 동시에, 1전田 1조租의 조세제도를 확립함으로써 다수의 자영농민층을 정립하고 이를 국가체제의 바탕으로 삼았다. 신왕조에서는 자영농층의 유지·보호책을 더욱 여러 가지로 강구하였다. 성리학적 교화론은 여기서도 크게 응용되었다.

특히 세종은 집현전을 세워 유능한 유신儒臣들을 양성하고 그들과 수십 년에 걸쳐 경연經筵을 통해 경사經史를 강론함으로써 성리학을 비롯한 조선의 학술 수준을 크게 높일 수 있었다. 그런 과정에서 새 왕조의 문물제도 역시 다양하게 구현되었다. 나아가 '어리석은 백성'도 자기의 뜻을 쉬운 문자로 표현할 수 있도록 훈민정음을 창제하였다. 이로써 자국의 문명文明이 대중의 폭넓은 지반을 획득하고, 비로소 상호 교류를 통해 다양한 발전을 이룩할 수 있는 기초를 확립하게 되었다. 특히 전제專制행태로 흐르기 쉬운 왕권의 독단과 실정失政을 지양하기 위해, 오랜 관직 과정을 거쳐 역량이 입증된 대신大臣에게 정치를 위임하는 대신위임통치제(의정부서사제도)를 정립한 것도 크게 주목해야 할 현상이다. 이들 모든 정책은 왕정王政을 추구하기 위한 제도의 모색 과정에서 등장하였으며, 이전보다 한 차원 더 높은 정치문명을 구현하게 된 것이었다.

그런데 성리학 이념에서 본다면 노비도 하늘이 낸 백성〔天民〕이다. 세종 또한 그것을 확인하고 있었다. 그러나 지배체제의 유지를 위한 요청 때문에 노비제도는 결코 폐지할 수 없다는 현실로 정착하지 않을 수 없었다. 이념은 지배층의 이해관계를 넘어서기 어려웠던 것이다.

(3) 세조의 패권통치와 그 여파

세조의 왕위 찬탈은 인륜과 명분을 한꺼번에 허물어뜨린 참혹한 정변이었다. 그는 왕권을 전제적으로 강화하기 위해 즉위 직후 대신위임통치제를 번복하여 육조직계제六曹直啓制로 돌이켰으며, 이를 『경국대전經國大典』에 규정해두었다. 그는 집현전을 혁파하고 경연제도를 중단하였다. 그의 치세는 조선성리학에서 일종의 '유난儒難' 시대였다. 그의 패권주의적 통치에서는 왕권의 지나친 전제성, 훈척勳戚 내지 척신戚臣정치 행태의 항구화 그리고 거기 유착하고 기생하기 마련인 인습적 비리의 만연 현상들이 예비되고 있었다.

(4) 조선 사림의 역사적 과업

조선왕국에서 비로소 '사림'으로 공인된 15세기 사림파의 정체성은 훈척정권과의 대결의식에서 형성되고 있었다. 그 과정은 어떠하며, 그들의 역사적 과업은 무엇인가. 또한 15세기 사림의 내부에서 도학道學의 진화가 이루어진 현실적 의의는 무엇인가.

16세기 기묘사림의 지치주의至治主義는 정치의 본질이 어떠한 것이어야 한다고 해석하는가. '군신君臣'이라는 지배기구 자체가 만백성의 더 나은 존립을 위해 설치된 것이라는 새로운 인식을 갖게 되었다는 사실의 의미는 무엇인가. 그들은 조선 사림의 새로운 정체성을 어떤 형태로 구현하고자 하였는

가. 그들의 전일적 왕도주의 이념은 어떠한 현실 정치형태로 구현되는가.

(5) 퇴계 이황의 자아 정립운동

16세기 전반까지 조선성리학은 주로 경세론 측면에서 활용되었다. 그런데 과거를 통해 출사한 퇴계 이황은 어째서 될수록 물러나 자기 일심一心을 경敬으로 받들어 극진히 함양하는 공부의 길로 매진하는가. 태극太極이라는 하나의 천리天理가 우주만물로 구현되지만, 만물은 또한 각기 하나씩의 태극을 갖추고 태어난 존재임을 역설하는 그의 이론에서 개체個體 태극의 독자적 의미는 무엇인가. 천지만물과 인간이 일체라고 하는 성리학의 기본 명제는 어떠한 과정을 통해서야 증득되는가. '수기修己'의 주체인 사림과 정치에 종사하는 '치인治人'의 주체는 어떤 관계로 설정되며, 그 역사적 의미는 무엇인가.

(6) 율곡 이이의 왕정 기필론

16세기 후반 조선왕국은 드디어 사림정치의 시대를 맞게 되었다. 사림정치 초기에 출사한 율곡 이이가, 중국에서는 이미 끊어진 주자성리학의 도통을 조선이 전승하기를 열망하고, 자신이 그런 과업의 전도傳道를 자임하면서 세도世道의 만회를 담당하겠다고 공언한 배경은 무엇인가. 현실의 악법 폐습에 대한 근본적인 개혁 없이도 왕정은 기필期必할 수 있다는 그의 '경장론更張論'의 사상적 근원은 무엇이며 그 구조는 어떠한가. 그것은 또 어째서 전혀 시행되어보지도 못하고 말았는가.

조선시대 정치형태의 특징이라는 언로言路 발달 현상의 역사적 배경은 무엇인가. 사림정치기를 맞고서도 사림의 언론은 어째서 소위 부의浮議가 난무하는 논란의 늪으로 깊이 빠져드는가.

무릇 어떠한 정치 사안이라도 그 역사적·현실적 의미는 다양하게 논의될 수 있다. 사림의 출처出處 진퇴라고 하는 정치적 처신 문제도 마찬가지다. 그런데 어째서 조선 사림은 그런 다양성을 긍정하지 않고 학별 · 문별 따위로 편을 나누고 떼를 지어 논핵함으로써 당쟁이라는 이전에 없던 정치행태로 빠져들게 되었는가.

(7) 왜 · 호란과 척화 · 강화론

16세기 말 왜란의 혹독한 참화를 겪으면서 조선 사림은 명나라의 '은혜'에 깊이 감복하게 되었다. 사람은 물론이요, 초목 하나에 이르기까지 명나라 황제가 다시 살려주었다는 소위 '군부君父의 은혜'는 결코 만세토록 잊어서는 안 된다는 소신을 확고히 간직하였다.

17세기에 여진족이 발흥하여 새로운 '군부'로 군림하겠다며 호란을 일으키자 조선 사림의 척화론은 절정으로 치달았다. 즉 조선의 '군 · 신' 상하가 다 죽을 수는 있어도 '군부'인 명나라를 배반하고 다시 오랑캐를 섬길 수는 없다는 논리였다. 그런데 척화론은 오랑캐와 조선과의 적대 관계를 축으로 하기보다는 '군부'인 명나라와 그를 섬기는 조선과의 관계를 축으로 하여 도출된, 극단적 의리론義理論이었다. 과연 나라가 망하고 군 · 신이 다 죽어도 조선 사림은 모두 의리에 순사殉死하고자 하였던 것일까.

그 가운데서 지천 최명길은 어떠한 이론을 가지고 강화론을 주창하고 나서는가. 그의 강화론에서 국사國事에 관한 한 시비是非와 이해利害 문제는 일치한다는 논리는 어떠한 역사적 의미가 있는가.

(8) 북벌론과 주자주의

북벌계획이 실제로 조정에서 추진되었는가의 여부는 분명하지 않다. 그러나 북벌론은 조선 후기 수백 년간 '대의大義'의 통치이념으로 행세하게 되었다.

우암 송시열은 주자를 철저하게 숭봉하였다. "주자의 도道는 마치 중천에 떠 있는 태양과 같다", "주자 이후로는 한 가지 이치도 밝혀지지 않은 것이 없고 한마디 말씀도 해석되지 않은 것이 없다", "주자의 언행言行을 경유한 것이라면 과감히 결행할 일이요, 의심할 것이 없다"는 것이 그의 소신이다. 주자의 무오류성을 주창하고,"주자의 논의를 따르지 않는 자는 모두 이단임을 면치 못한다"고도 단언하였다. '주자주의'에 다름 아니었다.

원래 주자는 여진족의 침략에 대한 적극 항쟁을 주장하면서 『춘추春秋』의 이념을 재해석하여 '존주대의尊周大義'론을 전개하였다. 송시열의 북벌론 또한 주자의 논의를 전승한다. 그런데 북벌론은 조선을 굴복시킨 오랑캐를 정벌해야 한다는 자국 중심의 이념형태가 아니었다. '군부君父'인 명나라를 위해 복수해야 한다는 의리론이 강한 편이지만, 그 정도만이 아니었다. 북벌론의 본질은 현 세계를 중화中華 대 이적夷狄이라는 구도로 설정하고 이적은 결코 중화를 침범해서는 안 된다는 흑백론적 보편주의 이념으로 확대된 '존주대의론'이었다. 게다가 현재로는 명나라가 멸망하여 중화는 실체가 없어졌으므로, 조선왕국이야말로 중화라는 가치를 수호하는 세계사적 과업을 수행해야 한다는 이념을 내포하고 있었다.

송시열은 '존주대의'와 '주자주의'라는 두 가지 이념을 명분 삼아 수십 년간 세도世道를 담당하였다. 그런데 효종의 승하에 따른 왕실의 복제服制 문제로 예송禮訟이 일어나면서 그의 세도는 심대한 시련을 겪게 되었다. 자신의 주장으로 채택된 예설禮說이 "효종의 왕통을 비하시킨다"는 치명적 비판을 받고, 이를 계기로 그의 세도는 크게 경직되어갔다. 이후 거듭되는 '환국換局'에서 그의 주자주의와 존주대의론에 찬성하지 않는 자는 곧 '이단'이며 '소인'이라는 흑백논리를 적용하기에 이르렀다. 그 과정에서 노론·소론의 분당 또한 불가피해지고 말았다.

3. 의미

유학에서 지배층인 군자의 과업이 무엇인지는 공자의 말씀에 잘 드러난다. 즉 '수기修己를 해서 백성의 삶을 편안하게 하는 일'이니, 그러한 과업은 '요 · 순 같은 임금도 오히려 부족하게 여기셨다'고 한 것이다. 성리학에서는 이를 흔히 '수기修己 · 치인治人'이라고 줄여 말한다. 성리학을 국가 교학으로 삼은 조선왕국의 지배층의 과업도 물론 예외가 아니었다. 다만 역사는 변하는 것이므로, 각 시기마다 그 현실적 과업 또한 변하기 마련이었다.

가령 세종 임금이 백성의 일상 언어를 알기 쉬운 문자로 표현할 수 있도록 훈민정음을 창제한 것은 얼마나 현실적인가. 새로운 부세법을 제정하는 과정에서 전국 농민들의 여론까지를 널리 조사해 참고하였다는 사실은 또 어떠한가. 가장 현실적인 것이야말로 가장 역사적인 모습으로 구현되기 마련이었다.

또 세종의 대신위임통치제는 왕가王家정치의 행태를 지양하고 국가정치의 형태로 나아가야 한다는 이념을 제도화한 것이었다. 그러나 세조가 육조직계제로 돌이켜 시행한 결과는 어떤 모습으로 구체화되는가. 때로는 왕권의 지나친 독주가 일어나고, 혹은 훈신勳臣, 척신戚臣이 항구적으로 국정을 농단하는 관행을 낳기에 이르렀다. 특히 훈척정치는 훈 · 척의 지위를 통한 권세의 천단擅斷행태이므로, 국정을 책임지고 수행하기보다는 이권 추구에 골몰하는 인습을 결코 벗어날 수가 없었다.

15세기 후반부터 정계에 진출한 사림세력은 훈척정치의 비리행태를 지양한다는 과제의식에서, 자체의 정체성 정립을 각성적으로 추구하였다는 특징을 지닌다. 『소학小學』 공부는 그 상징이었다. 그 골똘한 각성적 추구를 통해서, 조선성리학은 스스로 도학道學의 경지로 진화할 수도 있었다. 왕정을 추구할 주체적 역량을 배양하고 있었던 것이다.

험난한 사화의 세태를 딛고 일어선 16세기 기묘사림은 국왕의 '한마음'이 도道를 지향하도록 애써보는 한편, 사림 스스로 확고한 주체성을 정립해야만 훈·척의 비리를 척결할 수 있으며, '백성을 안정시키는' 정치사업도 실현할 수 있다는 도학적 견지가 확고하였다. 그들은 뚜렷한 의도를 가지고서 조선왕국에다 '요·순 같은 임금'과 '요·순시대 백성'을 작성한다는 원대한 포부의 지치주의至治主義 운동을 전개하였다. 그들은 순일한 왕정의 구현을 위한 다양한 정책들을 고안하고 시행하였지만, 다시 참담한 사화를 만나고 말았다.

그러나 사화를 겪으면서도 조선 사림은 주자성리학을 조선성리학으로 진화시키는 과정을 걸었다. 퇴계 이황은 개별 인간의 자아야말로 천지간의 어떤 것으로도 대체할 수 없는 존엄한 가치를 지닌 실재임을 증득함으로써, 각기 타고난 천덕天德의 함양이 왕도王道 실현에 못지않은 독자적 과제임을 깨우친다. 이제 조선성리학은 정치현상과 직접 관련을 갖지 않고서도 인간 각자의 덕성을 함양하고 사우師友 간에 학문을 강명하는 독자적인 학술세계의 경지를 전개하기에 이르렀다.

율곡 이이 또한 독자의 학술체계를 가지고서, 왕정은 반드시 실현할 수 있다는 이론을 펼친다. 즉 시세時勢라는 것은 당로자의 조성 여하에 달려 있으므로, 비록 '조종祖宗의 법제'라 할지라도 폐단스러운 것은 다 고쳐야 한다는 '경장론更張論'이었다. 그것은 조선성리학이 고안한 개혁론으로서는 포괄적 체계와 현실적 수준을 갖춘 것이었지만, 결코 실행될 수는 없었다. 지배층 모두가 대체로는 '경장'을 꺼려하고 있었던 것이다.

이황, 이이 단계에 와서 조선성리학은 주자성리학의 원용 수준을 넘어서면서 독자의 정체성을 수립하기에 이른 것으로 이해된다. 그리고 드디어 사림정치의 시대를 맞이하게 되었다.

사림정치가 시작되자 사림의 정치적 관심은 더욱 겉으로 드러나고 그들의 언로 또한 더욱 크게 공개되는 현상이 일어났다. 훈·척의 비리를 향해 별러온 날카로운 도덕적 가치론을 이제 사림 자신들 사이에 극단으로 적용하기 시작하였다. 이는 물론 사림이 정치적 주체성을 정립하는 과정에서 일어난 정치형태의 하나라고도 할 수 있다. 그런데 다수의 인간관계가 얽힌 정치적 사안을 두고 도덕적 가치론을 극단으로 추구하다 보니, 논의의 실질을 벗어나 오히려 편파적인 여론 몰이의 길로 들어서게 되었다. 즉 극단론의 끝에는 사림이 당黨을 지어 상대를 논핵하는 당쟁이라는 특이한 정치행태로 빠져드는 길이 열리고 있었던 것이다. 조선 사림의 주체적 각성은 정치적 이해관계를 결코 넘어설 수 없는 수준이었는가.

왜란과 호란은 조선 사회의 내부 변동에 하나의 역사적 분수령이 되었다. 변동은 이전부터 이미 시작되었는데, 가령 군역軍役이라든가 요역徭役의 경우, 부역 동원의 형태로부터 대가를 주고 인력을 고용하는 형태로 전환하게 된 것이 좋은 사례이다. 토산물의 공납형태가 대동법으로 전환하기 시작한 것도 시대적 요청에서였다. 오랜 훈척정치가 끝나고 사림정치기로 접어든 현상도 마찬가지였다. 인간의 의리적인 연대관계보다 개별 단위의 독자적 책임이 더 커지는 방향으로 사회구성의 원리 내지 성격이 전환하고 있었다. 왜란과 호란은 그러한 전환을 한층 더 촉진하는 계기가 되었다. 그런 면에서 최명길의 대청對清 강화론은 조선성리학의 의리론적 사유 전통에 변형을 가하는 현실 변통론인 것으로 해석된다. 국가 존망이 걸린 시의時宜로서는 어떠한 과거보다도 현재·현실의 의리가 더 중요하기 때문이다.

또한 당쟁이 시작된 후로 사림 사이에 극단론이 더욱 난무하다 보니 정치 운용을 책임지는 곳이 없어지게 되었다. 치명적인 왜 · 호란을 치르면서도 책임정치는 거의 실종 상태였다. 최명길은 호란을 전후하여 대신위임통치제의 확립을 지속적으로 주창하였다. 책임정치의 제도적 구현을 촉구한 것으로 풀이된다.

북벌론으로 대표되는 송시열의 '존주대의'는 자신의 '주자주의'와 함께 병자호란 후의 사회관계를 통합하려는 통치이념으로 제시된 것이었다. 두 가지 이념은 호란 이후 극단으로 좌절되고 무기력해진 사림의 사기士氣를 진작하는 데 일정한 힘을 발휘할 수 있었다. 그는 이를 준거 삼아 들끓는 당론黨論을 의義와 리利의 흑백논리로 준별하는 또 다른 '당론'을 공언하였다. 두 가지 이념은 절대가치이므로, 이의 구현이야말로 오랜 난세에다 '한 치세〔一治〕'를 실현하는 길임을 거듭 천명하였다. '절대가치'에 찬동하지 않는 자는 결코 용납될 수 없는 것이었다.

그런데 주자가 강명하였다는 어떠한 '도'나 '의리'도 조선 사림의 주체적 각성을 통해 현실적으로 재창조되지 않는 한 궁극적으로는 외물外物이다. 그런데 송시열과 같은 조선의 산림도학자는 그것을 결코 외물인 것으로 객관화해 보지 않았다. 마침내 그 '도'를 넘고 들어가는 역사적 재창조를 시도하기는커녕, '중천의 태양' 같은 그 '빛'을 더 부연하면서 '절대가치'로 삼아 숭봉해 마지않았다. 아마도 조선성리학의 어떤 자상自像이 여기서 극명하게 드러난 것이 아닌가 하고 이해된다.

송시열을 기점으로 해서 조선의 집권당 사림 사이에서는 요 · 순으로부터 전승되고 공자 · 주자가 밝혀두었다는 왕정론을 다시 밝혀 구현하고자 하는 시도는 없어진 것으로 보인다. "공자의 도는 주자에 이르러 크게 드러났으며, 주자의 도는 선생(즉 송시열)에 이르러 더욱 밝혀지게 되었다", "주자는 뒷날의 공자이며 선생은 뒷날의 주자"라고 하는 것이 그 문도들의 소신이다. 왕정의 구현을 별도로 추구하기보다는 '주자의 도'를 따라 존주대의를 '더욱 밝힌' 스승의 통치이념을 강명해가는 과업이야말로 곧 치세治世를 지속시키는 길이라는 신념을 공유하기에 이른 것이다.

그것은 물론 중화문명을 간직한 곳은 이제 조선왕국뿐이라는 긍지에서 드높은 문명의 '국체國體'를 강명하고 유지하려는 통치형태라고도 할 수 있다. 그런데 이념을 기준 삼아 현실을 통합하려는 이러한 형태는 곧 노론 일당의 영구집권을 획책하려는 의도를 내재한 정치현상인 것으로도 풀이된다. 그것은 인간의 진정한 삶의 모습인 다양성을 억압하고, '백성을 안정시킨다'는 본질적 과제 역시 소홀히 하는 정치행위가 아니었는가 하고 고찰된다.

화성의 진실

유봉학

1. 화성 인식의 오류
2. 화성—개혁의 시범도시, 실학의 도시
3. 화성을 둘러싼 갈등
4. 화성의 오늘

1. 화성 인식의 오류

화성은 화성시華城市에 없고, 수원시水原市에는 옛 수원이 없다.

사적 3호 수원화성은 정조가 건설한 화성 신도시가 아니라, 일본 사람들을 따라 수원성곽만을 문화재로 지정한 것이다.

세계문화유산에는 화성의 핵심(신도시)은 빠지고 울타리(성곽)만 올라 있다.

1997년 12월 유네스코 세계문화유산 목록에 등재됨으로써 민족문화의 우수성을 국제적으로 과시한 '수원화성'과 관련하여 이상과 같은 논란이 야기

유봉학 한신대학교 국사학과 교수.
저서로 『연암일파 북학사상 연구』(일지사, 1995), 『꿈의 문화유산, 화성』(신구문화사, 1996), 『조선후기 학계와 지식인』(신구문화사, 1998), 『정조대왕의 꿈』(신구문화사, 2001), 『한국문화와 역사의식』(신구문화사, 2005)이 있고, 공저로 『진경시대』 1 · 2(돌베개, 1998), 『정조시대의 사상과 문화』(돌베개, 1999), 『최한기의 철학과 사상』(철학과 현실, 2000), 『추사와 그의 시대』(돌베개, 2002) 등이 있다.

되고 있음은 당혹스런 일이 아닐 수 없다. 그러나 이런 이야기들에는 그만한 근거와 사연이 있다.

'화성' 이 수원시 관내에 있고 화성시에 '화성' 이 없다는 것은 화성시로서 아주 난감한 사실이지만, 정조대 이전까지의 옛 수원 유적이 현재의 수원시에 없다는 점에서 수원시 역시 난처하기는 마찬가지다. 고수원古水原 읍성邑城과 관아터 등 옛 수원의 유적은 현재 화성시 관내의 융릉隆陵, 건릉健陵과 용주사龍珠寺 주변에 있다. 역사적 견지에서 보자면 원래 하나의 지역이었던 화성유수부를 화성시와 수원시로 억지로 나누는 가운데 그 이름이 뒤바뀐 셈이다. 이런 난처한 상황은 해방 후 과거 청산과 역사 인식을 소홀히 한 채, 일제 강점기 이래의 인식과 관행을 그대로 답습한 결과이다.

사실, 화성 신도시가 들어선 수원시와 사도세자와 정조의 능침이 있는 화성시 지역은 하나의 역사문화 권역이었고, 화성 건설 이후 도시의 외관에서부터 시민생활에 이르기까지 수원화성 지역에는 조선의 역사적 전통이 강하게 잔존하고 있었다. 화성 신도시에 실린 정조시대의 꿈이 잊혀지고, 수원화성 지역이 결정적 변화를 맞게 된 것은 일제 강점기부터였다.

일본 사람들은 수원화성 지역에서 조선왕조의 흔적을 지우기 위해 이 지역의 역사 문화유산을 의도적으로 훼손하였다. 한말까지도 수원부 관아로 쓰였고 정조의 건릉에 성묘차 때때로 국왕이 와서 머물던 600칸의 화성행궁華城行宮을 낙남헌洛南軒 단 한 채만 남긴 채 모두 헐어내고, 여기에 병원, 경찰서, 학교, 관청 건물을 배치한 것이 그 단적인 예이다.

이들은 화성 신도시의 여러 시설물을 무차별적으로 철거하면서 이를 호도하기 위하여 화성 신도시의 울타리인 '화성성곽' 만이 보존가치가 있는 양 문화재로 지정하였다. '화성' 이라는 이름 대신, 수원에 있는 성곽이라는 뜻에서 '수원성水原城' 이라는 새 이름을 붙이고, 1935년에 성곽만을 문화재로 지정한 것이다. 이후 정조와 휘하의 관료학자들이 새로운 시대를 지향하며 건설한 '개혁의 시범도시' 이자 실학을 적용한 '실학의 도시' 로서 화성 신도시의 본래적 의미는 은폐된 채 우리의 기억 속에서도 사라지게 된다.

근래까지도 화성에 대한 학문적 연구가 소홀한 가운데, 일제 강점기 이래의 왜곡된 설명이 큰 영향을 미치고 있다. 일부 학자들에 의해 야담野談 수준의 근거 없는 이야기들이 역사적 사실인 양 전파되어 인구에 회자되기도 하였다. 정조가 노론 벽파에 밀려 수원으로 천도하려 했다는 '수원 천도설' 이 널리 유포되었으며, 결국 정조는 그 뜻을 펴지 못한 채 노론 벽파들에 의해 독살당하기에 이른다는 소설이 나와 큰 인기를 얻기도 했다.

그런가 하면 관변 일각에서는 정조의 효심을 기리면서 이를 화성 건설의 동기로 부각시켜 각종 행사를 만들어내고 있기도 하다. 하지만 이는 정조가 개인적 효심 때문에 국력을 기울여 토목공사를 벌였다는 것이므로, 결국 정조를 공사公私도 구분 못한 폭군으로 내모는 결과가 되고 있다. 남인과 노론을 각기 선과 악으로 나누고, 채제공蔡濟恭과 정약용丁若鏞 등 남인들이 정조를 도와 노론의 반대를 무릅쓰고 화성 건설을 주도한 양 편향되게 설명했던 것도 문제였다. 이는 근본적으로는 일제 강점기 식민사관의 당파성론을 묵수한 채 야담 수준에서 화성 건설을 인식한 결과였다.

이런 가운데 1996년 화성 건설 200주년을 맞아 '화성' 이라는 정조시대 이래 원래의 이름을 되찾고자 하는 일각의 움직임이 있었다. 하지만 이때도 화성 신도시에 대한 역사 연구 성과를 근거로 '화성 신도시' 의 진면목을 재인식한 것은 아니었다. 그러므로 '수원성' 이라는 일본식 문화재명을 고치기는 하되, 화성성곽이 화성시에 있지 않고 수원시에 있다는 점을 강조하려는 의도에서 작명作名이 이루어졌다. 과거의 '수원성' 에 '화성' 을 결합시켜 '수원화성水原華城' 이란 어중간한 이름으로 문화재 지정명이 변경되었을 뿐, 여전히 성곽만이 문화재로 보호받는 현실에는 변화가 없었다.

따라서 이듬해인 1997년 유네스코 세계문화유산 목록에 오를 때도 화성은 '근대 초기의 군사건축물'로 소개되면서 '성곽'으로 등록되어 일제 강점기 이래의 '수원성'이 그대로 유지되었다. 일본인들에 의해 오도된 화성 인식의 오류는 결국 지금껏 그대로 답습되고 있으며 수원에 있는 화성 신도시의 여러 문화유산의 운명에도 결정적 영향을 미치고 있다.

그 결과 화성 신도시의 울타리(화성성곽)만이 문화재로 보호되는 이면에서 화성 신도시의 도시기반시설과 생산기반시설들은 여전히 보호받지 못하고 훼손되고 있으며, 화성 신도시에 실었던 정조시대 선인들의 꿈과 개혁 의지는 망각된 채 때로는 유린되기도 하는 상황이 전개되고 있는 것이다.

2. 화성—개혁의 시범도시, 실학의 도시

원래 '화성華城'이란 이름은 1793년 1월 정조가 화산華山 아래에서 팔달산八達山 아래로 이전한 새로운 수원 읍치邑治를 지칭하여 직접 명명한 이름이다. 이 도시는 사도세자의 묘소가 들어선 화산을 외호外護하므로, 정조는 '화산華山'의 '화華(花와 통용)' 자字를 따다가 '화성'이라 명명하였고, 여기에 신도시를 건설하면서 외곽에 성곽을 둘러치고 역시 '화성'이라 불렀다.

사도세자가 비운의 죽음을 맞이한(1762) 후 정조는 14년간이나 어려운 시절을 보내고 1776년 임금으로 즉위하였다. 그리고는 다시 13년을 기다려서야 자신의 오랜 숙원이었던 사도세자 묘소의 이전을 이루어낼 수 있었고, 다시 5년 후에는 화성 건설에 착수하게 된다. 사도세자의 초라한 묘소(양주 배봉산, 현재 서울 전농동 소재)를 화산 아래 수원의 읍치 자리로 이전한 것은 1789년의 일이었다. 이 자리는 용이 여의주를 희롱하고 800개의 연봉連峰이

꽃잎처럼 둘러싸 절을 드리는 형국이라는 천하명당으로 알려져왔다.

이곳에 사도세자 묘소가 들어섬으로써 수원 읍치의 주민들은 북쪽 팔달산 아래의 보다 넓은 지역에 옮겨가 살도록 조치되었다. 이후 정조는 일찍이 반계磻溪 유형원柳馨遠이 주목한 바 있던 팔달산 아래 수원의 신읍치에 조선사회 개혁을 선도할 새로운 개념의 시범도시를 건설할 것을 결심하고, 신료들의 도움에 힘입어 1794년부터 이를 실천에 옮기게 된다.

이 계획은 원래 10년 후인 1804년 갑자년을 겨냥하여 추진되었다. 갑자년은 사도세자 묘소 이전 후 세자의 음덕인 듯 이듬해(1790)에 얻은 왕세자가 15세 성년成年이 되는 해이며, 사도세자와 동갑이었던 어머님 혜경궁惠慶宮 홍씨가 칠순을 맞는 해이기도 했다. 정조는 장차 갑자년이 되면 세자에게 왕위를 물려준 후, 혜경궁을 모시고 수원으로 내려가고자 했다. 영조의 당부 때문에 자신이 할 수 없었던 사도세자 추숭을 신왕에게 부탁하여 이루어내고, 자신은 선산이 있어 고향처럼 생각했던 이 신도시에서 노후를 보내며 이미 벌여놓은 개혁사업을 완수하려 하였다. 이를 위해 정조는 휘하에 포진한 관료학자들의 보좌를 받아 '개혁의 시범도시'로서 화성을 건설하게 되는데, 이것이 정조의 '갑자년 구상'이다.

그러므로 화성 신도시 건설사업(화성성역華城城役)은 정조 개인적으로는 효심의 발로요 그의 노후를 위한 것이었지만, 공적으로는 중흥을 맞이한 조선사회의 한 단계 도약을 목표로 하였다. 정조는 이런 명분을 내세움으로써 신료와 백성의 협력을 유도하고, 그 위에서 국력을 기울여 이 웅대한 국가적 사업을 훌륭히 추진할 수 있었다.

정조와 휘하 지식인들은 서울 남부의 삼남지방으로 나가는 요충지에 신도시를 건설하여 개혁의 거점을 만들고, 여기서 개혁을 시험하며 이를 전국으로 확산시켜 조선 전체의 발전을 도모한다는 구상을 하였다. 기존에 서울 북부에 있던 개성유수부, 동부의 광주유수부, 서부의 강화유수부와 함께 이제 서울 남부에 '화성유수부'가 들어섬으로써 서울을 동서남북으로 옹위하는 4유수부留守府 체제가 완성되었으며, 이로써 조선후기 사회경제적 발전의 결과로서 수도권의 범위가 확정되었다.

신도시 건설사업은 이러한 구상 위에서 1794년(정조 18) 1월부터 원래 10년 계획으로 시작되었다. 이곳에는 장차 정조의 거처이자 관아官衙가 될 600칸에 달하는 화성행궁과 백성들의 주거 공간 그리고 5.6킬로미터에 달하는 성곽과 팔달문, 장안문을 위시한 각종 시설물이 건설되었다. 또한 도로, 교량, 수문水門과 상업시설 등 대도회지로 발전할 수 있는 여러 도시기반시설 및 국영농장과 인공저수지 등 농업생산에 필요한 기반시설 등이 마련되었다.

이들 시설물에는 정조와 휘하 진보적 학자들의 새로운 구상이 반영되었다. 서울과 삼남지방을 연결하는 신작로가 개설되었고, 이 신작로가 화성행궁과 만나는 사거리에는 국제무역시장을 위시한 상업 시설을 배치하였다. 화성행궁의 북서쪽 일각에 지배층과 피지배층이 함께 모여 '상하동락上下同樂'할 수 있는 공간을 마련한 것도 획기적 발상이었다. 낙남헌 앞 넓은 뜰에는 이동식 담장이 설치되어 군주와 신료, 백성이 수시로 어울릴 수 있는 화합의 열린 공간이 조성되었고, 여기서 화성성역 낙성연을 위시한 각종 행사가 열렸다. 이는 정조시대에 들어 북학·서학의 수용과 함께 확연해진 대외 개방 추세와, 대내적으로는 상하계층 간의 개방적 관계가 형성되던 시대상황을 반영하였다.

정조 휘하에서 대외 개방을 선도하며 북학과 서학을 추구하던 관료학자들은 화성 건설과정에 중국과 서양 등 외래 문물에 대한 연구 성과를 채용하여 전통적인 것과 융합을 시도하였다. 정약용은 중국으로부터 들여온 최신 성제城制를 연구하여 화성 건설에 적용하였고, 거중기擧重機 등 새로운 기계를 고안하여 사용하였다. 중국식 수차水車를 만들어 시범농장에서 실험하였는가 하면, 실학자들의 벽돌 사용 주장을 받아들여 실제로 중국식 벽돌가마를 만들었고, 여기서 벽돌을 대량 생산해 화강암 등 조선의 전통적 건축재료들과 함께 사용함으로써 외래 기술과의 융합을 도모하였다.

화성성역의 일환으로 수원 춘팔경春八景과 추팔경秋八景을 조성한 것에서 보듯이 화성의 모든 시설물은 인공과 자연, 기능성과 외관의 조화를 이루면서 환경친화적인 자족적 신도시를 지향하였다. 국왕과 신료, 백성이 어울려 여유로운 삶을 영위할 수 있도록 행정과 군사, 생산과 소비, 유락을 위한 자족적 시설들을 갖추었고, 이곳에 인구의 유입을 유도하여 '대도회'로 발전시키고자 다양한 대책을 마련하였다.

화성 신도시 건설과정에서는 당시의 사회경제적 발전에 따른 시대적 요구를 반영하여 새로운 시책들이 시범적으로 시행되었다. 앞 시기까지의 부역賦役노동을 청산하고 성역에 참여한 노동자들에게 성과에 따라 임금을 지급함으로써 농촌의 유리민遊離民을 수용하여 임금노동자로 전환시키는 조치가 취해졌다. 또한 당시 심각한 사회문제로 등장한 '유식양반遊食兩班', 곧 아무 생업 없이 놀고먹는 양반층의 문제에 대한 대책도 시험되었다. 양반층에게 자금을 대여하는 등의 방법으로 이들이 상업에 종사하도록 하는 혁신적 조치가 나옴으로써, 박지원朴趾源이나 박제가朴齊家 등 실학자들이 주장했던 양반상인론兩班商人論이 이곳에서 국가의 시책으로 채택되어 실천되기에 이른 것이다.

신도시에서는 농업생산을 극대화하기 위한 대규모 국영시범농장을 설치하여 최신의 영농기술을 실험하기도 하였다. 이미 박지원과 박제가에 의해 '시범농장론'이 제안되었던 상황에서, 이곳 시범농장의 설치와 운영은 박지원과 뜻을 같이하던 홍원섭洪元燮이 실무를 담당하였다. 여기서는 만석거萬石渠저수지 같은 대규모 수리시설을 갖춘 위에, 수차水車 등 신기술을 실험하고, 두 명의 농부가 협업하는 방식(이인통력합작二人通力合作)의 협동영농법을 시험하는 등, 최대의 생산성을 구현하는 실험이 진행되었다.

신도시에서는 국제무역을 획기적으로 진흥하려는 시도도 있었다. 비록 중도에 좌절되었지만, 새로운 형태의 국제무역시장을 개설하여 인삼무역 특권을 매개로 신도시를 국제무역의 중심 기지로 발전시키려는 시책이 펼쳐지기도 하였다. 더욱이 이곳에서는 '부호富豪', 곧 유산계층의 자본을 활용하며 이들을 장차 지배층의 일원으로 받아들이려는 시도가 구체화되기도 하였다. 둔전屯田 개발에 유산계층의 자본 투자를 장려하고, 둔전 경영에서 우수한 실적을 올리는 사람과 시장에 참여한 유능한 상인들에게 벼슬을 주고자 한 것은 정조시대가 지향한 개혁의 방향성을 확연히 드러내고 있다.

정조와 휘하의 지식인들은 이처럼 당시 조선사회의 사회경제적 발전을 가속화하여 새로운 시대로 나아가려는 다양한 개혁 구상을 이곳에서 실천에 옮겼다. 그런 면에서 화성 신도시는 '개혁의 시범도시'였다. 또한 정조에 의해 발탁된 여러 실학자들이 그들의 구상을 국가 시책에 반영하여 실천하기에 이른 점에서 화성 신도시야말로 '실학의 도시'였다고 할 수 있을 것이다.

3. 화성을 둘러싼 갈등

원래 10년 계획으로 추진된 화성 신도시 건설사업은 신속히 진행되어 불과 34개월 만인 1796년 10월 화성행궁 낙남헌 앞뜰에서 준공을 기념하는 성대한 낙성식을 갖기에 이른다. 중간에 흉년으로 인해 6개월간 공사를 중단했던 점을 고려한다면 실제 공사기간은 28개월로 원래 예정 기간을 4분의 1 이하로 단축한 놀라운 속도였다. 여기에는 신료들의 지혜와 백성들의 힘이 합쳐졌고 무엇보다 이를 결집해냈던 정조의 강력한 지도력이 빛을 발하였다.

정조가 화성 건설을 개인적 비원悲願의 실현 차원에서 추진하였다면 그 추진이 이렇듯 용이하지 않았을 것이다. 정조는 탕평정치를 통해 휘하에 노론, 소론, 남인, 북인의 관료들이 공존하는 정치구조를 만들었고, 오랜 기간 동안 이들의 협력을 이끌어내고자 노력하였다. 이 위에서 그는 새로운 시대를 향한 '개혁의 시범도시' 건설이라는 명분을 제시하여 지지를 이끌어냈다. 그는 화성 건설을 '진시황秦始皇의 폭정'에 견주어 비판하는 일각의 주장에 대해서도 포용력을 발휘할 정도로 신료들의 의견을 존중하면서 그들을 설득하였다.

신민의 협력을 얻어 화성 건설을 완료한 이후, 정조는 이제 1804년 화성으로의 낙향에 대비하여 또 다른 치밀한 준비를 진행하였다. 매년 한 차례 이상 화성으로의 성묘省墓 행사를 진행하면서, 화성에 주둔한 장용영壯勇營의 막강한 군사력을 점검하고 화성이 대도회로 발전하도록 심혈을 기울였다. 농업 생산력 증대를 위해 전국에서 농서農書를 수합하고, 조선 농업 개혁의 시발점으로서 화성 둔전 경영에 힘을 쏟았다.

또한 그는 갑자년 이후를 대비하여 화성에 재원을 비축하고자 하였다. 1804년까지 화성에 쌀 10만 석과 돈 30만 냥을 마련하고자 10년 계획으로 매년 쌀 1만 석과 돈 3만 냥씩을 비축했던 것은 막대한 화성 건설 비용에 이어 국가 재정에 상당한 부담을 안겼다.

그러므로 화성 건설이 끝난 이후 불만이 터져나왔다. 신하들로서는 장차 임금 자리를 넘겨주고 은퇴하게 될 상왕上王에게 저 막강한 군사력과 엄청난 재원이 꼭 필요한 것인지 동의하기 어려웠다. 더구나 임금 자리를 넘겨주고 난 뒤를 대비하여 신료들의 복종을 확인하고픈 조급함이 정조로 하여금 신료들에게 무리한 요구를 하도록 만들었다. 그러나 그럴수록 오히려 정조의 갑자년 구상은 물론 화성 건설의 동기까지도 신료들로부터 의심을 받았고 정조는 더욱 고립되는 상황이 전개되었다.

정조는 갑자년 이후 자신이 원하는 대로의 안정적 정국 구도를 만들고자 노심초사하였다. 아직 15세밖에 되지 않은 어린 왕세자에게 양위하려면 자신이 믿을 수 있는 인물에게 중앙 정치를 맡겨야 했으므로 정국의 대개편은 불가피하였다. 아마도 정조는 완전한 정계 은퇴가 아니라 일군의 신료를 이끌고 화성으로 내려가 배후에서 실권을 행사하려 했던 것 같다. 그러므로 갑자년을 앞두고 시간이 흐를수록 군신 모두에게 긴장은 고조되었고, 의구심 속에 신료들이 자신에게 냉담해질수록 정조는 더욱 불안해했다.

1800년(정조 24) 정월 왕세자의 관례冠禮를 치르고 세자빈 간택을 진행하면서 정조는 갑자년 준비를 더욱 서두르게 된다. 5월경, 건강이 극도로 나빠진 상태에서 정조는 탕평정치의 관례인 호대법互對法을 깨고 일부 소론 인사에게 이조吏曹의 중책을 맡겼다가, 신료들의 반발로 뜻을 이루지 못하였다. 이에 정조는 급기야 '오회연교五晦筵敎(5월 그믐날 경연에서의 말씀)'를 내려 신료들의 복종을 요구하는 특단의 강경한 입장을 천명하였다. 그러나 신료들의 냉담한 반응 속에 정조는 더욱 고립되었고 신병은 더욱 악화되었다. 결국 정조가 거의 한 달간의 투병 끝에 6월 28일, 파란만장한 삶을 마감함으로써 그의 원대한 정치적 구상은 중단되고 말았다.

갑자년 구상에 따른 화성 신도시의 발전은 그 주인공인 정조가 불의의 죽음을 맞음에 따라 예정된 길로 나아가지 못하였다. 화성 신도시를 무대로 펼쳐질 예정이었던 개혁은 정조 사후 노론 벽파의 집권과 신유사옥辛酉邪獄을 위시한 정치적 파란 그리고 이후 5년 만에 노론 시파가 집권하는 등 정치적 격변 속에 갈피를 잡지 못하였다. 1806년 병인경화丙寅更化로 김조순金祖淳 등 정조 친위세력들이 정권을 잡았지만, 이들은 이제 정조가 없는 가운데 화성에 내려가 정조의 유지를 계승해야 할 필요성을 느끼지 못하였다. 화성은 정조의 개인적 비원에만 결부되어 인식되었고, 화성 건설의 명분과 역사적 의미는 퇴색되고 말았다.

박지원의 제자였던 서유구徐有榘가 화성유수로서 화성 둔전 경영에 진력하고 훗날 그 경험 위에서 '둔전론屯田論'의 농업개혁론을 제출하기도 하였지만, 이는 정조가 의도하였던 국가적 차원의 개혁으로 이어지지는 않았다. 정조 사후 정조가 추진했던 개혁은 그 주도세력의 실종으로 더 이상의 추진력을 기대하기 어려웠다. 오히려 화성에 비축된 군사력과 재원은 또 다른 시대적 과제를 해결하기 위해 전용되는 상황을 맞는다. 장용영은 해체되고 여기에 비축되었던 재원은 1801년 공노비 혁파라는 역사적 과제를 해결하기 위해 사용된다. 호조판서로서 이 작업을 수행한 인물은 바로 박지원의 수제자인 이서구李書九였다.

정조의 원대한 구상은 애초에는 신료와 백성들의 지원을 받았다. 하지만 화성이 준공되자 정조는 갑자년 이후 정국 구도와 영향력 유지에 집착함으로써 오히려 신료들의 의구심을 자아냈다. 더구나 그가 없을 경우에도 화성에서의 개혁과 발전을 추진해나갈 주체세력을 결집하고 명분을 부여하는 데 소홀함으로써, 사후 자신의 유지遺志와 개인적 비원은 그가 키워낸 시파의 측근 관료들에게서조차 외면당하였다. 화성 신도시 발전의 좌절은 정조의 죽음 이전, 군신 간의 신뢰 상실로부터 배태되었던 것이다.

4. 화성의 오늘

정조시대의 화성 건설이 비교적 단기간에 완수되었음에도, 200년 후 오늘날 세계로부터 그 우수성을 인정받게 된 밑바탕에는 정조시대의 높은 문화 수준과 학문정치學問政治의 전통이 놓여 있다. 정조 조정에 포진하였던 여러 학자들의 개혁 구상과 연구 성과가 화성 건설과정에 반영되어 최대의 효율성을 달성하였던 것이다.

더욱이 화성 신도시 건설의 모든 과정은 사업 종료 후 『화성성역의궤華城城役儀軌』라는 완벽한 공사보고서로 정리되었다. 사업에 동원된 인력의 상세한 내용은 물론이고 들어간 재료, 예컨대 돌 한 덩이, 못 하나에 이르기까지 세밀하게 기록한 이 자료가 있어 화성 건설과정에서는 부실과 부정을 원천적으로 배제하였을 뿐 아니라, 혹시 훼손되더라도 언제나 완벽히 복원할 수 있는 문화유산으로서의 특징을 화성에 부여하였다.

그러므로 화성이 오늘 우리에게 소중한 의미를 지니는 것은 남아 있는 유형의 문화유산들 외에 건설과정에서 보여준 무형의 정신적 유산 때문이라고 하겠다. 사전 연구와 사후 기록, 이를 통한 부실과 부정의 배제, 화성 건설과정에서 우리가 배워야 할 것은 바로 이런 점이다. 오늘 우리의 문화는 부실과 졸속의 극복을 통한 선진화의 과제를 안고 있기 때문에 더욱 그러하다.

그러나 화성에 관한 한, 그간 우리의 인식은 이런 것과는 너무나 거리가 멀었다. 전문적 연구의 부재는 화성의 보존과 선양 시책에서 부실과 졸속을 야기하곤 하였다. 일제의 왜곡을 그대로 답습하여 화성의 신도시로서의 진면목을 망각한 가운데, 화성의 핵심적 시설물들에 대하여 보존은커녕 훼손과 유린을 일삼았던 것이다.

정조시대 농업 개혁의 현장〔국영시범농장(서둔西屯)터와 축만제저수지(서호西湖)〕인 수원 서둔동에 들어선 서울대학교 농업생명과학대학과 농촌진흥청이 전통농업연구의 터전이 훼손되는 것을 외면한 채 200년 전통을 내버리고 각기 서울과 전라도로 떠나기로 한 것이 그 대표적 사례이다. 농촌진흥청이 정조대 농업 개혁을 애써 외면한 채, 일제의 농업 침탈기구인 권업모범장을 기려 2006년에 '한국농업 근현대화 100주년 기념사업'을 대대적으로 벌였던 것은 우리시대 역사인식의 한심한 수준을 그대로 보여주는 예이다.

세계화와 선진화를 지향하고 있는 오늘, 전통문화유산의 가치를 재인식하고 여기에 투영된 선인들의 꿈과 의지를 확인하는 일은 우리 문화의 개성을 찾아나가는 작업이기도 하다. '개혁의 시범도시' 이자 '실학의 도시' 로서 화성의 진실을 올바로 인식하는 일이야말로 우리 시대의 후진성을 확인하고 그 극복을 통해 선진화의 길로 나아가는 출발점이 될 것이다.

참고문헌

유봉학, 『연암일파 북학사상 연구』, 일지사, 1995.
_____, 『꿈의 문화유산, 화성』, 신구문화사, 1996.
_____, 『정조대왕의 꿈』, 신구문화사, 2001.

한국사학을 읽는 방외자의 넋두리

김형국

1. 인간, 지식인의 역사인식

역사에 대한 사람의 관심은 타고난다. 무엇보다 사람 수명이 숙명적으로 한정된 탓이다.

그사이 수명이 많이 늘었다 해도 사람은 '결국 죽고 마는' 생명체인 까닭에 삶의 물리적 시간 연장은 절대한계가 엄존한다. 시한부時限附 삶임을 통감한 끝에 찾아낸 대안이 바로 시간에서 의미를 찾거나 확대하는 노릇일 것이다. 이런 노릇 하나가 인류, 아니 인간이 역사를 적게 된 연유가 아니겠는가.

金炯國 서울대학교 환경대학원 교수.
저서로는 『국토개발의 이론연구』(박영사, 1983), 『대학에서 나는 무슨 공부를 하여 어떤 사람이 될까』(편저, 뿌리깊은나무, 1984), 『사람의 도시』(공저, 심설당, 1985), 『하면 안 된다—도시문화를 보는 시선』(지식산업사, 1986), 『도시시대의 한국문화』(나남, 1989), 『불량촌과 재개발』(편저, 나남, 1989), 『그사람 장욱진』(김영사, 1993), 『한국공간구조론』(서울대학교 출판부, 1997), 『장욱진—모더니스트 民畵匠』(열화당, 1997), 『고장의 문화판촉』(학고재, 2002), *Chang Ucchin: Modern Painter or Artisan*(Youlhwadang, 2004), *The Painter who Wished to Fly like a Bird*(Namusoop, 2004), 『천도반대운동의 사회학』(공편, 나남, 2004), 『활을 쏘다』(효형출판, 2006), 『같이 내일을 그리던 어제 : 이한빈 · 최정호 왕복서한집』(엮음, 시그마 프레스, 2007) 등이 있다.

흔히들 "역사에서 교훈을 얻는다"고 말한다. 이 말은 과거의 행적 내지 축적에서 '지금, 여기'의 의미와 가치에 대해 시사받을 수 있고, 시사를 선용한다면 내일을 보다 낙관할 수 있을 거란 사람의 기대를 암시한다. 사람의 기대는 개인일 수도 있고, 개인이 모인 사회일 수도 있다.

개인이나 사회가 역사에서 배워야 하는 까닭을 명쾌하게 설파한 것으로 중국 당唐 태종 시대의 의미를 정리한 『정관정요貞觀政要』만 한 것도 없다. "동銅으로 거울을 만들면 의관을 단정하게 할 수 있고, 고대 역사를 거울로 삼으면 천하의 흥망과 왕조 교체의 원인을 알 수 있으며, 사람을 거울로 삼으면 자기의 득실을 분명하게 할 수 있다" 했다. 한 국가사회의 치세를 감당했던 제왕이란 선민選民에게 어울리는 언술이다.

같은 맥락에서 "스스로를 수양한 뒤 사람을 다스림〔修己治人〕"을 명심했던 우리의 선민은 임란壬亂이란 유례없는 국난을 겪고 난 뒤 후인들을 경계시키려고 『징비록懲毖錄』을 적는다. 구국 명상名相 유성룡이 『시경詩經』의 한 구절을 빌려 "내 지난 일을 징계하여 뒤에 근심이 있을까 삼간다〔予其懲 而毖後患〕" 했음을 실행한 것이다.

오늘의 시각에서 말하면 뜻있는 식자識者가 선민이다. 개인적으로 제가끔 앞가림에 몰두하고 있을지언정 때론 국가나 사회의 운명을 함께 염려하도록 교육받은 사람이 식자이겠는데, 문사철文史哲이 식자됨의 기초 소양이라 했다. 사람의 생각을 제대로 표현하는 데 필수인 어문語文능력〔文〕, 인류문명 속에서 명멸했던 선인先人의 발자취를 살펴보는 역사의식〔史〕, 사람의 이상과 가치를 탐색하는 철학하기〔哲〕가 문사철인데, 그만큼 식자들의 역사인식은 소중하다. 통通시대적 역사의식이 영양분이 되어 동同시대적 사회의식이 싹틀 수 있기 때문이다.

2. 삶의 희로애락을 담은 역사서

연구와 교육의 대상인 학문은 식자들이 종사하는 직업의 하나다. 나도 개인적으로 역사에 관심을 갖도록 교육받았고, 교직에 들어서는 전공인 도시계획의 연구대상에 관한 역사적 통찰을 주목해왔다.

개인적으로 특히 한국사 읽기는 내 정체성 확인에 도움이 되곤 했다. 도합 5년에 걸친 외국 유학생활 중에 내가 항상 끼고 있던 책에는 좋아하는 소설 한 권과 함께 이기백의 『한국사』가 있었다.

그런데 한국사 관련 통사를 읽을 때마다 조금은 불만이었다. 시대적 변화를 뭉뚱그려 적은 통사에는 역사적 사실에 대한 실감이 별로 나지 않았다는 점이다. 글이 가슴에 닿으려면 마음에 울림이 와야 하는데, 통사가 불가피하게 거대 담론이기 때문인지, 읽을 때마다 겉도는 기분이었다. 이를테면 조선시대의 신분제를 말하면서 "사농공상 간의 갈등이 심했다" 고만 적는다.

이런 전례에 비춘다면 내가 19세기 프랑스 신부 달레Charles Dallet의 서술(안응렬 · 최석우 옮김, 『한국천주교회사』 상, 분도출판사, 1979, 163~181쪽)은 신선한 충격이었다. 우리말 번역본은 모두 3권. 첫째 권이 한국사회와 그 전개를 적은 개관인데, 신분적 갈등을 개술概述하면서 그 생생한 보기를 들었다. 어느 고을에서 있었던 일로, 한미한 양반이 자신을 제대로 알아보지 못한 무례를 응징한다고 공권력의 상징인 포졸 넷을 집으로 유인한 뒤 이웃과 작당하여 눈을 뽑아버렸다. 보기와 함께 저자는 양반의 발호가 심한 탓에 양인들이 "어린이를 무섭게 하려면 그들에게 양반이 온다고 말하여 준다" 는 당시의 세태도 곁들였다.

역사상의 풍진 세월을 살았던 삶의 곡절을 실감하려면, 대하소설 『토지』의 전개에서 보듯이, 등장하는 사람 하나하나를 주인공으로 삼는 역사 소설을 읽는 것이 대안일지 모른다. 그러나 내가 말하고 싶은 것은 시대의 대세를 살피는 사이에서도 그 시대가 투영된 개별 삶의 희로애락을 노출시킬 수 있다면 한결 좋은 역사서 서술 방식이라는 것이다. 이런 시각은 학부에서 사회학을 공부한 내 전력에서 "좋은 글은 사회상을 담은 거대 담론과 그 시대를 살면서 역사를 만들어간 개체성에 대한 미시微視 서술이 함께 어우러진 것"이라 했던 입론立論에 세뇌된 것이라 하겠지만, 실제로 최근 유익하게 읽었던 일본 근·현대사(마리우스 B. 잰슨 지음·김우영 외 옮김, 『현대일본을 찾아서』 1·2, 이산, 2006)의 서술은 그런 내 기대에 부응하는 저술이었다.

3. 아마추어 역사물의 전문성

요즘 역사물이 인기인 것은 역사지식을 대중화하려는 역사학자의 사회의식 그리고 급변 사회상황이 맞물려서 생겨난 현상이겠다. 역사 대중화의 시발이 바로 『한국사 시민강좌』이지 싶은데, 나는 창간호부터 즐겨 봐왔다. 창간호 간행사에서 발간 취지를 "한국사학에서 논란의 대상이 되어 시민들이 간절히 알고 싶어 하는 쟁점들"을 다루어서 "한국사에 관한 사실을 합리적·과학적으로 이해하고, 이를 체계화된 지식으로 제시하고자 한다"고 했다(『한국사 시민강좌』 제1집, 일조각, 1987, pp. iii ~ v).

상황론은 오늘의 우리 시대가 세계화라는 지구적 바람 속에서 세상살이의 근간이 요동을 치는 시대적 파문을 말함이다. 엎치락뒤치락해서 한 치 앞 내일을 내다볼 수 없는 난세에 휘말렸다고 사람들은 생각하고 있는 것이다. 세상이 소용돌이친다고 막막해하면 흔히들 "기본으로 돌아가라"고 말한다. 그 기본에는 당연히 예전의 난세 사정을 살펴본 역사 읽기도 포함된다. 읽기가 성행하면 이에 맞물려 역사서, 역사물이 쏟아지기 마련 아니겠는가. 오늘의 우리 사정이 바로 그렇다고 생각한다.

요즘 특히 '역사물'이 많이 쏟아진다. 대형서점은 독자들이 즐겨 찾는 책은 선반에 꽂아두는 대신, 사람들 눈에 금방 뜨이라고 좌판 위에 펼쳐놓는다. 거기에 놓여 있는 한국사 관련 책만 해도 『이야기 한국사』, 『뜻밖의 한국사』, 『지도로 보는 한국사』, 『하룻밤에 읽는 한국사』, 『청소년을 위한 한국사』 등이 곧장 눈에 들어온다.

내가 역사물이라 이름 한 것은 정통방법론을 체계적으로 공부한 덕분에 기초가 튼튼한 역사전공자의 노작勞作이기보다, 전문 분야를 천착穿鑿하다가 연원에까지 관심을 뻗친 나머지 그 역사적 탐색을 시도한 아마추어 역사학의 성과를 말함이다. 분야마다 프로보다 아마추어가 때로는 관점이나 시선에서 신선할 수 있음은 세상이 아는 바다.

그런데 미덕만큼이나 위험이나 한계가 있는 것이 아마추어의 체질적 약점이다. 관련 문헌의 수합收合이나 정보의 수준급 검색을 하지 못해 오류가 적잖은데, 이를테면 이순신은 『난중일기亂中日記』 덕분에 그 일대가 우리 역사 인물 가운데 가장 샅샅이 따져진 경우임에도 불구하고 독자들의 혼란을 줄 정도로 갖가지로 적혀 있다.

임진왜란 발발 한 해 전에 전라좌수사로 나아감이 백척간두의 왕조 운명을 한 장수의 어깨에 올리는 분기점이 된 것은 이 나라 백성이면 다 아는 바다. 그 임명까지의 경로를 우선 역사물(김경훈, 「이순신은 정말 불패의 장군인가」, 『뜻밖의 한국사』, 오늘의책, 2004, 252~259쪽)에서 읽는다.

> 임진왜란이 일어나기 한 해 전인 1591년 2월 13일, 선조는 47세의 이순신을 <u>진도군수(부임 전이었음)에서</u> 전라좌도 수군절제사에 임명했다. …… 진도군수로 발령을 받기 전에 이순신은 평안도 강계에 있는 만포진의 첨절제사였는데, 이것은 원래 종3품직이다. 그런데 이순신은 <u>만포진 첨절제사를 지낸 후</u> 진도군수로 발령을

받았는데 이것은 종4품직이다(밑줄은 필자의 것).

문제는 정읍현감이던 이순신이 전라좌수사로 가기까지의 경위다. 이에 대해서는 그때 이순신을 적극 추천한 당시의 좌의정 겸 이조판서 유성룡이 왜란이 끝나고 직접 적은 문건이 가장 정확한 준거일 것이다.

> 정읍현감 이순신을 발탁하여 전라좌도 수군절도사로 삼았다. 순신은 담력과 지략이 있고 말 타기와 활쏘기를 잘하였다(국역 『징비록』, 서애선생기념사업회, 2001, 21~22쪽).

실제 부임으로 말하면 정읍현감에서 바로 전라좌수사로 나간 것이다. 이 경위는 이순신의 인간적 고뇌를 문학으로 잘 옮겼다고 동인문학상까지 받은 소설가 김훈의 『칼의 노래』에 부록 삼아 적은 연표에 정확하게 정리되어 있다.

> 1589년 연말에 정읍현감(종6품). 이어 1590년 7월에 육군의 일선 지휘관 자리인 고사리진의 병마첨절제사(종3품)로 임명되나 사간원의 반대로 부임하지 못한다. 이순신의 승진이 너무 빠르다는 것이 반대의 한 이유. 한 달 후 정3품으로 승진, 만포진 수군 첨절제사에 임명되지만 다시 사간원의 반대로 부임하지 못하고 발령은 취소됨. 1591년 2월에 진도군수로 발령, 역시 사간원의 반대로 부임하지 못함. 조정은 가리포 수군 첨절제사로 변경 발령했지만, 사간원 반대로 부임하지 못함(김훈, 『칼의 노래』, 생각의나무, 2001, 336~337쪽에서 필자 요약).

소설가의 연구노트는 유성룡의 기록과 일치한다. 충무공이 정읍현감에서 마침내 전라좌수사로 바로 부임했음은 사실史實이다. 아마추어의 역사물에서 이순신이 "만포진 첨절제사를 지냈다" 고 한 것은 잘못이다.

4. 국궁을 양궁식으로 쏘는 텔레비전 사극

역사적 사실 확인의 오류 내지 부실은 아마추어뿐만이 아니다. 전문 역사학자들도 세부사항에서 사실 확인의 차질을 빚곤 한다. 작금에 조선후기 문예군주 정조대왕의 행적이 역사학자들의 노작을 통해 부각되고 있음은 고마운 일이나 세부적인 데에서 '옥의 티'처럼 흠결이 엿보인다. 중진 한국사학자의 경우도 마찬가지다.

> 활쏘기는 유엽전柳葉箭(살촉이 버들잎처럼 생긴 화살), 소포小布, 장혁掌革 등 세 종류의 화살을 가지고 했다. 여기에서 성적이 가장 뛰어난 사람은 왕이었다(한영우, 『정조의 화성행차 그 8일』, 효형출판, 1998, 238~241쪽, 밑줄은 필자의 것).

유엽전이라 함은 살촉이 버들잎처럼 생긴 화살을 145미터 정도 떨어진 2.7×2미터 크기의 나무 과녁을 향해 쏘는 활쏘기를 통칭하는 말이다. 같은 유엽전 화살을 갖고 쏘는데, 과녁이 다른 경우가 있다. 소포는 베로 만든 작은 크기의 과녁을, 장혁은 나무기둥에 붙인 손바닥 크기의 가죽 과녁을 말한다. 소포나 장혁은 과녁이지 화살이 아니라는 말이다.

활쏘기 고수들이 기량을 연마하려고 또는 탁월한 기량을 선보이려고 종종 소포나 장혁을 앞에 두고 활을 쏘곤 했다. 정조 임금이 바로 그랬다. 정조는 우리 역사상 가장 출중한 신궁神弓으로 지금 기준으로 따지면 활쏘기의 10단이라 평가받을 만하다(김형국, 『활을 쏘다』, 효형출판, 2006, 58~65쪽).

역사학자의 사소한 착오에 견준다면 텔레비전의 역사 드라마는 실수를 넘어 고증의 태만이 고질화되어 있다. 역시 활쏘기 관련인데, 우리 민족을 일러 "중국 '동東' 쪽의 '큰〔大〕 활〔弓〕'"이란 뜻의 동이東夷족이라 했을 정도로 활을 잘 쏘았던 역사적 유래가 엄연함에도 이 시대의 사극물은 국궁을 다반사로 양궁식으로 재현하고 있다. 활시위를 당길 때 국궁은 쇠뿔로 만든, 반지같이 생긴 '깍지(角指)'를 낀 엄지손가락을 구부려 시위를 당긴다. 깍지는 시위를 걸어 당기는 손가락 마디를 감싸는 장치다. 반면 양궁은 가죽으로 된 보호장구(finger tab)를 손가락에 끼고 검지와 장지를 구부려 시위를 끌어당긴다. 이 때문에 국궁은 화살이 구부린 엄지손가락 위에 놓이는 데 반해, 양궁은 검지와 장지 사이에 끼인다.

이런 잘못은 문제작을 만들어 세계 영화계에 널리 알려진 김기덕 감독의 영화 〈활〉도 마찬가지다. 2005년도 제58회 칸 영화제 공식 부문 '주목할 만한 시선' 초청작인 영화는 "팽팽함은 강인함과 아름다운 소리가 있다. 죽는 시간까지 활처럼 팽팽하게 살고 싶다"를 제작 취지로 내걸었다. 거기서 어설프나마 국궁 쏘기 몸가짐을 따르는 노인과 달리, 소녀는 양궁 쏘기 방식을 취하는 난조亂調를 보인다. 영상이 보여준 화살은 과녁에 꽂히지 않는 현대식 촉을 달고 있음에도 서양 다트dart 놀이처럼, 과녁에 꽂히도록 못 모양 촉을 사용하던 지난날의 우리 화살촉같이 보살상에 꽂히고 있음 또한 분명코 고증 부재라 할 것이다.

5. 길이 발달하지 않은 역사를 어떻게 봐야 하나

"인류역사는 도시문명의 역사"라 했다. 토인비Arnold Toynbee의 명언인데, 이는 "인류문명은 길의 역사"라는 말이기도 하다.

'길 도道'는 사람이 땅을 밟는 물리적 길과 함께 삶의 형이상학적 방식을 총칭하는 말이다. 그만큼 인간 삶의 굽이굽이에서 길의 중요성이 막중하다는 뜻이다. 서양의 로마제국을 만든 것이 '로마의 길'이었고, 동양 쪽 당나라의 성세는 숫돌처럼 반듯했다던 주周나라 이래의 길이 실크로드와 이어진 데 크게 힘입었다. 실학자 박지원은 『열하일기熱河日記』에서 중국 청淸나라의 길이 "높은 곳은 깎고 깊은 데는 메우며 흙손으로 바르고 메솔로 다진 듯하여 베〔布〕를 펴놓은 것 같았다" 고 감탄하였다.

나라가 되었든 세계가 되었든, 길은 서로 전문화된 단위 장소를 이어주고 통합해주는 장치이기에 더 멀리 더 넓게 뻗쳐 나가야 할 대상이다. 하지만 길 만들기가 쉬운 노릇이 아니었기 때문에 원천적으로 그 노고와 비용을 줄이는 방도로 찾은 것이 바로 도시의 등장과 성장이었다.

요즘 말로 교통의 발달이라 할 길의 발달과 도시의 성장은 서로 선善순환하는 상보관계임도 눈여겨볼 만하다. 발달된 길을 통해 확보한 자원은 도시의 성장을 부채질했으며, 축적된 도시 성장은 더 많은 길을 만들 수 있는 저력이 되어주었다. 이 설명은 미국 경제사학자가 1955년에 발표한 논문의 요지인데, 관련학계는 이로써 도시 연구가 보편이론 축적이 특색인 사회과학으로 자리 잡는 이정표가 되었다고 보았다(Eric Lampard, "The History of Cities in the Economically Advanced Areas", *Economic Development and Cultural Change*, Vol.3, No.2, 1955, pp.81~136). 18세기 이래 서구 여러 나라의 역사적 개별 사례들을 살펴본 끝에 '공간적 근대화spatial modernization', 곧 도시화의 일반이론을 도출하는 데 성공한 것이다.

이 시각을 빌리면 한반도가 근대화에 뒤진 낙후된 땅으로 오래 남게 된 연유를 간파할 수 있다. 조선의 후진성은 길에 대한 왕조 위정자들의 소극적 발상법에 크게 기인했다는 것이 나 같은 국토개발 전문 연구자의 시각이다. 이전은 말할 것 없고 조선시대에 들어서도 길 만들기에 별다른 진전이 없었다. 당시의 길은 특히 국방의 길이었다. 그때 위정자들은 공격보다 방어에 중점을 둔 국방전략에 따라 넓고 곧은 길을 허용하지 않았다. 이를테면 1673년(현종 14) 함경감사 남구만이 후주진厚州鎭을 설치하면서 도로의 개설을 상소하자 왕은 "길을 닦는 것은 병가兵家의 대기大忌"라며 허락하지 않았다. 길이 없으면 외적도 침입할 수 없다고 여겼기 때문이다.

20세기 초까지도 우리나라의 길은 폭이 1～2미터에 지나지 않아 겨우 가마가 지날 수 있을 정도였다. 또 노반路盤이 고정되어 있지 않아 조그마한 개천만 통과해도 길의 연결을 알 수 없을 지경이었다. 이런 빈약상은 외국인에게 금방 드러나게 마련이었다. 1899년에 러시아 재무부가 펴낸 *Koreana*에서는 "도로에 관한 한 이 지구상에서 제일 형편없는 나라가 코리아다. …… 한국의 도로는 수세기 동안 단 한 번도 개량된 바가 없다. …… 가장 좋다는 도로의 폭이 장정 네 사람이 옆으로 나란히 선 어깨 폭의 합계인 약 3미터"라 했다.

이즈음 어렵사리 외국물을 먹은 선각자 김옥균도 나라를 바로 세우려면 길을 제대로 닦아야 한다고 각성하였다. 1881년에 일본 문물을 시찰하고 돌아온 김옥균은 나라에 헌책獻策한 『치도약론治道略論』(1882)에 이렇게 적었다.

> 오늘날 세계정세는 크게 변하여 여러 나라가 서로 교통하고 선박이 대양을 달리며, 전선이 지구를 옷감 씨날처럼 얽어매었다. …… 먼저 도로, 교량을 보고 그 나라 정치의 득실을 알았다 하였으니, 내가 일찍이 들은 바로는 외국인이 우리나라에서 돌아가 평하기를, 조선은 산천이 아름답고 인구는 많으나 부강하지 못하여 갑자기 장래 일을 도모하기가 어렵도다. 우마牛馬의 오줌똥이 도로에 가득하니 가히 두렵도다.

6. 도로 발달로 보는 도쿠가와시대

반면, 이웃 일본의 길은 달랐다. 역사적 앙금이 거듭 깊게 쌓여 반일反日, 척일斥日이 체질화된 우리가 실상을 제대로 못 보기는 예나 지금이나 일본만한 경우가 없다. 크게 잘못 알고 있는 사실 가운데 하나가 일본이 아시아에서 강자가 된 계기가 19세기 말 메이지유신明治維新을 통해 서양을 빨리 배운 덕분이라고만 알고 있다는 점이다.

내가 뒤늦게 현대일본사를 비롯, 관련 문헌을 정독하고 나서는 근대적 일본의 바탕은 이미 17세기부터 다져지기 시작하였다는 생각이 들었다. 적어도 내 전공분야의 정설에 따르면 그렇다는 말이다. 나라가 발전의 기틀을 다지려면 국민통합nation-building은 필수이고, 여기에 국토통합national spatial integration은 전제조건이다. 국토통합은 교통망의 발달이 그 열쇠라는 정설은 근대 일본에도 그대로 해당한다는 것이 내 판단이다.

히데요시豊臣秀吉 이후 '천하'를 장악한 이에야스德川家康의 막부幕府는 1630년대부터 봉건세력을 분리통치하기 위해 지방영주인 다이묘大名들로 하여금 나라의 실세 권력인 쇼군將軍에게 충성의 물리적 표현으로 1년 또는 6개월마다 에도江戶에 와서 현신現身하게 하는 산킨코타이參勤交代제를 시행하였다. 다이묘 가족의 일부가 함께 에도에 있거나 한동안 에도에 따로 남아 있어야 하는 인질제도가 바로 산킨코타이제였다.

막부는 다이묘 일행이 오갈 수 있도록 5개 간선도로, 곧 고카이도五街道를 정비하였고, 대략 4~12킬로미터 간격으로 총 248개의 숙역宿驛을 설치하였다. 고카이도 위로 교대제를 실행하는 수천 명의 공무여행 인원이 오가는 사이에 숙역은 숙박·운송·통신의 중심지 노릇에 더해 지방 특산물·상품·식량의 집산지로 성장하였다.

지방과 인구 백만 명을 훌쩍 넘은 거대도시 에도 사이에 이뤄진 상호교류는 지방 사람들이 에도에서 물품과 지식을 얻어 가지고 고향으로 돌아가는 기회였고, 여행 중에 만나는 다른 영지의 상황도 인식하게 만든 자극이었다. 지금 말로 하면 '혁신革新의 공간적 확산'이 촉발되었던 셈이다.

그 여행 대열에 민간인도 가세하였다. 18세기에 이르면 여행은 갈수록 서민들 사이에서 인기를 끌었다. 명찰名刹 순례를 내세우면 여행 허가를 받기 쉬웠고, 이를 구실로 길을 오가는 즐거움을 누렸다. 숙역이 기분 전환 장소가 된 것이다.

관광과 신앙이 결합된 이 참배여행의 대표 행선지는 일본 신도神道의 최고 성지로 알려진 시마志摩반도의 이세伊勢신궁이었다. 한 해 방문객은 수십만, 나중에 수백만 명에 이른 상황에서 여행안내서와 통속적 목판화(우키요에浮世繪)를 곁들인 명승지 소개서가 쏟아져 나왔다〔가토 히데토시加藤秀俊, 「여행」(우메사오 다다오 엮음 · 김양선 옮김, 『일본인의 생활』, 혜안, 2001, 207～240쪽)〕.

빈번한 인적 왕래로 일본 전역의 지방경제가 연결 · 순환되었고, 이런 분위기 속에서 자연스럽게 국토 생활 방식이 자급자족보다는 교환에 더욱 치중하는 모습으로 변모하였다. 온갖 종류의 상품이 중앙으로 흘러들었고, 지방경제는 번藩의 정치적 경계를 넘나들 정도로 성숙하였다. 도로 정비가 일본을 유동성과 다양성을 갖춘 근대사회로 변모시키는 데 일조한 것이다. 이 사실은 1719년(숙종 45)에 조선통신사 일행의 제술관製述官으로 수행했던 신유한申維翰의 기행문 『해유록海遊錄』(장상섭 옮김, 정음사, 1976)에서 확인할 수 있다. "사방의 큰 성과 이름난 도시들을 나누어 관할하고 시장과 집들에서 거둬들이는 세는 모조리 공부公府로 들어오니 금은보화가 산처럼 쌓이고 시내를 이룬다."

"사람은 역사도 만들고 지리도 만든다"고 했다. 일본은 이미 17세기부터 근대화의 기틀인 길을 다듬고 전국을 연결하는 지리를 만들어나갔다. 반면, 17세기 초반 네덜란드 선원 하멜Hendrik Hamel이 표류 끝에 만난 우리 사정은 "지구의 끝이 태국"이라 알 정도로 "우물 안에서 본 하늘이 세상의 전부"인 줄 아는 사이에 은둔 조선왕조로 굳어졌고, 이 여파로 20세기 전반까지 대한민국은 헤맨다.

7. 소빙기 이론의 적용, 의미론적 한국사 해석

미국 경제사학자 램퍼드Eric Lampard가 정립한 사회과학적 역사이론은 도시 발달과 길의 관계는 물론이고 응용하기에 따라서 한국과 일본의 근대화 간격을 설명하는 데 유효한 틀이 된다. 서구의 시점·시기·시대에 따라 명멸했던 수많은 개별 역사가 보편 법칙을 도출할 수 있는 사례가 되어준 덕분이었다.

역사 연구에서 세상 이치의 일반이론을 도출하기란 쉬운 일이 아닐 것이다. 이 점에서 이태진(『동경대생들에게 들려준 한국사—메이지 일본의 한국침략사』, 태학사, 2005, 32~51쪽)이 16~17세기 조선 왕정의 난맥상을 지구를 뒤덮던 자연재해에 물은 것은 인과 내지 상관관계 도출이란 사회과학적 성과를 낸 역사학이라 생각한다. 연대기kronos적 역사 연구를 통해 의미론kairos적 역사 연구가 되었다는 뜻이다. 대소大小 운석이 난무하는 외계충격으로 말미암아 지구 전체의 온도가 내려가는 '소빙기小氷期, little ice age'가 되면서 일본은 전쟁에 휩싸이는 '전국戰國시대'를, 우리는 기근의 상습화를 겪었다.

이 입론은 사회과학에서 말하는 환경결정론environmental determinism을 닮았다. 이는 사람은 '환경의 동물'로서 환경에 지대한 영향을 받는다는 입장이고, 반대인 환경가능론environmental possibilism은 만물의 영장인 사람이 '환경의 주인'으로서 환경을 가꾸고 고친다는 시각이다. 환경결정론 또는 환경가능론은 사람의 행동방식을 설명하는 이론으로 알려졌음에 견주어, 국정문란의 자연재해설은 국가사회의 명운에 대한 설명인 점에서 그 의미가 돋보인다.

8. 진정한 한 · 중 · 일 교류사 연구를

역사 연구를 통해 지난 세월 속에 숨은 의미를 파악하고 마침내 보편성을 찾아내려면 사례 연구의 폭을 넓혀야 한다. 우선 시급한 당면 현안으로 동북아 삼국의 개별 역사와 삼국 간의 교류 역사를 제대로 살피는 일 등을 들 수 있다. 세계화시대를 맞아 나라 사이의 접촉 간격이 좁아지고 있는데, 그 경향이 우리 처지에서는 그 어느 곳보다 한 · 중 · 일 사이에 현저하기 때문이다.

우리 역사 연구의 선각 김상기金庠基(1901~1977)는 반공이데올로기와 죽의 장막 등으로 한 · 중 교류가 갇혀 있던 시절인데도

> 지금 조선의 문물 가운데에는 고유의 것도 허다하나 일면에 있어 대륙에 그의 계통을 가진 것과 직접 혹은 간접으로 대륙의 영향을 받아 변화를 일으킨 것 또한 적지 아니하다. 이러한 반면 조선의 문물이 또한 대륙에 흘러가 그들의 문화 양을 더욱 풍부하게 한 것도 적지 아니하니 …… 이와 같은 관점에서 문화교류의 상황을 들추며 다시 한걸음 나아가 각 분야에 걸쳐 문화적 요소의 계통을 밝히고 문화발전의 자상姿相을 살펴보는 것이 오인吾人의 과업이라 할 것이다(이성규, 「김상기」, 『한국사 시민강좌』 제31집, 2002, 183~196쪽).

라며 그 학문적 중요성을 환기시킨 바 있다.

그래도 한 · 중 교류는 그 역사의 장구함 덕분에 중국을 알고 배우려 했던 사대주의의 옛 방식이 관성으로 남아 지금에도 이어질 소지가 적지 않지만, 대對일본의 사정은 다르다. 우리가 전하거나 가르친 것만 들먹일 뿐, 거꾸로 일본의 사례를 타산지석他山之石으로 삼으려는 노력은 절대 함량 미달이다. 한동안 읽혔던 우리 학자들의 일본사日本史도 독자적인 수준급 연구가 없었던 탓에 일본학자 저작의 번안에 불과했지 싶은 심증은, 그 서술이 우리식 한

글 표기방식을 따르지 않고 일본식으로 표기한 점에서 능히 짐작된다. 번역에도 성의를 들이지 않았다는 말이다.

9. 관심인사의 호응 확대로 발전할 한국사

역사라는 뜻의 영어 'history'가 암시하듯이, 역사는 사건의 기록이자 그 이야기의 기술이다. 이야기는 의미를 붙이거나 재구성하는 작업이다. 요즘 우리 독서시장에서 주목을 받는 조선왕조 임금별 시대사 정리, 이를테면 신간『선조 조선의 난세를 넘다－이한우의 군주열전』(이한우, 해냄, 2007)도 대단히 유익하고 의미 있는 역사 재구성 방식이라 생각한다.

이 글 앞에서 보기로 든 역사물 고증의 부정확성은 역사에 대한 관심층이 넓어지고 깊어지면 한결 나아질 것이다. 프로 스포츠 경기의 수준은 관객의 호응 정도에 달렸다는 상식과 한길임은 역사 연구도 다를 바 없지 싶어서다. 더 욕심이라면 특정 주제에 초점을 둔 지난날 이야기에서 세상을 바라보는 보편적 법칙까지 도출해주었으면 하는 것이 고소원固所願이다.

| 역사학 산책 |

역사의 사실과 문학의 진실

서지문

1. 삶과 역사, 삶과 문학, 역사와 문학
2. 소설의 현실성, 역사의 현실성
3. 문학에 의한 역사왜곡 문제
4. 문학적 연민의 부작용
5. 문학에 의한 역사 재해석의 득과 실
6. 대하소설 『토지』와 『혼불』에 담긴 민족혼

1. 삶과 역사, 삶과 문학, 역사와 문학

영문학에서 근대적 의미의 '소설'을 지칭하는 용어는 'novel'이다. 'novel'은 우리말로는 '소설'이라고 번역되는데, 전근대적인 산문 설화문학을 지칭하는 'romance'와는 별개의 문학장르이다. 학생들에게는 'novel'의 의미를 '우리 모두처럼 결함과 미덕을 동시에 갖고 있고, 이상을 추구하지만 저속한 욕망에 얽매이기도 하는 보통 사람이, 매우 구체적인 현실 속에서 생존하면서 뒤얽히게 되는 지극히 현실성과 개연성이 강한 사건의 전개를 다루는 문학'이라고 설명한다. 성인이나 영웅 대 흉악한 악당의 대결 이야기는 현

徐之文 고려대학교 영어영문학과 교수.
저서로 『인생의 기술—빅토리아조 문필, 사상가들의 윤리적 미학이론 연구』(정음사, 1986), 『영어로 배우는 논어』 1 · 2(창작시대, 2001) 등이 있고, 칼럼 모음집으로 『어리석음을 탐하며』(지식산업사, 1998)가 있다. 이 밖에 다수의 학술논문과 번역문학작품이 있다.

실성이 결여되어 'novel'이 될 수 없고, 또 현실적인 인물들이 등장하더라도 그들이 아주 구체적인 현실상황에서 살아가면서 부딪치는 이야기가 아니라면 우리 자신과 삶에 대한 통찰력을 제공해주지 못하기 때문에 소설로서의 가치를 가질 수 없다. 즉 'novel'은 역사 속에서 이루어지는 실존적 인간의 이야기이고, 탈역사적 공간에서 이루어지는 선남선녀들의 이야기는 'romance'이다.

만약, 어떤 나라의 왕자가 태어나자마자 악당들에게 납치되어 상자에 넣어져 바다에 버려졌는데 요행으로 죽지 않고 어부에게 구출되어 자신의 신분을 모르고 성장하다가, 우연히(운명적으로) 자신이 누구인가를 알게 되어 파란만장한 모험 끝에 자신의 왕국을 되찾는 이야기라면 'romance'이다. 이런 이야기는 대개 즐거운 환상은 제공하지만, 우리가 살면서 대면하게 되는 미묘하고 양면적인 윤리 문제에 대한 치열한 고민은 결여되어 있어 진지한 문학으로 분류되지 못한다. 사또의 수청을 거절한 기녀가 처형당할 순간에 암행어사가 되어 돌아온 애인의 출두로 구출되고, 정절을 인정받아 정실부인이 되는 『춘향전』 같은 이야기를 우리는 '고대소설'이라고 부르지만, 이는 'novel'이 아니고 'romance'이다.

그런데 사실, 인간의 삶은 아무리 공상적인 삶이라 해도 시간적 · 공간적 조건과 무관하기가 힘들다. 『춘향전』만 보더라도 시간적 배경이 '숙종대왕 즉위 초'로 되어 있다. 얼핏 생각하면 이 작품의 시대적 배경은 조선조 어느 때라도 좋을 것 같지만, 조선시대에 『춘향전』 같은 이야기가 일어났으리라고 상정하기에 가장 적절한 공간이 숙종조(재위 1674~1720), 그중에서도 초년간이 아니었을까 싶다. 조선조 건국 초기에는 신분질서를 확립하는 데 주력했기 때문에 신분을 뛰어넘는 기적이 일어나기 힘들었고, 임진 · 병자의 두 전란 이후에 북벌론의 바람이 겨우 가라앉고 민생에 치중했던 시기가 숙종조였다. 게다가 숙종 자신이 유례없이 중인 출신 후궁을 정비正妃로 승격시킨 조선조 최대 로맨스의 주인공이었기에, 기녀가 양반의 정실부인으로 신분 상승하는 것이 얼마간 가능한 얘기로 제시될 수 있었던 것이다. 숙종조 후기에는 장희빈을 정비로 삼은 것을 쓰라리게 후회하여 후궁을 정비로 삼는 것을 금지하는 법까지 제정하였기에, 기녀가 정실부인으로 격상되는 것이 다시 현실성이 없게 된다. 게다가 17세기 후반이었던 숙종조 초기는 『춘향전』이 쓰인 18세기 중엽과 가까우면서도 적절한 거리가 있어서 독자들에게 현실성도 있으면서 공상적 공간도 될 수 있었으리라.

사실 문학이란 인간의 의식과 감정, 의지와 욕망이 삶의 조건들과 만나서 형성되는 삶의 형태를 탐구하는 것이고, 인간의 삶은 타잔 같은 예외적인 경우를 제외하고는 언제나 특정한 시대와 지역사회 속에서 이루어지는 것이기 때문에—즉 역사 속에서 이루어지는 것이기 때문에—역사를 초월해서는 존재할 수 없다. 다시 말해서 문학은 미시적으로 본 역사라고 할 수 있을 것이다. 동시대를 배경으로 작품을 쓰는 작가는 동시대의 역사를 증언한다고 할 수 있고, 그러한 작품은 후대에 가면 그 시대를 연구하는 중요한 역사적 사료가 된다. 그래서 문학작품을 읽을 때에는 작품의 무대가 되는 사회의 역사적 조건을 모르면 제대로 감상하기가 힘들다. 『주홍글씨』나 『테스』는 17세기 미국의 청교도사회나 19세기 영국의 이중적 성도덕을 모르면 도저히 이해할 수 없다.

그러나 역사를 따로 공부하지 않아도 책을 읽으면서 자연히 그 시대를—역사책이 가르쳐줄 수 있는 것보다 월등히—입체적으로 생생하게 파악하게 되어서 작가의 주제나 주인공들을 이해하는 데 문제가 없는 작품도 많다.

우리나라처럼 사회변화가 심한 나라에서는, 만약 어떤 소설을 읽다가 "도대체 이 책의 배경이 1960년대야, 70년대야, 80년대야?" 하고 의문을 갖게 된다면 그것은 읽을 가치가 없는 소설일 것이다. 그만큼 우리나라는 해방 이후 사회상황과 사람들의 의식, 가치관과 세계관이 급속히 변했기 때문에 비록 오락소설이라 하더라도 몇 년도를 배경으로 하는가에 따라 등장인물들의 의식이나 문제해결 방식이 다를 수밖에 없다. 따라서 배경 연대가 모호한 소설은 읽는 긴장감도 없고 인간이라는 존재에 대한 새로운 통찰력도 제공해주지 못해 가치 없는 소설이 되기가 쉽다(예외적으로 소설이 아닌 희곡이기는 하지만 『햄릿』이나 『리어왕』처럼 시대적 배경이 매우 모호하거나, 헤르만 헤세의 소설 『유리알 유희』처럼 300년 이후의 가상세계를 무대로 했지만 문학성이 높은 작품도 있기는 하다).

문학작품을 읽을 때, 동시대의 것이라면 적어도 몇 십 년대 소설인지, 100년 이상 전 시대를 배경으로 하고 있다면 어느 세기의 전기인지 중기인지 후기인지, 500년 이상 전 시대의 이야기라면 어느 세기의 이야기인지를 알아야 하며, 자세히 알면 알수록 소설을 더 생생히 이해할 수 있을 것이다. 그 시대를 알아야만 소설 속 사건이 어떤 역사적 사건의 여파 속에서 또는 어떤 사회변동의 와중에서, 어떤 사상이나 사건이 배태되고 있을 때, 어떤 관념·전통·인습의 지배하에서 일어났는지를 알 수 있다. 앞에서 말한 대로 어떤 작품들은 그냥 읽기만 해도 이 모든 것들을 자연스럽게 터득하게 되지만, 역사적 지식을 갖추고 있는 것이 작품을 이해하는 데 매우 요긴할 때도 있으며, 때로는 그것이 필수적인 경우도 있다. 그러나 역사공부를 통해 얻은 시대상은 그 시대를 배경으로 한 문학작품을 읽기 전에는—당대를 살고 그 사건을 몸소 겪었던 사람들의 운명과 내면을 대하기 전에는—그 시대의 '체험'이 되지 못하고, 그래서 그 시대와 역사가 우리 삶의 일부가 될 수 없다는 것이 나의 믿음이다.

2. 소설의 현실성, 역사의 현실성

우리는 흔히 아주 엄청난 사건이나 기이한 사건의 비현실성을 말할 때 '소설 같다'고 표현한다. 상대방이 하는 말이 사실이라고 믿기 어려울 때 "드라마 쓰냐?" 또는 "소설 쓰냐?"라고 핀잔을 주기도 한다. 그만큼 사람들은 '소설은 꾸며낸 이야기이고 허무맹랑한 이야기'라는 인식을 갖고 있다. 물론 소설가가 비평가의 눈을 의식하지 않는다면 터무니없고 허풍스러운 이야기를 잔뜩 쓸 수도 있다. 사실 그런 소설이 적지 않게 나오기도 한다. 그러나 그런 류의 소설은 한때 독자들의 관심을 끌고 판매부수를 올릴 수는 있지만 문학적 수명은 길지 못하다. 『타임머신』이나 『멋진 신세계』, 『1984』, 『반지의 제왕』 같은 공상과학 · 판타지소설이 아직도 읽히는 이유는 그 가정假定은 황당해도 등장인물들이 매우 인간적이고 그들이 처한 상황이 인간의 의식 깊은 곳에 있는 간절한 호기심과 열망, 두려움에 호소하기 때문이다.

그래서 소설은 개연성의 법칙을 무시할 수 없다. 소설이란 비록 꾸며낸 이야기이기는 하지만 어디까지나 있을 법한 이야기여야 하고, 독자 자신도 자칫하면 처할 수 있는 상황의 이야기라는 생각이 들어야 한다. 그러나 역사는 개연성 법칙의 지배를 받지 않는다. 터무니없는 인간, 사건들을 역사에서 제외할 수 있으면 좋으련만 역사의 무대는 비상식적 인간과 엉뚱한 사건들이 주름잡는다. 히틀러와 홀로코스트를 빼놓고 20세기 역사를 기술할 수는 없지 않은가. 그러나 소설 속 인물이 히틀러는 고사하고 최근 버지니아 공대에서 조승희가 일으킨 총기난사 같은 짓이라도 저지르면, 그 소설은 너무 극단적이고 비현실적이라는 지적을 면하기 어렵고 진지한 문학으로 분류되지 못할 것이다. 소설 속 주인공은 독자적인 개성을 지니면서도 독자 누구나 자신을 대입할 수 있는 보편성을 지닌 인물이어야 한다. "진실은 허구보다 기이하다Truth is stranger than fiction"라는 말이 압축해서 표현하듯이 역사는 상상을 뛰어넘는 사건들로 점철되어 있다. 그러나 작가는 보편성과 개연성이 충분한 작품을 써야 독자와 평론가에게 무난히 수용된다.

3. 문학에 의한 역사왜곡 문제

소설은 대개 동시대를 무대로 하고 있다. 작가들이 하려는 이야기가 대개 자신이나 이웃 또는 동료의 이야기이고, 자신이 살고 있는 시대의 삶의 조건들과 씨름하고 싶어 하기 때문이다. 그러나 한편으로 인간은 자신을 다른 시대에, 즉 다른 관념, 질서, 풍속, 조건 속에서의 삶에 대입해서 바라보고 싶어 한다. 그래서 역사 소설이 탄생하게 된다.

그런데 역사 소설을 쓰는 데는 보통 소설을 쓰는 것보다 두 배의 용기가 필요하다. 작가가 역사 소설을 쓰는 목표는 당대를 배경으로 한 소설을 쓸 때와 같다. 즉 인간 삶의 조건과, 그 조건으로 인해 형성되는 사람들의 의식과 행동을 탐구하는 것이다. 그런데 역사 소설의 배경과 무대는 작가가 직접 체험한 시대가 아니므로 작가는 그 시대를 제대로 그리고 충분히 이해하기 위해서 연구를 해야 한다. 작가가 자기 작품의 배경이 되는 시대를 상세히 이해해서 입체적으로 그릴수록 현실감 있는 생생한 작품이 될 수 있다. 그러나 실제로는 능력 부족과 또 소설 전개와 주제 제시의 편의를 위해서 이 의무를 저버리는 경우가 많다.

역사적 사실은 그것을 업으로 삼는 역사가들도 성공적으로 규명하기가 어렵다(이제까지 100퍼센트 정확하고 완벽한 역사는 없었다는 것이 역사가 자신들의 말이다). 그러므로 정확한 역사적 사실의 서술은 주 관심사가 정확한 사실의 규명보다는 그 함의에 있는 작가에게 더욱더 주문하기 어려운 사안이기도 하다. 솔직히 역사가들 중에도 자신의 관점이나 이론에 맞춰 억지스러운 해석을 하거나, 사료 중에서 자신의 해석에 적합한 사료만을 취하고 맞지 않는 사료는 무시하거나 은폐하는 사가들이 적지 않은데, 작가들에게 100퍼센트 정확성과 공정성을 기대하는 것은 무리가 아닐까. 게다가 사료에 대한 충실성이 반드시 작품의 문학적 가치를 보장하는 것은 아니다. 예를 들면, 셰익스피어의 『줄리어스 시저*Julius Caesar*』는 시대착오적인 요소와 부정확한 역사적 사실이 많아 동시대의 동료 극작가 벤 존슨Ben Jonson의 분노와 개탄을 자아냈으나, 부인할 수 없는 명작으로 남아 있다. 반면에 존슨의 사극 『시저너스*Sejanus*』와 『카틸리나*Catiline*』는 사실史實에 매우 충실하지만 극적인 재미가 없어서 오늘날에는 거의 읽히지 않는다.

한편 동시대를 다룬 소설은 작가가 제시하는 시대상을 독자들이 각자의 경험과 나름대로의 시대인식에 비추어 선택적으로 받아들일 수 있지만, 역사 소설은 그런 여과장치가 없는 경우가 대부분이다. 더구나 동시대 소설은 (뒷골목 사회를 다룬 작품, 정계 · 상업계를 다룬 작품, 과학자들의 연구세계를 다룬 작품 등) 다양한 작품을 읽으면서 독자들이 자기 시대에 대한 인식의 반경을 넓히지만, 역사 소설은 동일한 시대나 사건을 배경으로 하는 역사 소설을 여러 편 읽을 가능성이 적기 때문에 독자가 한 작가가 제시하는 시대상을 오롯이 받아들일 위험이 매우 크다.

그러므로 역사 소설에 대해 역사학자들이 불만을 말하는 것은 당연하다. 10여 년 전에 『토정비결』이라는 형편없는, 도저히 역사 소설이라는 범주에 수용할 수 없는 소설이 나와서 장기 베스트셀러가 된 일이 있다. 이 책의 내용 중에는 양반집 규수가 오빠 친구가 방문하자 차茶를 타 가지고 사랑에 나가서 허물없이 담소를 한다든가, 양반이 자기의 딸을 노비와 결혼시키려고 노비를 불러서 설득을 하다든가, 대학자 서경덕이 토정에게 "이건 내가 (유형원에게는 비밀로 하고) 자네에게만 일러주는 것인데……" 하면서 지식을 전수한다든가 하는, 너무도 황당한 대목이 많았는데 어떻게 베스트셀러가 되었는지 정말 모를 일이다. 서경덕과 황진이 등 이른바 거물들이 등장하는 '포르노물' 이어서 대중 취향에 어필했는지도 모르겠다. 반면에 비록 내용에 역사적 오류가 있기는 하지만 문학적 또는 민족적 가치를 지니는 책도 있다. 예를 들면 소설 『동의보감』은, 비록 16세기 조선조의 의원 허준이 의학지식을 위해서(스승의 유지를 받들어서) 스승의 시체를 해부하고, 양반 댁 마님의 배에다 침을 놓고, 어의가 되어서는 임금의 후궁의 머리에 침을 놓는 시대착오적인 대목이 많이 등장하기는 하지만, 저속하지 않았고 우리 한의학의 우수성과 허균이라는 위대한 인물의 족적을 밝히기 위해 저자가 들인 노력으로 인해 독자에게 큰 감동을 주었다.

요즈음은 한국문학도 많이 발전했고 또 경쟁도 심하기 때문에 작가들이 동시대를 배경으로 하는 작품을 쓸 때에도 취재와 연구를 많이 한다(앞에 언급한 『토정비결』의 작가 역시 조선시대의 법도는 전혀 몰랐지만 『역경易經』에 대해서는 웬만큼 연구를 했던 것 같다). 작품 속 주인공의 직업과 주변 환경, 상황 같은 배경을 상세히 제시할수록 독자는 더 생생하게 소설 속의 내용을 전달받을 수 있기 때문이다. 특히 역사 소설을 쓰려면 훨씬 많은 취재와 연구가 필요하다. 그러나 역사연구와 고증은 열의와 정성이 아무리 충만하더라도 어려운 점이 많다. 우선 작가는 역사학도처럼 폭넓고 깊게 소재에 접근하기가 힘들기 때문에 정확도가 떨어지고, 역사적 맥락 속에서 한 시대를 보는 전문적 시각도 부족하기 쉽다. 또한 작가는 역사를 기술하는 것이 아니라 허구를 구성하므로 역사적인 사건에 상상력의 옷을 입히고 상상력으로 역사적 인물의 심리와 행동 동기를 파악한다. 최근에 4명의 역사학자들이 펴낸 『장희빈, 사극의 배반』은 이런 문학의 역사영역 침해(?)에 대한 역사학도의 불만의 일단을 담은 책이다.

그동안 장희빈을 다룬 드라마와 소설들은 대부분 숙종이라는 로맨티스트가 총애하는 후궁의 꼬드김에 넘어가 덕성스러운 정비를 폐비하고 간악한 후궁을 중전 자리에 올려놓았으나, 후에 제정신이 들어 폐비했던 착한 왕비를 복위시키지만 결국 간악한 후궁의 술책으로 정비는 독살당하고 왕은 후회와 자책으로 여생을 마치는 멜로드라마였다. 그러나 『장희빈, 사극의 배반』을 저술한 역사학자들에 따르면, 숙종은 로맨티스트가 아닌 철저히 정치적인 인간이었다. 그들은 숙종이 당시 왕을 압박할 정도의 세력을 지녔던 서인을 견제하기 위해 남인세력을 등에 업은 후궁 장희빈을 왕비로 격상시키면서 서인 가문 출신의 인현왕후를 폐위했으나, 결국 서인세력을 누를 수 없어서 다시 인현왕후를 복위한 것이라고 주장한다.

그러나 인간의 행동 동기가, 비록 그 인간이 왕이라 해도 정치적인 것이 전부일 수 있을까? 물론 나도 '드라마 속의 장희빈'에 대해서는 불만이 많다. 몇 년 전에 방영된 김혜수 주연의 드라마 〈장희빈〉 마지막 몇 회를 보았는데 매회, 거의 처음부터 끝까지 장희빈 김혜수는 소리소리 지르면서 발악을 하였다. 보고 있기가 괴로웠고 저렇게 연기를 하면 얼마나 기운이 빠질까 싶어서 측은한 마음도 들었다. 궁중에서 일어나는 비빈들의 질투를 소재로 한 드라마는 언제나 짜증스럽다. 장희빈과 인현왕후의 부침에는 숙종의 정치적 계산이 틀림없이 작용했을 것이다. 그러나 '장희빈 사건'은 숙종이라는 인물이 그토록 불같은 성격의(즉 인간적 약점의) 소유자가 아니었다면 매우 달라졌을 것이다. 인현왕후를 폐출할 때 가마를 준비할 시간 여유도 주지 않고 당장 궐 밖으로 나가라고 성화를 했던 일이나 다시 부를 때 거처도 준비되기 전에 즉시 들어오도록 독촉했던 일, 그리고 인현왕후 폐출의 부당성을 주장하는 박태보 등을 불같은 분노로 고문했던 일 등을 보면 그가 좋고 싫음과 애증에 대해 지극히 맹목적이고 과격한 사람이었음을 짐작할 수 있다. 이런 사람은 대개 마음이 약한 면이 있다. 여린 마음과 충동적인 애증을 가진 사람이 큰 권력을 가졌을 경우 반드시 참변이 일어난다. 필자는 숙종이 인현왕후를 내쫓은 것은 장희빈의 모략으로 인해 인현왕후를 오해했기 때문이기도 하지만, 한편으로는 자신이 두 여자 사이에서 부대끼는 것을(특히 찬밥 신세가 된 중전의 딱한 정경과 하소연을) 참아내기 힘들어서, 인현왕후를 모함하는 장희빈의 말을 믿기로 하고 폐출한 것이라고 짐작한다. 그러나 인현왕후를 폐비하고 그녀의 옹호자들을 일망타진하자마자 (갑술년에 숙종이 인현왕후에게 보낸 서한에서 알 수 있듯이) 장희빈의 진면목에 눈을 뜨게 되었고 그때부터 후회와 자책에 사로잡혀서 종내에는 인현왕후를 복위하고 장희빈은 유폐하다시피 한 것이 아니겠는가.

한편, 장희빈은 희대의 요녀이고 인현왕후는 성녀라는 전통적인 관념은 지나친 과장이라 하더라도 세상에는 요악한 여인도 존재하고 후덕한 여인도 존재하는 것이 아닌가. 역사학자의 눈으로 보면 부덕한 여자와 후덕한 여자의 구분은 무의미하고 여자는 모두 똑같이 권력 지향적인 존재란 말인가.

『장희빈, 사극의 배반』의 저자들은 숙종이 인현왕후와 멀어지고 장희빈과 가까워진 것에 대해 "남녀 사이의 사적 감정에 따른 것으로 분석하기는 어렵다"라고 말하고 있다(137쪽). 물론, 숙종이 장희빈의 배후인 남인에게 호감을 가지고 있었기 때문에 장희빈을 더욱 어여쁘게 보았을 수는 있다. 그러나 두 여자에 대한 숙종의 좋고 싫음에 감정적인 요소는 없고 다만 정치적인 계산만이 작용했다거나 두 여자의 성품에도 별 차이가 없었다는 주장은 인간의 감정이 일으킨 역사의 거대한 회오리바람들을 숙지하는 역사가의 주장이라고 믿기 어렵다. 이 책의 저자들은 그녀를 축출할 당시 숙종의 말(278쪽)을 인현왕후가 덕이 있는 여인이 아니라는 증거로 제시하면서, 한편으로는 숙종이 장희빈을 사사하면서 내린 「비망기」 등에서 누누이 지적한 장희빈의 악행(291~294쪽)은 별로 참고할 가치가 없는 것같이 취급하였다. 당시에 어린아이들이 인현왕후의 복위와 장희빈의 몰락을 기대하면서 불렀던 "장다리는 한철, 미나리는 사철"이라는 동요는 민의民意를 반영한 것으로 보지 않으면서, 인현왕후가 쫓겨날 때 그녀를 위해 항의하는 내명부가 없었다는 사실은 민의의 지표로 간주한다. 양반 집에서 '요조숙녀' 교육을 받으며 곱게 자라 15세의 어린 나이에 중전이라는 막중한 자리에 오른 인현왕후에게 그녀보다 8세 연상의 야심만만한, 그리고 이미 대궐에서 쫓겨나는 풍파를 겪었던 장희빈은 너무나 벅찬 적수였을 것이다. 당시 양반보다 몇 배나 세상물정에 밝고, '중인'이라는 신분적 제약에 통분하고, 정치적 권력 장악을 위해 막대한 자금도 동원할 수 있었던 중인들의 열망을 한 몸에 받았던 장희빈은, 내명부의 기강을 잡아야 하는 중전과 달리 아낌없이 재물을 풀어서 후궁들과 상궁, 나인들을 포섭하지 않았겠는가. 숙종이 얼마나 인현왕후를 폐한 것을 후회하고 자책했는가는, 그리고 장희빈을 가증스러워했는가는 인현왕후를 복위한 다음에 후궁을 중전으로 삼을 수 없도록 하는 법을 만든 것을 보아도 알 수 있다(이 때문에 나중에 영조의 초취 정성왕후 사후, 65세의 영조가 15세의 정순왕후와 결혼하는 웃지 못할 일이 일어나고, 정순왕후로 인한 신유사옥 등의 비극이 일어나면서 조선왕조가 사양길에 접어들게 된다).

그리고 숙종이 인현왕후 복위 후에 장희빈을 전혀 찾지 않아 장희빈은 잊혀진 여인이 되었는데, 그녀가 어떻게 인현왕후를 독살할 수 있었겠느냐는 주장은 인간의 본성을 너무나 모르고 하는 말이다. 숙종이 장희빈을 잊었다 해서 장희빈이 잊혀진 여인으로 체념하고 달관하고 살았을까? 장희빈으로서는 자신의 존재 가치를 회복할 단 하나의 길은 인현왕후를 제거하는 일이었을 것이다. 그러니 이를 위해서라면 신당神堂 설치와 무당의 저주를 비롯해서 송장 뼛가루를 옷 속에 누벼 넣는 일이나 음식에 독약을 타는 일 등 못할 일이 무엇이었겠는가(물론 마음먹은 일을 다 할 수는 없었겠지만). 흔히 역사는 승자의 기록이라 장희빈이 요녀로 기록되었다고 하는데, 그것은 어디까지나 정사의 이야기일 뿐, 민중은 의로운(또는 가련한) 패배자 편이었다. 민중의 입장에서 보면 왕자도 생산하지 못하고 서러운 유폐생활을 하다가, 복위된 후에는 악질(심한 피부병)로 모진 고생을 하다 일찍 죽은 인현왕후가 패자였다. 그래서 그녀에 대한 신화가 생겨난 것이 아니겠는가.

역사가에게 이런 인간적 상황에 대한 이해가 없다면, 다시 말해 문학적 상상력을 거부한다면 제대로 역사를 기술할 수 없을 것이다. 즉 역사적 사건의 발단이 되는 정치적 계산에 박차를 가하는, 때로는 정치적 계산을 무용지물로 만드는 인간의 감정을 이해하지 않고서는 제대로 역사를 파악할 수도, 기술할 수도 없을 것이다.

4. 문학적 연민의 부작용

"역사는 승자의 기록이다"라는 말이 있지만 문학은 패자의 소유이다. 물론 승자의 승리를 축하하기 위한 문학도 존재하지만 대부분의 문학은 패자에 대한 연민이 원동력일 때가 많다. 그런데 이러한 패자에 대한 연민은 그 자체로서는 아주 훌륭한 감정이지만, 이 때문에 아주 부당하고 불공평한 왜곡이 왕왕 일어난다(100퍼센트 사실史實, fact만으로는 문학 작품을 쓸 수 없다는 의미에서의 왜곡은 논의에서 제외하기로 한다). 한국의 현대문학 중 많은 중요한 작품들이 '민중'의 시각에서 쓰였기 때문에 자연히 '민중'을 경제성장과 근대화의 희생자로, 경제성장과 국가발전의 주도세력을 압제자로 제시하는 작품이 절대적으로 많다. 이런 맥락에서 '개발독재'의 그늘에서 억압받고 치여 살던 소시민들의 한과 애수를 다룬 『난장이가 쏘아 올린 작은 공』 같은 작품은 시대적 의미가 커, 비록 예술적인 결함은 있지만 귀한 문학작품으로 평가받고 있다. 그러나 어떤 외국 독자가 이 작품을 한국의 20세기 후반의 초상으로 삼는다면 한국에 대해 상당히 왜곡된 인식을 갖기 쉬울 것이다. 남 · 북의 대립과 이념투쟁 문제에서도 문학은 압도적으로 좌익에 동정적이다. 특히 『태백산맥』 같은 주요 작품들이 빨치산의 비극과 한을 부각하고 있어, 우리 시대에 대한 다음 세대의 인식이 걱정스럽고, 그들이 한국인의 후손이라는 사실을 부끄럽게 생각할까 걱정된다.

역사 소설을 집필할 때, 훌륭한 문학작품은 웬만한 역사서보다 더 많은 독자에게 읽히고 더 깊은 인상을 주기 때문에 작가의 책임이 막중하다. 또한 작가는 자기 작품의 배경이 되는 역사를 더 자세히 알수록 문학적 상상력이 샘솟을 것이다. 그러나 작가들은 '진실'로부터, 아니면 적어도 '사실'로부터 자유로울 권리를 더 원하는 것 같다. 필자 생각에는 역사 소설을 집필하려면 시바 료타로司馬遼太郎가 『료마가 간다』 집필을 위해 방대한 자료수집과 섬세한 사실규명에 기울인 노력에는 미치지 못하더라도 그 정도로 사실을 존중할 자세는 갖추어야 하지 않을까 한다. 『료마가 간다』에는 일본 무사도의 거의 모든 면모가 들어 있다. 세분화된 여러 무사계급, 각 계급 무사의 영역과 계율, 무사의 수련방법과 다양한 검법 등, 그리고 막부 타도가 무사들에 의해 주도된 이유와 경위가 잘 드러난다. 또한 메이지유신明治維新이라는 일본역사의 분수령이 된 사건의 기획에(그리고 그것을 좌절시키려는 시도에) 이르는 모의와 결사에 관계된 수천 명의 인물들을 전부 나열하고, 이후 그들이 올라간 직책과 말년까지 모두 기술했다. 『료마가 간다』가 장기 베스트셀러가 되고, 사카모토 료마坂本龍馬가 일본인이 가장 존경하는 인물에 여러 번 선정된 것은 작가의 치밀한 고증에 힘입은 바가 크다. 그것이 없었다면 이 대작이 그 정도의 설득력과 현장감, 국가적 · 세계사적 중요성의 느낌을 줄 수는 결코 없었을 것이다.

시바 료타로의 『료마가 간다』가 전기소설fictionalized biography의 훌륭한 예라고 한다면, 현대감각에 어필하는 역사 소설의 훌륭한 예로는 2006년 노벨상 수상작가 오르한 파묵의 『내 이름은 빨강』을 들 수 있을 것이다. 임진왜란과 같은 시기인 1600년경을 무대로 한 이 소설은, 길고 찬란한 세밀화 전통을 자랑하는 오스만 투르크 제국이 원근법에 기반한 근대적 서양회화 기법을 만났을 때의 충격을 소재로 삼고 있다. 찬란한 전통을 가진 고도로 발달된 세밀화를 유일하고 자랑스러운 회화로 생각하던 터키인에게 원근법을 사용해 마치 사람이 그림에서 걸어 나올 듯한 서양의 초상화는 악마의 작업으로 비춰졌다. 그러나 그 매혹은 거부하기 힘든 것이었고, 술탄은 비밀리에 어느 장인에게 자신의 초상화를 서양화 기법으로 그리라고 지시한다. 이 비밀작업은 거기 참여했던 전통 세밀화가의 살해와 나아가 작업을 총지휘했던 장인匠人의 살해를 유발하고 모든 전통화가들을 위기의식으로 몰아넣는다. 또한 이 사실이 알려지면 술탄의 입지도 매우 위태로워지는 상황이 된다.

두 살인사건의 수사 과정이 위기에 처한 세밀화 화공들의 수련 과정과 삶의 목표, 성취의 이야기와 한 미인을 둘러싼 애정다툼과 얽히면서 다시점多視點 소설의 기법으로—모든 주요 등장인물과 죽은 자, 개, 나무, 금화, 말, 물감의 시점까지 빌려서—흥미진진하게 전개된다. 16세기 말 오스만 투르크 제국의 사회와 문화를 총체적으로 재현해냈다고는 할 수 없지만(그것은 이 소설의 목적과 스케일을 벗어난 것이기도 하다), 이 소설은 좁은 골목길 안에서 펼쳐지는 당시 이스탄불 주민들의 흥미로운 일상생활을 생생히 보여주며 동서양 문화의 충돌이라는 문제에 대해 매우 깊은 통찰력을 제공하고 또한 생각하게 만드는 작품이다.

5. 문학에 의한 역사 재해석의 득과 실

역사상 중요한 인물이나 사건, 시대를 소재로 하는 역사 소설이 거듭해서 쓰이는 이유는 역사적인 큰 사건을 일으킨 인물들의 동기와 심경을 새롭게 상상하고 다른 각도에서 분석해보고 싶은 작가의 욕망 때문이다. 즉 작가가 역사 소설을 쓰는 목표는 역사적 진실을 밝히는 데 있다기보다는 역사적 사실 뒤에 가려진 역사의 동인動因을 규명해보고 역사의 격랑에 휘말린 사람들의 의식과 운명을 상상해보는 데 있다. 이런 작가의 관심과 시도가 역사적 사실에 대한 부정확 또는 왜곡의 결과를 가져오는 경우도 많다. 그러나 작가의 상상력에 의해 역사왜곡이 일어난다 해도 문학적 시도를 막을 수는 없고 막아서도 안 된다. 수백 년에 걸쳐 한자문화권의 수억, 수십 억 독자들에게 지대한 감동과 인생에 대한 지혜를 준 나관중의 『삼국지연의』는 역사적인 사실을 상당히 축소·과장하거나 가공하였고 인물해석도 매우 자의적이다. 그러나 누가 감히 나관중의 『삼국지연의』를 잘못 쓴 책이라고, 또는 사실에 충실하기 위해 다르게 썼어야 한다고 말할 수 있겠는가? 10여 년 전에 나온 영화 〈서초패왕〉은 유방을 비열한 인물로, 항우를 더할 나위 없는 신사로 그렸다. 항우가 죄 없는 백성 10만 명을 생매장한 사건도 그가 취해서 정신을 잃은 사이에 군사軍師 범증이 마음대로 저지른 일로 처리했다. 가소로운 역사왜곡이지만 영화로서 재미있게 보았고, 마지막에 항우가 그동안 자신을 섬겨온 말을 살리려고 배에 억지로 태워 보내지만 말이 항우와 헤어지기 싫어 배에서 뛰어내리는 장면은 오랜 여운을 남겼다. 장이머우가 감독한 영화 〈영웅〉은 진시황을 자신을 살해하려던 자객을 살려주려 할 만큼 통이 크고 너그러운 인물로 그리고 있다. 중국의 세계적 제국화의 초석 깔기라는 음흉한 정치적 의도를 의심할 수밖에 없는 개탄스러운 일이지만 영화는 관객을 도취시킬 만큼 환상적이었고 아름다웠다.

최근에 샨사라는 재불 중국교포가 소설 『측천무후』를 내놓아서 상당한 센세이션을 일으켰다. 도입부는 기법도 신선하고 문장도 반짝여서 상당히 매력이 있었지만 소재가 소재인 만큼 결국 철면피한 음란녀 이야기의 수준을 넘지 못했다. 작가는 도덕이라든가 양식이나 의리 등 기존의 규율에 전혀 얽매이지 않고 자신의 욕망 추구를 위해서는 어떤 범죄도 저지르기를 주저하지 않았던 인물에게서 소심한 보통 사람들이 느끼는 일종의 '해방감'에 매혹되었던 것 같은데, 다행히 측천무후의 극악무도한 범죄를 은폐하거나 부인하려 하지 않았고 어설픈 변명이나 합리화도 시도하지 않았다. 라이벌에게 죄를 뒤집어씌우기 위해 어린 친딸을 죽이고, 아들들도 성장해서 권력의 라이벌이 되자 죽이고, 은인과 추종자들도 철저히 이용한 다음에는 모조리 제거한 것 등은 소설 속에서 측전무후 자신의 입으로 "세상 사람들이 그렇게들 말한다"라는 말로 간접적으로 시인하게 하고, 그것을 받아들이는 문제는 독자에게 맡겼다. 또한 측천무후가 이룬 국제화라든가 개혁 등으로 그녀를 정당화하려는 억지스러운 시도도 하지 않았다. 국제화나 당나라의 번영이 그녀가 기획하고 목표한 바였더라도 그것이 그녀가 필사적으로 권력을 장악하고 그 유지를 위해 수십만 명의 인명 살상을 서슴지 않았던 것을 정당화해줄 수 없을 뿐만 아니라, 국제화나 국부의 신장은 그녀가 권력을 탈취하고 장악한 목적이 아니라 자신의 사치와 자기탐닉의 수단일 뿐이었음을 작가가 이해했기 때문이다.

남의 나라 역사가 왜곡되는 것은 여유롭게 즐길 수 있는데, 우리나라의 역사가 왜곡되는 것은 유감스럽고 염려스럽다. 솔직히 말하자면, 문학성이 높은 작품일수록 역사왜곡의 폐단이 두렵다. 많은 독자들에게 비장미로 어필했던 장기 베스트셀러 『칼의 노래』에서 작가 김훈은 이순신의 내면에 자신을 과도하게 투사投射했다. 그래서 이 작품은 문장이 유려하고 주인공의 비애와 허무가 너무 애절해서 가슴을 저미지만, 작가 자신의 감성과 감정이 주인공 위에 막幕처럼 덧씌워 있어서, 어딘지 비릿하고 개운하지 않다. 그리고 교묘한 왜곡도 없지 않다.

예를 들어, 이순신이 파직되고 투옥된 이유나 과정에 대해서는 전혀 언급하지 않음으로써, 작가는 그것이 오로지 이순신의 빛나는 전공과 그를 향한 민중의 숭배를 시기한 선조의 열등감과 악의 때문이라고 강력히 암시한다. 또한 이순신이 자주 몸이 몹시 아프고 옷이 흠뻑 젖도록 땀을 흘리는 것이 그가 당한 고문의 후유증이라는 인상을 준다. 『난중일기』를 읽지 않은 독자가 그렇게 생각하리라는 것을 저자가 의식하지 못했을 리 없는데 실제 사실이 그렇지 않음은 어디에도 시사되어 있지 않다. 이것도 일종의 불고지죄不告知罪 또는 침묵에 의한 기만lying by omission이 되지 않을까? 이순신이 파직·투옥된 것은 물론 선조가 그를 오해하고 오판했기 때문이지만, 선조가 아닌 다른 임금 또는 임금이 아닌 다른 통치자였더라도 그 상황에서는 이순신을 심문할 필요를 느꼈을 것이다. 현대 민주국가라면 소환조사를 하겠지만, 조선시대에는 불행히 '소환조사'가 곧 '국문鞠問'이었다. 일본군에 대한 조선 수군의 공세가 저조했던 1594년부터 1597년 사이는 이로 인해 조바심이 난 선조가 이순신에게 의심을 품을 만큼 긴 기간이었고, 1592년 한산대첩 이래로 이순신의 전황, 전과 보고는 선조가 과장되었다고 의심할 만한 소지가 있었다. 또한 1596년 말의 부산의 왜군 진영 방화, 공격사건에 대한(부하들의 말을 믿고 옮긴) 보고서가 불신을 엄청나게 키웠고, 정유년 초에 일본군이 대대적으로 다시 쳐들어왔을 때 그들의 상륙을 저지하고 분쇄하라는 선조의 간곡한 명령을 이순신이 거행할 수 없었던 것이 선조(와 조정)의 결정적인 분노의 계기였음을 밝히는 것이 작가의 도리가 아니었을까. 명나라 장수들이 왜적들과 화친을 도모하는 상황에서 오로지 기대하고 의지했던 수군통제사가 출군하지 않고 진영에서 날짜만 보내고 있다고 생각했을 때, 이 상황에서는 선조가 아닌 그 어떤 영명한 임금이더라도 분노하고 의구심을 가질 것이다. 게다가 선조는 이순신을 대면한 일이 없으니 그의 사람됨이나 충성도에 대한 직감적인 믿음도 약할 수밖에 없었다.

『칼의 노래』에서는 이순신이 옥獄에서 나오니 세상인심이 모두 그를 피하는 것같이 묘사하였는데 이것도 사실과 전혀 다르다. 『난중일기』의 정유년 4~6월 편을 보면 이순신 장군이 옥에서 나와 전라수영까지 돌아가는 길에 대부분의 사람들이 그를 곡진히 대접했고, 홀대나 회피의 기색을 보인 사람은 아주 소수였으며 오직 이정란 한 사람만이 문전박대를 하였다(이정란은 후에 상당한 공을 세우고 전사한 장수이므로 그의 박대는 간사한 세상인심을 반영하는 것이라기보다 그의 이순신 장군에 대한 오해에 기인한 것이었으리라). 소설에서 심술과 고집의 덩어리처럼 그려진 도원수 권율도 실제로는 죄인의 몸으로 돌아온 이순신에게 지극한 배려를 베풀었다.

또한 『칼의 노래』는 다시 3도수군통제사가 된 이순신이 자신이 상중喪中임에도 불구하고 선조가 육식을 권하면서 생고기를 보낸 것을 몹시도 아니꼽고 메스꺼워하는 것으로 그렸다. 그러나 임금이 상중의 신하에게 생고기를 보냈을 리는 없고, 그때가 음력 선달이었으니 아마도 대궐의 주방에서 특별히 만든 고기반찬(다진 고기를 갖은 양념을 해서 조린 것?)을 내려 보냈을 것이다. 『난중일기』에서는 이를 '우용비통尤用悲慟'이라고 표현했다. 임금이 자신의 몸을 생각해서 육식을 간곡히 권유한 것만도 황송한데 고기반찬까지 보냈으니 더욱 슬픔이 복받쳐 통곡했다는 뜻이 아니겠는가.

『칼의 노래』에서 선조의 비열함을 드러내는 증거로 의미심장하게 사용되고 드라마에서도 마치 흉물처럼 이순신 장군의 집무실에 드리워져 있던 '면사첩免死帖'의 정체는 과연 무엇이었을까? 작가가 암시하듯이 선조가 속임수로 보낸 것으로, 역설적으로 이순신에게는 선조가 자신의 목숨을 노린다는 징표로밖에 여겨지지 않는 것이었을까? 한국사 전공자가 아니어서 우리 역사에서 임금이 신하에게 '면사첩'을 내린 일이 있었는지, '면사첩'을 내린 후에도 죽인 일이 있는지를 알 수 없으나, 선조가 이순신의 목숨을 그런 식으로 농락했다고는 생각되지 않는다. 선조는 이순신을 3도수군통제사로 복직시킨 후 여러 번 우회적으로 사죄했고 이후에 내린 유지에는 이순신의 마음을 어루만지고 싶어 하는 심정이 드러나는 구절이 많다. 선조가 보낸 '면사첩'이라면 정유년 초와 같은 수난은 다시는 없을 것이라는 서약을 담은 징표였을 것이다. 그러나 면사첩을 받은 정유년 11월 17일자 『난중일기』를 보면 그것이 선조가 보낸 면사첩이 아니었다고 생각된다. 선조가 면사첩을 보내려 했다면 자주 내려 보내는 유지와 함께 보내지, 왜 명나라 장수에게 주어 그의 차관差官을 통해서 전달하게 했겠는가? 『난중일기』에는 "(명나라 장수) 양경리(양호)의 차관이 초유문과 면사첩을 가지고 왔다"라고만 되어 있다. 이를 통해 유추해보면 선조가 보낸 면사첩이 아니라 왜군이 우리 백성을 포섭하기 위해서 또는 우리가 왜군을 포섭하기 위해서 발행한 것이거나, 아니면 왜군의 포로가 된 우리 백성에게 귀순을 권유하기 위해 우리 편에서 뿌린 전단을 수거한 명나라 장수가 이순신에게 '샘플'로 보낸 것으로 생각된다.[1]

1 고려대학교 한국사학과 조광 교수는 이 글을 위해 『조선왕조실록』을 검색하고 아래의 결론을 내렸다.

『조선왕조실록』에는 면사첩에 대한 기록이 모두 17건(『선조실록』 12건, 『인조실록』 5건) 나온다. 면사첩은 전란이 진행 중일 때 발행되었는데, '면사첩 소지자를 체포하였을 때는 죽이지 말라'는 내용이 기록된 일종의 증빙서로 볼 수 있다(한국전쟁 시 유엔군이 공중에서 적진에 살포했던 귀순증과 유사한 형태로 생각된다).

임진왜란 때(1597년 12월 23일) 선조가 면사첩 3만 장을 인출印出하여 차관差官 3명에게 나누어주어 하삼도下三道(경상, 전라, 충청)지역의 왜군이 주둔했던 지역으로 내려 보냈고 이처럼 여러 가지 문제점을 가지고 있는 『칼의 노래』에서 한 가지 인정해야 할 점은 작가가 이순신 장군의 행적을 따라가기 위해 전선의 축조법부터 병영의 건축·유지 보수에 관한 모든 것, 군사의 식량 조달을 위한 농업·어업·임업·염업 등 온갖 것을 다 연구해서 통달했다는 점이다. 오늘날 우리 문학의 수준이 이 정도까지는 왔다는 걸 재확인하는 것은 뿌듯한 일이다. 그러나 이순신 장군이 왜 무사의 길을 택했는가, 조선시대 무사의 자부심은 어디에서 왔는가, 문신과 무신의 관계는 어떠했는가, 무신들 역시 유교적인 충효忠孝와 인의예지신仁義禮智信의 개념에 문신들만큼 지배를 받았는가 등 더 근본적인 문제들에 대해서는 탐구한 흔적이 보이지 않는다.

어떤 이는 『칼의 노래』를 읽고 이순신 장군에 대한 존경심이 딱 반으로 줄었다고 말했는데, 대부분의 독자들에게 끼친 영향은 이순신 장군에 대한 애절한 연민과 함께 선조에 대한 극단적인 혐오와 이순신 장군 같은 순결한 영웅을 파괴하는 우리나라에 대한 역겨움일 것이다. 그래서 나는 이 소설이 매우 위험하고 파괴력이 강한 소설이라고 생각한다. 그것이 역사적 사실에 기초한 것이라면 우리도 받아들여야 하고 달갑든 달갑지 않든 간에 작가의 노고를 치하해야겠지만, 작가가 은폐와 왜곡이라는 수단까지 동원해서 독자에게 자신의 국가관을 강요하는 것으로 생각되어 심히 유감스럽다.

문학적인 매력이 크지만 부정적인 영향이 우려되는 이런 류의 역사 소설을

(1598년 1월 1일), 가토 기요마사加藤清正에게 투항하면 죽음을 면하게 해주겠다는 면사첩을 보내어 효유한 일이 있다.

이 외에 명군의 경리가 발행한 면사첩과 일본군이 발행한 면사첩 등이 있는데, 이는 적에게 부역했던 백성을 회유하기 위한 것이었다. 왜군이 발행한 면사첩에는 '행장의 병영에서 부역을 하니 죽이지 말라……' 하고, 그들의 이름을 써넣었는데 모양이 요패腰牌와 같았다고 한다. 결론적으로 면사첩은 전란기에 적에게 부역했던 주민들을 회유하기 위해 관행적으로 발행·배포했던 (국가) 공인 증명서로 볼 수 있고, 따라서 차관이 이순신에게 전했다는 면사첩도 이순신의 생명을 살려주겠다는 증명이 아니라, 이러한 종류의 것으로 추측된다.

한 편만 더 논하자면 1993년에 출간되어 크게 주목받았던 『영원한 제국』을 들 수 있다. 이인화가 약관 27세의 나이에 발표한 이 소설에 드러난 작가의 역량은 경이적이라고 할 만하다. 작가가 18세기 조선의 관제나 정치상황, 각 파벌의 계보와 성리학적 입장에 환할 뿐만 아니라 당시의 법의학 수준까지 상세히 알고, 궁중용어나 당시 지명이나 지리를 적절히 구사하고, 게다가 이야기를 끌어가는 솜씨까지 능란해서, 독자들은 소설 속에 쉽게 빨려 들어간다. 그러나 이 소설의 내용은 어디까지나 남인들의 한풀이일 뿐이다. 작가는 남인들을 돋보이게 하려고 노론세력이 무고한 사도세자를 억울하게 죽게 했다고 주장한다. 어려서부터 앓아왔던 울증이 심해져서 광기가 발동하면 자기의 애첩도 때려죽이고, 무수한 대궐의 내시, 용인, 나인들을 죽이고, 부친 살해의 계획도 공공연히 선언했던 사도세자를 현명하고 관대한 인물로 미화한 것은 개념의 왜곡이고 지독한 인명경시가 아닌가.

사도세자의 죽음을 문제 삼는 소설을 쓰려면 『한중록閑中錄』을 읽었어야 하지 않겠는가? 나는, 사도세자의 발병 원인을 예리하게 파악하고, 사도세자의 정신질환으로 인한 그 아내로서의 무수한 불안과 안타까움, 슬픔을 애절하게 피력한 『한중록』을 읽고도 사도세자를 정신이 성하고 현명하고 덕이 있는 사람으로 그리는 것이 어떻게 가능한지 알지 못하겠다(물론 『한중록』의 저자 혜경궁 홍씨는 본성이 고결했던 사도세자가 아버지 영조의 기대에 못 미친다는 자격지심과 영조의 심한 질책과 냉대로 인해 점점 황폐해져간 것을 원통해했다). 그러나 설령 『한중록』을 불신한다 하더라도 사도세자를 결함 없는 왕세자라고 주장하기 위해서는 그의 무수한 살인과 일탈행동을 설명해야 하지 않겠는가.[2] 만약 사도세자가 죽지 않았더라면 그의 손에 죽었을 가능성이 큰 아들

2 일부 사학자들이 『한중록』의 내용의 진실성에 대한 불신과 함께 혜경궁 홍씨가 친정과 결탁하여 사도세자를 죽음으로 몰았다는 매우 억지스러운 주장을 제기한 바 있다. 그러나 최근에

정조[3]가 사도세자를 그토록 추모한 데에는, 괴팍하기 이를 데 없는 할아버지에게 치어서 광기로 내몰린 아버지에 대한 연민 외에도 사도세자를 미화함으로써 그의 광기를 부정하고 범죄를 표백하려는, 즉 아버지를 복권시킴으로써 자신의 출생의 오점을 씻으려는 정치적 의도가 숨어 있었을 것이다. 그리고 이 작품은 혜경궁 홍씨의 친정과 영조의 계비 정순왕후와 그 친족을 모두 남인의 적이며 따라서 정조의 적으로 한꺼번에 몰고 있는데, 정순왕후가 혜경궁 홍씨의 가장 치명적인 박해자였고 홍씨의 친정을 황폐화한 장본인임은 간과하고 있다(그러나 두 집안이 모두 노론이어서 '초록은 동색'으로 간주했기에 구별할 필요를 느끼지 않았을 수도 있다).

그래서 이 작품 역시 뛰어난 구성과 문학적 재미와 진지한 목표에도 불구하고 한국역사는 악이 승리하고 선은 패배한 역사였다는 테제에 충실하다. 정조가 49세에 죽지(살해되지?) 않고 몇 십 년을 더 통치했더라면 우리가 흔히 '영·정조 르네상스'라고 부르는 중흥기가 연장되고 나라의 쇠퇴가 늦춰졌을 수도 있었겠지만, 아무리 선정이라도 1인 전제에 의지하는 선정은 부작용이 없을 수 없고(실지로 정조가 자신의 계획대로 순조에게 양위하고 '상왕'으로 군림했더라면 무서운 숙청의 칼바람이 일었을 것이다), 현군이 죽으면 물거품이 되기 쉽다.

서울대학교 국문학과 권두환 교수가 일본 도쿄대학교에서 사진첩을 발견해 입수한, 사도세자가 장인 홍봉한에게 15세, 21세 때 보낸 서한을 보면(『동아일보』 2007년 6월 15일자 A1~2면에 보도), 사도세자의 병세뿐만 아니라 사도세자가 장인 홍봉한을 믿고 의지했다는 『한중록』의 증언이 사실임을 알 수 있다.

3 『한중록』, 시간과 공간, 1992, 90·101~103쪽 참조.

6. 대하소설 『토지』와 『혼불』에 담긴 민족혼

소설작품에 우열은 엄연히 존재하고 상대적 가치판단도 가능하지만 일반 소설과 마찬가지로 역사 소설도 완벽할 수는 없다. 그러나 훌륭한 역사 소설은 분명히 존재한다. 그래서 역사 소설의 전범으로 간주되어온 몇몇 서양문학작품에 대한 간략한 고찰과 아울러 현대한국소설로 비교적 탈이데올로기적이고 문학성이 높은 두 편의 대하역사 소설에 대한 일별로 이 글을 끝맺고자 한다.

서구문학에서 '역사 소설'이라고 하면 머릿속에 즉시 떠오르는 작가가 월터 스콧 Walter Scott(1771~1832)일 것이다. 스콧은 처음 시인으로 출발했다가 바이런G. G. Byron(1788~1824)이라는 강력한 라이벌이 나타나자 소설가로 전향했다. 그는 정말 타고난 소설가였으므로 바이런이 출현한 것은 문학사적으로 봤을 때 매우 다행한 사건이라 할 수 있다. 스콧이 활약했던 19세기 초는 산업혁명의 진행과 함께 세상이 물질주의 · 실용주의적으로 변해가면서 인심이 각박해지고 낭만이 사라져서 살벌한 시대였다. 그런데 이런 현실 속에서 중세부터 18세기까지 유럽 전역의 800년 역사를 종횡무진 넘나들면서 펼쳤던 그의 역사 로망은 당대 독자들에게 아직 물질만능주의에 물들지 않았던, 충성과 신의가 지상의 가치였던 시대가 있었음을 상기시켜주었고, 그의 영향으로 영국에서는 '중세 선풍'이 일어나서 중세의 역사, 유물, 민요 등을 수집하고 연구하는 열풍이 불었다.

우리나라에서도 〈흑기사〉라는 영화의 원작으로 많이 읽혔던 『아이반호 *Ivanhoe*』를 비롯한 30여 권의 역사 소설을 쓰기 위해 스콧은 작품의 배경이 되는 수많은 지역을 몸소 답사하면서 사료를 찾고 연구했다. 당시에는 중세사 연구에 부족한 부분이 많았고, 정사가 취급하지 않는 지역사, 민속사적인 자료도 드물었기 때문에 당시 독자들은 스콧의 소설을 읽으면서 역사를 공부했다. 역사연구가 발달하면서 스콧의 소설에 등장하는 많은 세부 사실史實이 부정확한 것으로 판명되었지만, 스콧 소설의 성가聲價가 낮아진 것은 역사적 부정확성 때문이 아니라 소설의 남녀 주인공들이 너무 이상화된 선남선녀이기 때문이다. 스콧의 소설에 등장하는 여러 서민과 하층민, 악당들은 매우 개성이 있고 생기가 넘치는 데 반해, 주인공들은 불행히도 너무 완벽한 기사 또는 신사, 숙녀여서 인간의 복합적인 심리와 내면갈등을 소설의 주된 매력으로 생각하는 현대독자의 취향에는 어필하지 않는다. 스콧의 소설들은 아직도 읽으면 그가 펼쳐놓는 신선한 세계와 광활한 무대 때문에 충분히 매력적이지만 고도의 압축성을 원하는 현대독자에게는 장황하고 산만하게 느껴지기 쉽다. 『영국소설*The English Novel*』이라는 뛰어난 영국소설 입문서의 저자 월터 앨런Walter Allen은 이 책에서 스콧의 소설에 대해 "스콧의 막대한 권위 때문에 영국의 후배 작가들은 스콧 식으로 젊은 선남선녀가 온갖 우여곡절 끝에 결합하게 되는 스토리 라인을 소설의 공식으로 받아들여서 스콧이 영국소설에 끼친 영향은 부정적이었고, 유럽의 작가들은 스콧의 소설에서 인간과 역사와의 관계, 인간과 전통의 관계에 대한 그의 깊은 관심을 계승했기 때문에 유럽과 러시아 작가들에 미친 스콧의 영향은 매우 긍정적이었다"라고 말했다(pp.135~136). 실제로 러시아문학 연구에서는 스콧이 매우 중요하다.

서양문학에서 위대한 역사 소설이자 최고의 문학작품 중의 하나로 존경받는 톨스토이의 『전쟁과 평화』는 필자도 경외하지만 그리 흥미진진하게 읽지는 않았다. 아직 문학적 감식력이 미숙했던 대학시절에 읽었고 당시에 도스토예프스키에게 열광해 있었던 탓도 있을 것이다. 톨스토이는 이 소설에서 온 러시아를 공포에 몰아넣고 모스크바를 황폐하게 만들었던 1812년 나폴레옹의 침공이라는 대사건을 통해 역사적 혼란이 인간의 운명과 의식을 어떻게 바꾸어놓는가를 보여준다. 이와 동시에 전쟁 등 대참사로 인해 개개인의 삶은 타격을 입고 방향이 바뀌기도 하지만, '삶'은 수많은 사람의 상처와 상실을 휘몰아 도도히 흐른다는 것을 역설한다. 그리고 나폴레옹의 야망과 천재적 전술이 러시아적 인내의 달인 쿠투조프 러시아 군 총사령관의 지연작전에 붕괴되는 것을 증언함으로써 정복욕의 허황됨을 역설하고, 플라톤 카라타예프라는 농노를 통해서 모든 압제와 수난을 묵묵히 수용하고 자연의 섭리에 순종해 사는 러시아 농노의 지혜와 성스러움을 강조하였다. 필자는 쿠투조프 장군의 지연전술에 깊은 인상을 받기는 했지만 주인공 안드레이 보르콘스키 공작과 나타샤 로스토프가 매우 평면적 인물이라는 생각과 농노 플라톤에 대한—러시아의 혼을 대표하는 인물로서의—찬양이 어쩐지 설득력이 없다고 생각했다. 필자를 열광시킨 책은 아니지만, 필자의 학창시절만 해도 교양인의 필독서였던 이런 대작이 이제는 특수한 목적을 가진 사람만이 읽는 책이 된 점은 안타깝다.

세계적으로 '대하소설'은 한가하던 시대의 유품으로 전락하고 있는 시점에서 우리나라에서는 여러 편의 대하소설이 장기 베스트셀러가 되었다는 사실은 매우 고무적이다. 작가 최명희(1947~1998)가 혼신의 힘을 기울여 저술한 『혼불』은 우리 민족 정서의 보고이자, 민속지적인 의미가 지대한 작품이다. 이 작품은 봉건사회에서 근대로 전환될 무렵의 우리 민족의 심성과 의식을 잘 보여준다. 전반부에는 양반의 법도에 대한 숭모의 정을 가득 담아서 양반가의 대소사를 한 양반가문의 중흥과 쇠퇴 과정과 함께 다루고 있다. 작가는 양반이 체통과 법도와 품위를 떨어뜨리지 않기 위해 인간의 자연스런 욕망과 감정을 철저히 억제하면서 살아나가는 것이 얼마나 어려운 일이었는가를 역설하였다. 그러나 후반으로 가면 사회적 특권을 전유했던 양반들의 억압 아래서 맨몸으로 생의 가혹함을 견뎌야 했던 천민과 민초들의 한과 그들에 대한 연민이 더 강하게 드러난다. 그래서 전통과 품격을 유지하려는 양반과 오랜 체념과 자기비하에서 깨어나 양반의 지배에 항거하려는 상민들의 투쟁의 발단이 보이고, 민족의식의 각성과 외세에 대한 저항의 싹도 보이지만, 안타깝게도 이 대하소설은 미완으로 끝나고 말았다. 『혼불』은 근대사적인 민족의식의 형성을 보여준다는 의미보다는 민족정서와 민속지적인 보고로서의 의미가 더 크다. 그저 민속지적인 정보를 풍성히 담고 있는 정도가 아니라, 크고 작은 모든 의례와 풍속과 일상행위에 깃든 우리 민족의 혼과 정성과 삶에 대한 애착과 경건함을 느끼게 해준다.

박경리의 필생의 대작 『토지』는 섬세하고 정감이 넘치는 『혼불』에 비해 훨씬 담대하고 웅혼한 작품이다. 이 작품은 역사적 대변동과 등장인물들의 삶의 상관관계를 더 직접적으로 그리고 있다. 독자는 동학란, 한일합병, 독립운동 등의 역사적 사건들과 밀접하게 연관되어 민족사와 궤를 같이하는 일가족 4대의 수난사를 읽으면서 우리 민족의 고난과 인내를 숙연히 인식하게 된다. 안팎으로 무수한 도전과 시련을 받은 최참판 댁에 외롭게 남겨진 어린 고아 서희가 자라 만주까지 가서 재산을 모아 고향으로 돌아와서 가문을 되찾고 독립운동을 지원하는 과정을 통해 작가는 우리 민족의 저력과 생명력을 증언한다. 배경 무대의 광활함과 상상력의 거대한 규모와 박력 있는 묘사와 다양한 인물들의 강력한 개성이 독자들을 매혹했고 한국문학에 대한 새로운 기대를 불러일으켰던 이 대작은 뒤로 갈수록 박력이 떨어지고 등장인물들의 성격이 둔해지는 것이 결함이기는 하지만 역사 소설의 전범으로서의 위치를 오랫동안 유지할 것이다.

역사 소설을 순전히 문학으로 평가할 것이냐, 역사 교과서로서의 가치도 평가할 것이냐, 그리고 두 가지 평가가 크게 다를 때 어느 쪽에 더 무게를 둘 것이냐는 추상적으로 단정할 수 있는 문제가 아니다. 『삼국지연의』가 증명하듯이 역사적 왜곡이 심한 소설이라도 문학적으로는 지대한 가치를 지닐 수 있다. 또한 문학적 상상력을 배제해야만 정확한 역사에 이를 수 있는 것도 아니다. 문학작품은 더 널리 읽히고 호소력이 크기 때문에, 역사서는 대중적으로 널리 읽히지는 않아도 독자들이 절대적인 진실로 받아들이기 때문에 왜곡의 악영향이라는 점에서는 둘 다 심각하고 매우 해롭다. 물론 사가들은 역사가들의 작업에는 '왜곡'은 없고 '재해석'만 있을 뿐이라고 주장한다. 역사의 '재해석'은 분명 필요하고 또 필연적인 것이고 '재해석'과 '왜곡'의 경계가 언제나 명백한 것은 아니지만, 일부 역사학자들의 논문이나 저서에는 '재해석'이라는 이름으로 호도될 수 없는 왜곡도 분명히 있다. 현재 진행 중인 '과거사 정리' 작업은 승자에 의한 '역사 손보기'의 색채가 강하다. 그렇다면 이처럼 역사학자들도 역사왜곡을 저지르니, 작가들의 역사왜곡도 용인될 수 있느냐라는 문제가 생긴다. 작가에게는 자신의 주제를 위해 역사를 '요리'할 재량이 주어져야 한다는 주장도 어느 정도 타당하지만 최선을 다해 진실에 다가가려는 자세가 있느냐 없느냐는 분명 가려져야 하고, 드러나게 된다. 작가는 상상력과 창작의 자유를 마음껏 행사하기 전에 역사가 민족의 유산이고 역사 속에 민족이 나아갈 바, 미래를 위한 지혜가 있음을 깊이 인식하고 당대와 후세를 위해 경건한 자세로 역사를 다루어야 할 것이다. 또한 역사가는 문학작품이 어느 정도 사료에 충실하지 않더라도 역사적 인물이나 사건에 대한 작가의 통찰력이나 직관에서 배울 바가 많다는 자세를 가져야 인문학으로서의 역사를 제대로 연구할 수 있을 것이다.

참고문헌

김훈, 『칼의 노래』, 생각의 나무, 2001.
박경리, 『토지』 1~10, 문학사상사, 1973.
박천홍, 『인간 이순신 평전』, 북하우스, 2005.
샨사 지음 · 이상해 옮김, 『측천무후』, 현대문학, 2004.
오르한 파묵 지음 · 이난아 옮김, 『내 이름은 빨강』, 민음사, 2004.
이순신, 『충무공 이순신 전집』 2, 우석, 1999.
이순신 지음 · 노승석 엮음, 『난중일기 완역본』, 동아일보사, 2005.
이은성, 『동의보감』 상 · 중 · 하, 창작과비평사, 1990.
이인화, 『영원한 제국』, 세계사, 1993.
이재운, 『토정비결』 상 · 하, 명상, 2001.
이한우, 『선조—조선의 난세를 넘다』, 해냄, 2007.
작자미상 · 전영진 편저, 『인현왕후전』, 홍신문화사, 1995.
정두희 외 지음, 『장희빈, 사극의 배반』, 소나무, 2004.
최명희, 『혼불』 1~10, 한길사, 1996.
혜경궁, 『한중록』, 시간과 공간, 1992.
Allen, Walter, *The English Novel*, New York: E.P. Dutton, 1954.
Scott, Walter, *Ivanhoe*, London: Penguin, 2000.
Scott, Walter, *Waverley*, London: Penguin, 1985.

역사이론의 앵글에 잡힌 역사 소설

최성철

1. 프롤로그 — 역사와 문학의 숙명적 만남
2. 근대적 서사장르로서 역사 소설의 탄생
3. 역사 소설의 빛과 그늘
4. 역사 소설에 대한 역사이론적 비판
5. 에필로그 — 바람직한 역사의 문학적 형상화를 위한 제언

1. 프롤로그 — 역사와 문학의 숙명적 만남

서양에서 역사는 신화, 서사시, 서정시, 비극, 희극 등이 이미 다 등장하고 난 뒤인 기원전 5세기 문학의 막내둥이로 탄생한다. 이야기체 양식으로 서사적 플롯을 지닌 형식과 구조상 역사는 영락없는 문학이었던 것이다. 다만 실제로 발생했던 사실을 주제로 삼았다는 점에서만 문학과 차별성을 갖는다. 즉 문학은 문학이되 사실을 추구하는 실증적 문학, 그것이 바로 역사였다. 바

崔成哲 서강대학교 사학과 강사.

저서로 *Erfahrung und Erkenntnis: Eine Untersuchung über Jacob Burckhardts Geschichtstheorie*(Berlin, 2000)이 있고, 역서로 『혁명 시대의 역사 서문 외』(책세상, 2002)가 있다. 논문으로는 「현재의 경험에서 역사의 인식으로 : 야콥 부르크하르트의 역사이론에 대한 연구」(『서양사론』 71, 2001), 「문화로서의 역사? : 요한 호이징하에서의 '역사'와 '문화' 그리고 '문화사'」(『역사학보』 174, 2002), 「파국과 구원의 변증법 : 발터 벤야민의 탈역사주의적 역사철학」(『서양사론』 79, 2003), 「역사 속의 특출한 개인 : 19세기 유럽의 영웅 담론」(『역사학연구』 27, 2006), 「현재비판과 역사연구」(『역사학보』 194, 2007) 등이 있다.

로 이 점 때문에 역사는 어찌 보면 오랜 세월 동안 정체성에 혼란을 겪어왔는지도 모른다. 역사는 탄생부터 약 2,500년이 흐른 오늘날까지 문학과 학문, 또는 예술과 과학의 경계선에 서서 이쪽저쪽을 오갔다. 그러나 학문인지 아닌지 여부에 대한 논쟁은 있어왔을지언정 역사가 문학이 아니었던 적은 거의 없었다. 심지어 역사서술의 학문화가 진행되고 완성되었던 19세기에조차 거의 대부분의 역사가는 아름답고 예술적인 문체를 경시하지 않았다. 20세기 중반에 들어 잠시 영미의 신실증주의자나 분석철학자들 사이에서 제기된 역사서술에서의 '설명' 담론이 역사의 과학성을 강조하기는 했지만, 역사와 과학을 동일시하고자 했던 이 환상적 프로젝트가 실제로 제도권 역사학에 미친 영향은 미미하다. 20세기 후반 이후 오늘날에는 오히려 포스트모더니즘의 영향으로 서사敍事로의 복귀 경향이 두드러지면서 역사가 그야말로 문학과 다를 바 없는 것, 즉 허구로 간주되는 추세이다. 이를 종합하면 역사의 과학성에 대한 논란은 줄곧 있어왔지만, 역사의 문학성을 부정한 사례는 거의 없었고, 있었다 하더라도 대부분 실패로 끝나고 만다. 이같이 역사가 탄생부터 문학이었고, 그것이 근대에 들어와 학문화되었을 때나 그 이후 오늘날에 이르기까지 문학과 밀접한 거리에 있다면, 이제 우리는 역사와 문학이 결합된다고 했을 때 그것에 거부감을 느낄 이유가 전혀 없다.

2. 근대적 서사장르로서 역사 소설의 탄생

역사와 문학이 결합된 형태로 우리는 단연 '역사 소설'이라는 장르를 떠올린다. 이 장르는 '혁명', '민족', '역사' 등 대부분의 거대담론적 개념들이 그런 것처럼 18세기 말과 19세기 초에 탄생한다. 다시 말해 게오르그 루카치 György Lukács가 이 분야에 대한 고전적 이론서에서 지적했듯이, 역사 소설은 "현재 사회의 문제에 대한 역사적 이해의 증대 그리고 생활감정의 역사화가 문학적으로 표현된" 것으로서, 이 시기의 역사의식의 형성 및 성장과 맞물려 탄생한다.[1] 이 장르는 대체로 현재로부터 40년에서 60년 이상 떨어진 시간 간격을 두고 주로 전쟁, 정치, 경제변화와 같은 "공공의 영역" 에서 발생한 역사적 사건들을 소재로 하되 "꾸며낸" 사실들이나 사건들 속에 반드시 역사적 "실존인물" 이 등장하는 것을 특징으로 한다.[2] 즉 역사 소설이란 통속적 전기류나 중세의 로망과 구분되는 "근대적인 장편소설" 로서 "현재와 획기적으로 구분될 수 있는, 적어도 두 세대 이전의 과거사를 명백히 역사적 과거라는 의식하에 형상화한 소설" 을 말한다.[3]

서양에서 역사 소설은 루카치가 이 장르의 창시자로 지목했던 월터 스콧Walter Scott의 『웨이벌리*Waverley*』(1814)라는 역사로맨스에서 시작하여 최근 국내에 번역 출간되어 베스트셀러를 기록한 댄 브라운의 『다빈치 코드』(2003)와 같은 역사추리소설에 이르기까지 그 나름의 긴 역사를 갖고 있다. 대부분의 학문이나 사상, 문예사조들이 그렇듯이, 역사 소설 또한 시대의 흐름 속에서 수많은 변화와 굴곡을 겪어왔다. 때로는 스콧의 소설처럼 현재에 대한 역사적 이해를 모토로 역사적 사실들을 배경으로 한 허구적 인물의 이야기를 통해 역사의식을 문학적으로 멋지게 승화한 작품이 있는가 하면, 19세기 중후반 귀스타브 플로베르Gustave Flaubert의 『살람보*Salammbô*』(1862)나 콘라트 페르디난트 마이어Conrad Ferdinand Meyer의 『위르크 예나치*Jürg Jenatsch*』(1876) 같은 소설들처럼 당대의 현실 문제와 대결할 용기나 의욕이 없이 그저 과거로 도피하는 수단으로 이용된 작품들도 있다. 앞의 경우 작가

1 게오르그 루카치 지음 · 이영욱 옮김, 『역사소설론』, 거름, 1993, 306쪽.

2 Avron Fleishman, *The English Historical Novel: Walter Scott to Virginia Woolf*, Baltimore & London: The Johns Hopkins Press, 1971, p.3.

3 강영주, 『한국 역사소설의 재인식』, 창작과비평사, 1991, 18쪽.

가 자신의 작품에서 역사적 소재를 이용하는 동기가 역사와 현재에 대한 연관관계를 이해하는 것이었다면, 후자의 경우 그 동기는 현재에 대한 거부와 부정이었던 셈이다. 또한 역사 소설은 19세기 후반과 20세기 전반기에 빅토르 위고Victor M. Hugo의 『1793년*Quatrevingt-treize*』(1874)이나 하인리히 만Heinrich Mann의 『앙리 4세*Henri Quatre*』(1938)에서 드러난 것처럼 실존 인물들을 이들이 살았던 역사적 환경 속에서 재현해냄으로써 마치 실제 역사를 한 편의 드라마처럼 그려내기도 했지만, 전체주의 시대에 발표된 『유태인 전쟁*Der jüdische Krieg*』(1932)이나 『가짜 네로*Der falsche Nero*』(1936) 같은 리온 포이히트방거Lion Feuchtwanger의 반파시스트 역사 소설들처럼 독재정권에 저항하는 이념적 수단으로 창작되기도 했다. 전자가 역사를 그 나름대로 충실히 재현하고자 한 '순수한' 역사 소설이었다면, 후자는 정치적 역사의식이 투영된 '이념적' 역사 소설이라 할 수 있다. 제2차 세계대전 이후 오늘날의 역사 소설은 움베르토 에코의 『장미의 이름』(1981), 댄 브라운의 『다빈치 코드』, 레이먼드 커리의 『최후의 템플기사단』(2005)처럼 가공의 인물들과 역사적 사실 또는 과거와 현재를 뒤섞으면서 특정 사건을 파헤쳐나가는 기법으로 독자들에게 흥미와 오락거리를 제공해준다. 이 경우는 역사적 시간이나 공간은 하나의 작품 전개를 위한 무대배경이라는 도구적 의미만 지닐 뿐 주요 플롯과 이야기 전개는 오롯이 상상과 추리에 의존한다는 점에서 '역사추리소설' 또는 '역사스릴러소설'로 불리기도 한다. 결국 19세기 초반부터 오늘날까지 서양에서 역사 소설의 흐름은 허구적 인물들을 소재로 현재를 역사적으로 이해하기 위한 역사의식적 목적에서 출발하여, 1848년 혁명 이후에는 부르주아 사실주의의 영향 아래서 현실도피적 경향을 보이다가, 19세기 말과 20세기 초에는 작가가 역사적 실존인물과 실제 배경을 자기 시대의 상황에 맞게 재해석함으로써 문학적으로 되살려냈고, 전체주의 시대에는 독재정권에 대항하는 경향을 보였으며, 제2차 세계대전 이후 오늘날에는 실제의 역사를 충실히 재현하기보다는 역사적 소재로써 추리나 스릴러 등 환상적 세계를 만들어가는 흐름으로 나아간다. 이 점에서 서구의 역사 소설사는 역사 소설의 양식 변화사인 셈이다. 이들을 종합해볼 때 역사 소설은 프랑스혁명과 나폴레옹시대라는 현대가 탄생하려는 격변의 순간, 즉 역사의식의 대중적 강화와 확산의 시기에 탄생하여 부르주아 리얼리즘 시대를 거치며 공고해진 후 오늘날에 이른 철저히 '근대적 서사양식'이라 할 수 있다.

3. 역사 소설의 빛과 그늘

역사철학을 비판하면서 사용했던 야콥 부르크하르트Jacob Burckhardt의 표현을 빌리자면, 역사 소설은 그리스 신화에 나오는 반인반마의 괴물 켄타우로스, 즉 형용모순이다.[4] 왜냐하면 사실을 추구하는 역사는 소설이 아니고, 허구를 만들어내는 소설은 역사가 아니기 때문이다. 그러나 부르크하르트의 바람과는 달리 역사철학이 헤겔 이래 철학의 한 분과로 견고히 자리 잡아왔듯이, 역사 소설 또한 오늘날 문학의 한 형식으로 자리매김되어 있다. 그 원인은, 수용미학 차원에서 보자면, 독자들의 수요가 꾸준히 있어왔기 때문이다. 간단히 말해 사람들이 역사책은 안 읽어도 역사 소설은 읽어왔다는 뜻이다. 그렇다면 탄생부터 오늘날까지 사람들이 즐겨 찾는 역사 소설은 대체 어떠한 장점과 문제점을 안고 있는 것일까? 이 문제를 역사이론적 차원에서 접근하기 이전에 일반적인 관점에서 먼저 짚어보자.

소설의 한 장르로서 역사 소설은 이것이 취하는 소재 덕분에 다른 소설 양

4 Jacob Burckhardt, *Über das Studium der Geschichte*, ed. P. Ganz, München: C. H. Beck, 1982, p.225.

식들과는 다른 독특한 기능과 역할을 갖거나 요구받는다. 즉 문학적 형상화의 도구로 역사적 사실이 활용된다는 사실 자체는 역사 소설이 타 장르와 구별되는 분기점인데, 이러한 차별성은 역사 소설 안에서 과연 역사가 어떠한 의미를 갖는지, 또는 어떠한 역할을 수행해야 하는지와 관련된 여러 주장에서 유래한다. 이를 기준으로 보았을 때 역사 소설이 갖는 순기능과 역기능은 분명해진다.

역사 소설은 우선 역사 드라마, 역사 영화, 역사 만화 등 역사를 소재로 한 다분히 오락적 성격의 다른 대중매체들과 마찬가지로 역사에 대한 대중적 관심과 흥미를 유발할 수 있다는 장점을 갖는다. 물론 영상시대인 오늘날 인쇄매체보다는 역사를 접하는 수단으로 영화, 드라마, 다큐멘터리로 몰려드는 경향이 있긴 하지만, 그래도 여전히 책을 선호하는 사람들이 있고 또한 교육적 효과 등을 거론하며 일선 학교나 가정에서 책을 권장하는 분위기이기 때문에 역사 소설은 꾸준히 읽히는 편이다. 더구나 대중의 입장에서 보았을 때 순수한 역사책은 아무래도 그 내용이나 형식에서 지루하다는 인상을 주기 쉽다. 연감이나 연대기 형식일 경우 내용상 딱딱하고 무미건조한 사건들의 나열로 느껴지고, 전문 역사서의 경우에는 비록 서사형식을 취하며 전개되더라도 주註나 참고문헌 등이 포함된 학술적 성격의 재미없는 글로 인식되기 때문이다. 이에 반해 역사 소설은 비록 역사에서 소재는 취하되 언제나 독자들의 상상력을 자극하거나 만족시켜주는 방향으로 이야기가 전개되기 때문에 대중에게 친근하게 다가갈 수 있다. 또한 18세기 전반기 스코틀랜드의 전통적 문화와 풍습을 실감나게 묘사한 『웨이벌리』를 통해 잘 알 수 있듯이, 역사 소설은 해당 시기와 공간에 대한 오늘날 대중의 '감성적' 역사 이해에 결정적으로 기여하는 측면이 있다. 결국 역사 소설은 역사와 대중 사이의 거리를 좁혀준다는 점에서, 더구나 이러한 역사의 대중적 소비가 때로는 단순한 소설 탐독을 넘어 전문 역사지식의 조사와 탐구로 이어질 수 있다는 점에서, 중요한 의미를 갖는다.

역사지식과 정보 전달 또한 역사 소설의 중요한 순기능이다. 나름대로 조사와 고증을 거쳐 정확한 역사적 사실을 토대로 펼쳐지는 몇몇 역사 소설은 역사지식의 습득 측면에서 한 권의 역사책 이상의 효과를 발휘한다. 심지어 역사적 사실에 대한 설명이나 묘사가 별로 눈에 띄지 않는 『다빈치 코드』 같은 역사추리소설들에서조차 '오푸스데이'나 '시온수도회' 같은 실존했거나 또는 실존했다고 추정되는 가톨릭 교파나 단체들에 얽힌 역사적 사실들이 펼쳐진다. 다시 말해 아무리 그 양이나 질이 부족하더라도 역사 소설 안에는 일정한 역사지식과 정보가 담겨 있기 마련이다. 그 점에서 역사 소설은 비록 역사책을 대체할 수는 없지만 보충하거나 보완하는 기능을 수행할 수 있다.

바로 이로부터 역사교육적 활용 가능성이라는 또 하나의 역사 소설의 중요한 순기능이 도출된다. 다시 말해 역사 소설은 역사교육의 수단 또는 보조 자료로서의 기능을 갖는다. 학교에서의 교육이 반드시 교과서로만 이루어지는 것이 아니라는 사실은 상식에 속한다. 교사들에게는 학생들이 해당 교과목의 관련 지식과 인식을 넓힐 수 있다고 판단되는 모든 자료들을 활용할 권리와 의무가 있다. 그 점에서 잘 쓴 역사 소설은 흥미와 지식이라는 이중의 교육적 효과를 유발하는 역사교육 자료로 활용가치가 높을 수밖에 없다.

이러한 교육적 기능을 학교의 틀에서 벗어나 일반 대중에게 확대해 적용했을 때, 역사 소설은 일반인들의 역사인식과 역사의식을 고취시키는 중요한 역할을 수행한다. 물론 이 같은 역할의 범위와 규모는 제한적일 수밖에 없는데, 왜냐하면 문학적 형식의 예술작품으로부터 사람들이 얻거나 기대하는 것은 재미와 즐거움이지 거창한 이념이나 의식이 아니기 때문이다. 그 점에서 보통 사람들이 한 권의 역사 소설을 읽고 얼마나 깊이 있는 역사인식과 의식을 형성해나갈지에 대해서는 의문의 여지가 많다. 만일 이와 관련해 역사 소설이 해줄 수 있는 것이 있다면, 그것은 원래 가지고 있던 역사인식이나 의식을 좀더 강화해주는 정도가 아닐까 한다.

지금까지 살펴본 역사 소설의 순기능들은 대체로 간접적이거나 부분적으로만 나타난다. 반면 역사 소설의 역기능은 그 파급효과, 즉 폐해가 직접적이고 심각할 수 있다는 점에서 좀더 세심한 접근이 요구된다. 물론 아래 살펴볼 역기능들이 아직은 '가능성'의 차원에 머물러 있긴 하지만 말이다.

가장 먼저 지적될 수 있는 것은 역사 소설상의 잘못된 역사적 사실이 실제 사실로 오인 또는 오해되어 정상적인 역사지식으로 수용될 가능성이다. 물론 '역사도 결국 허구'라는 포스트모던 역사학의 관점[5]이 학계 전반을 뒤흔들고 지나간 오늘날 이 같은 우려는 자칫 시대착오적인 기우에 불과한 것처럼 보일 수 있다. 더구나 대중의 교육수준이 과거보다 월등히 높아진 이 시대에 그러한 우려는 어쩌면 불필요한 노파심일지도 모른다. 그러나 문제는 역사 소설에서 자주 시도하는 역사적 사실의 과도한 문학적 포장 또는 과장된 허구에 있다. 즉 여기서의 문제는 역사를 '사실에 바탕을 둔 허구'로 보려는 포스트모던적 인식태도가 아니라 그것을 넘어서 문학에 의해 역사적 사실이 지나치게 꾸며지고 왜곡되어 이것이 독자들, 특히 역사의식이 희박하거나 역사지식이 짧은 독자들의 머릿속에 '정상 역사'로 강하게 박힐 수 있다는 데 있다. 잘못 세뇌된 역사상은 쉽게 지워지지 않을 뿐 아니라, 그것을 올바른 역사지식으로 바꾸어 재입력시키는 일이란 그 반대의 경우보다 더 어렵기 마련이다.

왜곡된 역사상의 무의식적 세뇌라는 역사 소설의 폐해는 단순히 개인적 차

---

5 헤이든 화이트Hayden White, 도미니크 라카프라Dominick LaCapra 등이 이러한 경향을 대표하는 학자들이다.

원에만 머물지 않는다. 만일 역사 소설이 민족의식이나 애국심 고취 등 편향된 이데올로기의 홍보, 확산, 교육 수단 등으로 이용될 때 그것의 폐단은 집단적, 사회적으로 나타날 수 있다. 이러한 현상은 반드시 정부나 관, 사회단체의 의도적 시행을 통하지 않더라도 많은 사람들의 광범위한 독서행위를 통해, 즉 해당 작품이 베스트셀러가 되었을 때 자연스럽게 이루어질 수 있다. 가령 자기 민족의 역사 중 자랑스럽게 내세우고 싶은 부분은 실제보다 부풀려지고 평범한 사실은 좋은 일처럼 미화되며 부끄러운 사실은 은폐되거나 왜곡되는 방식으로 서술되었을 때, 사람들은 자칫 무의식적으로 자기 나라의 역사에 대해 편협하고 그릇된 관점을 가질 수 있다. 이는 예술작품을 감상할 때 우리가 일반적으로 기대하는 '미학적 효과'와는 전혀 다른 '이념적 효과'에 해당한다. 채 200년이 안 된 역사 소설의 짧은 역사 속에서 지나치게 민족주의적 관점에서 쓴 통속적 역사 소설이 사람들에게 집단광기를 발휘하도록 만든 구체적 실증사례가 아직까지 발견되고 있지 않다는 점은 불행 중 다행이라 할 것이다.

역사 소설이 갖는 또 다른 중요한 역기능은 위에서 지적한 첫 번째 순기능인 '대중과 역사의 친숙도 강화'의 반대 측면이다. 역사 소설이 대중으로 하여금 소설을 통해서 역사에 쉽게 다가가도록 만든다는 것은 그만큼 대중을 '진정한 역사'로부터 더 멀어지도록 만든다는 것을 의미한다. 왜냐하면 역사를 알기 위해서든 그저 단순한 오락과 흥미를 위해서든 역사 소설을 읽는 사람들은 대체로 역사 소설만 찾게 되고, 역사책을 찾는 일은 점점 줄어들게 되며, 그런 일이 반복되다 보면 결국 역사로부터 소원해지기 때문이다. 오락매체의 중독성이 빚어낸 이러한 현상은 역사에 대한 대중적 관심을 유도하기 위해 쓴 역사 소설이 오히려 역사에 대한 관심과 흥미를 떨어뜨리거나 잃어버리도록 만드는 부메랑이 되어 우리에게 되돌아올 수 있다는 교훈을 준다.

4. 역사 소설에 대한 역사이론적 비판

이 같은 역사 소설의 폐해들은 사실상 독자가 해당 작품을 단순한 읽을거리를 넘어 소설 이상의 그 어떤 것으로 받아들일 때 발생한다. 특히 앞서 언급했듯이 독자의 역사지식이나 역사의식이 낮을 때 그 폐해는 더욱더 심각해질 수 있다. 이제 우리는 역사 소설의 일반적 문제점들의 근본적인 원인과 이유에 해당하는, 역사이론적 차원에서의 문제들을 검토해야 할 시점에 이르렀다.

먼저 역사인식의 문제이다. 다른 말로 하면 역사 소설에서 소재로 삼고 있는 역사가 과연 객관적인가, 만일 객관적이라면 얼마만큼 객관적일 수 있고 또 객관적이어야 하는가의 문제이다. 가령 『앙리 4세』를 예로 들어보자. 이 작품은 역사적 사실을 문학적으로 충실히 재현한 것으로 정평이 높은데, 그럼에도 불구하고 나중에 앙리 4세가 될 11살의 어린 앙리와 그가 훗날 프랑스의 왕이 될 것임을 예언하는 노스트라다무스와의 기이한 만남, 카트린 드 메디시스Catherine de Médicis(당시 프랑스 왕 샤를 9세의 어머니)에 의한 잔 달브레Jeanne d'Albret(앙리 4세의 어머니)의 독살 등 역사상 기록이 전혀 없거나 불확실한 내용을 역사적 사실로 둔갑시켜 묘사한다. 역사서술과 역사 소설은 이같이 선험적 요청에서 근본적인 차이를 보인다. 우리가 역사서술로부터 기대하는 것이 객관적 사실이라면, 대중문화의 한 장르로서 역사 소설에서 기대하는 것, 그리고 역사 소설이 궁극적으로 지향하는 것은 역사의 객관성이 아니라 독자의 재미와 흥미이다. 대중에게 흥미와 자극을 준다는 것은 결국 작가가 역사적 사실을 상상력을 동원해 대중의 기호에 맞도록 바꾸어야 함을 의미한다. 이는 소설가의 입장에서는 '각색'이 되겠지만, 역사가의 입장에서는 '왜곡'이 된다. 다시 말해 역사왜곡은 역사 소설의 필수불가결한 구성요소인 셈이다. 여기서 왜곡이란 사실 내용을 뒤바꾸는 것은 물론, 없는 사실을 만들거나 논란이 되는 부분을 기정사실화하는 모든 시도를 포함한다. 그 점에서 역사 소설에서 역사의 객관성 여부 문제는 논의 자체가 성립되지 않는다. 역사의 객관적 인식을 목표로 하는 역사인식론의 관점에서 역사 소설이 왜 문제가 되며 올바른 역사인식에 도움이 되기는커녕 왜 방해요소가 되는지는 이로써 분명해진다.

다음은 역사판단의 문제이다. 여기서도 역사인식에서 제기됐던 동일한 문제가 반복된다. 만일 하나의 동일한 역사적 사실이 이야기 형식으로 꾸며진다고 했을 때, 그것이 역사책과 역사 소설에서 갖는 서사구조는 다를 수밖에 없다. 그 이유는 방금 지적했듯이, 두 장르가 지향하는 바가 각각 지식습득이라는 학문적 욕구 충족과 즐거움이라는 미학적 욕구 충족으로 갈리기 때문이다. 그래서 똑같은 역사적 사실을 접했을 때 역사가는 대체로 객관적이고 공정한 관점을 취하려고 노력하지만, 소설가는 자기 작품의 소재와 내용, 플롯 등에 맞춰 주관적이고 편향된 입장을 갖는다. 물론 카E. H. Carr가 지적했듯이, 역사가들도 역사적 사실에 대해 상당히 많은 주관적 판단과 해석을 내리곤 한다.[6] 그러나 역사가의 주관적 판단과 해석은 어디까지나 객관적 사실에 대한 것으로만 한정되지, 실제로는 없었던 사실 또는 밝혀지지 않은 사실까지 대상으로 삼지는 않는다. 반면 역사적 사실에 대한 소설가의 주관적 판단과 해석은 궁극적으로 언어예술적 형식을 갖춘 새로운 서사구조와 이야기 창출에 그 목적이 있다. 다시 『앙리 4세』의 예를 살펴보자. 가톨릭 세력과 위그노 세력 사이의 종교동란에 임박해 자기 어머니를 죽인 여인의 딸과 결혼해야 하는 잔혹한 운명에 맞선 주인공에 대해 "벌써 인생의 위험들과 싸우고 있는 이 젊은 왕자를 보라. 인생의 위험이란 죽임을 당하고 배반을 당하는 데

6 E. H. 카 지음 · 김택현 옮김, 『역사란 무엇인가』, 까치, 1999, 15~50쪽.

있지만, 그러나 또한 우리의 동경 뒤에도, 심지어는 우리의 숭고한 꿈 뒤에도 숨어 있다. 물론 그는 이 모든 위험을 통과한다" 와 같은 작가의 감정이입[7]은 역사를 대하는 소설가의 태도가 이야기의 서사구조에 맞추어 얼마나 주관적으로 변해가는지를 단적으로 보여주는 좋은 사례이다. 역사인식론에서와 마찬가지로 역사판단론의 관점에서도 역사 소설이 역사적 사실에 대한 공정한 판단과 해석에 도움이 되기는커녕 오히려 방해요소만 될 수 있음은 두말할 여지가 없다.

역사방법의 영역에서도 역사 소설의 문제점은 적나라하게 드러난다. 역사가는 역사적 · 비판적 방법을 거쳐 나름대로 진실한 또는 진실하다고 믿는 역사를 만들어내지만, 소설가는 대체로 미리 짜여진 각본에 맞추어 자료들을 수집하고 이것들을 어떠한 여과장치 없이 그대로 이용하거나 필요한 경우에 문학적 상상력을 동원해서라도 흥미진진한 이야기로 가공된 역사를 만들어낸다. 요컨대 역사 소설에서는 역사학에서 객관적 역사 사실의 확인과 획득을 위해 필수적으로 행해지는 '사료비판' 이라는 학문적 방법이 이용되지 않을 뿐 아니라 당연히 요구되지도 않는다.

소설가들이 자신의 작품을 쓰기 위해 자료를 수집하거나 증언을 채록하는 일은, 역사학에서처럼 정확한 역사적 사실을 확보하기 위해서라기보다 작품을 자기 입맛에 맞게 구상하거나 내용을 극적으로 전개시켜나가는 데 필요한 정보들을 모으기 위해서이다. 따라서 사료비판을 거친 무미건조하지만 진실한 역사와, 문학적 상상력에 근거한 흥미진진하지만 허구적인 역사 사이에는 결코 메워지지 않고 영원히 메워질 수도 없는 간극이 존재한다. 역사 소설에서 다루는 역사를 역사방법, 특히 사료비판의 관점에서 의혹의 눈초리로 바

---

7 하인리히 만 지음 · 김경연 옮김, 『앙리 4세』 제1권(전 3권), 미래 M&B, 1999, 189쪽.

라볼 수밖에 없는 이유가 바로 여기에 있다.[8]

역사이론적 측면에서 마지막으로 논의되어야 할 부분이 바로 표현, 즉 문체의 문제이다. 역사서술에서의 문체와 역사 소설에서의 문체는 둘 다 이야기체의 서사구조를 갖는다는 공통점에도 불구하고 자세히 들여다보면 많은 차이들이 존재한다는 것을 알 수 있다. 너무 광범위하고 논쟁의 여지가 많은 이 문제에 대해서는 좀더 세분화된 접근이 요구된다.

먼저 역사서술은, 각주와 참고문헌이 달린 학술적 성격의 글이든, 단순한 개설서 수준의 글이든, 심지어 청소년들을 위해 쉽게 이야기 형식으로 쓴 글이든 간에, 대체로 객관적 사실 전달에 목적을 둔, 그러다 보니 글 흐름의 기복이나 기승전결 등을 찾아보기 어려운 단순 나열식 전개방식을 취한다. "역사가는 본래 어떠했는가를 그대로 보여줘야 한다"는 랑케의 유명한 문구가 있기 이전에 이미 헤겔도 자신의 미학 강의에서 역사가는 "자기 앞에 무엇이 놓여져 있고 그것이 어떻게 놓여져 있는지를, 달리 해석하거나 시적으로 형상화하는 일이 없이 이야기해야erzählen" 한다고 주장한다.[9] "이야기해야" 한다는 이 주장으로써 헤겔도 역사의 표현양식을 '서사'로 인정하고 있는 셈이다. 또한 헤겔이나 랑케의 주장들로 미루어 우리는 역사의 서술양식 안에

8 사료 얘기가 나온 김에 한마디만 더 언급하자면, 역사 소설가의 입장에서 보았을 때 역사란 작품의 소재이자 자료가 되겠지만, 반대로 역사가의 입장에서 보았을 때 역사 소설은 다른 문학장르와 마찬가지로 단지 하나의 사료에 불과하다. 다른 문헌 자료들과 마찬가지로 하나의 문학작품은 역사연구의 아주 훌륭한 사료가 되기 때문이다. 이 점에서 역사와 역사 소설은 일반적 관점에서 보면 상보적인 관계에 있을지 모르지만, 역사학 방법론의 입장에서 보면 역사 소설이 역사에 포함되는 종속관계를 이룬다. 이로 미루어 역사 소설이 일반 역사가의 관점에서는 역사로 오해될 수 있는 여지가 많아 비판적일지 모르지만, 역사이론가의 입장에서는 오히려 역사연구의 대상이자 사료로서 중요하고 유용한 가치를 지닌다는 점이 아울러 지적되어야 할 것이다.

9 Georg, W. F. Hegel, "Vorlesungen über die Ästhetik III", G. W. F. Hegel, *Werke*, vol.15, Frankfurt a. M.: Suhrkamp, 1986, p.260.

단순히 이야기를 풀어내는 '서사'의 방식을 넘어서 객관적 실재의 연관관계를 드러내 보여주는 데 필수적으로 요구되는 양식, 즉 '설명'의 서술모드가 전제되어 있음을 알 수 있다. 이미 그리스 역사가 투키디데스부터 시작된 '서사'와 '설명'의 독특한 결합태로서의 역사서술 양식에 대한 기술적 요청 문제는 문학과 구별되는 역사의 또 다른 변별점으로서 오늘날까지 변함없이 유지되어오고 있다. 그래서 현대의 분석철학자 아서 단토Arthur C. Danto는 아예 역사서술에서 "서사는 사건을 묘사하는 동시에 설명한다"고 주장하기에 이른다.[10] 이 점은 역사가들의 용어 선택과 사용에도 직접적으로 영향을 미친다. 어휘 선택이나 선택된 어휘들의 배열에서 역사가는 자신이 어떤 이념적인 입장을 갖고 있든 간에 되도록 극단적인 모습을 피하고 객관적이거나 가치중립적인 태도를 취하려고 노력한다. 설령 만에 하나 극단적인 이념적 주장을 하더라도 대체로 역사가는 그 주장에 실증적인 자료를 들이댐으로써 최소한의 객관성을 담보한다.

반면 역사 소설에서는 사건의 극적인 전개, 즉 복선, 클라이맥스, 반전, 감동적 결말 등을 보여주기 위해 '서사'를 기본으로 한 문학적, 예술적 문체가 주류를 이룬다. 여기에 '설명'을 비롯한 여타의 서술양식이 끼어들 여지는 별로 없어 보인다. 또한 소설가는 가상의 인물을 설정해 자신의 이념이나 가치들을 그 인물들로 하여금 거침없이 쏟아내게 하고, 필요하다면 자극적이고 극단적인 용어와 표현도 서슴지 않는다. 가령 『웨이벌리』에서 길필란이라는 작중인물이 장로교 목사에 대해 "가증스런 국가만능주의자거나 모호한 주교제도 지지자로군요. 사악한 면죄부를 찬성하는 자 말입네다. 짖을 줄 모르는 벙어리 개 중 하나지요. 그들은 감각도 없고 풍미도 없고 삶도 없는 부조화스

10 Arthur C. Danto, *Analytical Philosophy of History*, New York: Cambridge University Press, 1965, p.141.

런 공포와 덜커덕거리는 안락함에 대해 설교를 합니다" 라고 하면서 장로교를 비판한 대목[11]은 그 좋은 예이다. 역사 소설가가 이러는 이유는 자신의 이념을 간접적으로 표현하려는 의도 때문인 경우도 있지만, 그보다는 자신의 작품이 스스로 극적인 또는 예술적인 효과를 발휘하도록 하기 위해서이다. 이러한 문체나 표현을 활용해 소설가는 역사적 사실을 실제 그렇지 않았는데도 그랬던 것처럼 꾸미거나 과장할 가능성이 크다. 이것은 결국 책에 몰입하는 독자들의 가치판단을 흐리게 하고, 편향적이거나 잘못된 생각을 갖게 하며, 경우에 따라서는 지나치게 민족주의적, 쇼비니즘적 관점을 갖게 함으로써 타민족이나 타 국가에 대해 적대적인 태도를 갖게 만들 수도 있다. 미학적 요소라는 최소한의 포장마저 제거된 저급한 역사 소설은 한 국가나 민족의 이념을 전파하는 단순한 역사선전물로 전락하기 쉽다.

거듭 반복되는 얘기가 되겠지만, 역사서술과 역사 소설이 보이는 이러한 모든 차이들은 결국 양자의 의도하는 바, 또는 지향하는 바의 차이에서 비롯된다. 역사서술이 실재實在에 바탕을 두면서 객관적 사실 전달에 근본 목적과 궁극적 가치를 둔다면, 역사 소설은 비록 역사적 사실을 재료로 이용하지만, 그 재료들을 상상력에 기반을 둔 예술작품으로 승화시키면서 미학적 감동 창출에 최종 목표를 둔다. 전자가 실재와 기록의 영역이라면, 후자는 가능성과 표현의 영역이다. 전자가 실제 있었던 과거 또는 있었던 것으로 믿어지는 과거의 세계라면, 후자는 실제 있었던 과거와 있었음직한 과거가 뒤섞인 상상의 세계이다. 한마디로 전자가 사실의 세계라면, 후자는 허구의 세계이다.

11 월터 스콧 지음 · 윤후남 옮김, 『웨이벌리』, 현대지성사, 2005, 339쪽.

5. 에필로그—바람직한 역사의 문학적 형상화를 위한 제언

만일 역사가 '진실을 추구하는 허구'(폴 벤느Paul Veyne)이고, 문학이 '허구를 통한 진실의 추구'(아리스토텔레스)라면, 역사와 문학은 날줄과 씨줄로 엮여 있는 셈이다. 역사와 문학이 많건 적건 허구를 담고 있고, 그 둘이 또 어떤 식으로든 진실을 추구한다면, 역사와 문학은 서로를 멀리할 이유가 없다. 이러한 상생의 한 근대적 형식이 역사 소설이었지만, 유감스럽게도 그것은 적어도 '역사이론적 차원에서' 실패한 프로젝트로 드러났다. 이제 역사학적 입장에서 양자가 서로에게 도움을 줘서 윈윈win-win할 수 있는, 그럼으로써 나아가 시너지 효과를 낼 수 있는 새로운 대안을 모색해보는 것도 나름대로 유익한 일이 될 것이다. 구체적으로 말하자면, 이 작업은 어떻게 하면 실제 역사를 문학적으로 잘 형상화해서 누구나 손쉽게 역사를 접하고 미학적인 감흥을 만끽하면서도 역사를 올바로 이해하는 궁극적인 목표에 도달할 수 있을까, 하는 방법을 모색하는 일이다. 문학의 역사화가 아닌 역사의 문학화가 될 이 작업은 어쩌면 역사와 문학의 경계를 허물어야 하고, 필요하다면 소설가와 역사가가 서로 돕는 예학藝學협력의 길로 나아가야 할지 모른다. 이 같은 새로운 역사의 문학적 형상화라는 대안 모색을 역사가와 소설가 두 입장에서 각각 살펴보기로 하자.

먼저 역사가의 입장이다. 만일 역사라는 것이 폴 리쾨르Paul Ricœur의 주장처럼 '서사' 그 자체로서 인간경험의 일회성을 극복하는 주요방법들 중 하나라면,[12] 어차피 역사도 소설과 크게 다를 바 없다. 그러나 역사를 소설처럼 쓰는 역사가는 없다. 가끔씩 그런 시도를 하는 역사가가 전혀 없는 것은 아니

12 폴 리쾨르 지음 · 김한식, 이경래 옮김, 『시간과 이야기』 전 3권, 문학과지성사, 2004.

지만, 대부분 매번 참패를 당한다. 최근 우리나라에서도 동일한 소재를 가지고 소설가와 역사가가 거의 동시에 책을 냈지만 결과는 너무도 뻔했다. 소설가의 책과 달리 역사가의 책이 출판시장에서 거의 주목받지 못하는 이유는 무엇일까? 역사가들은 왜 대중에게 파고들지 못할까? 이는 아마도 역사가들이 대중적 글쓰기에 실패했기 때문일 것이다. 역사가들은 이러한 비극적 현실을 단순히 소설책과 역사책의 차이 문제로 환원시켜 이해하는 안이한 태도를 버리고 과연 대중적 글쓰기라는 것이 무엇이고 그것이 왜, 어떻게 필요한지에 대해 진지하게 고민해봐야 할 것이다. 랑케 이래 역사가들은 너무도 오랫동안 학문이라는 이름의 화려한 독방에 갇혀 외롭게 지내왔다. 엄격한 사료비판, 정확한 증거 제시, 난해하고 딱딱한 학술적인 용어와 어휘 사용, 각주나 후주 달기, 참고문헌 제시 등 하나같이 대중의 취향과는 거리가 먼 글쓰기를 통해 잘못된 자족과 자만에 빠져 살아왔던 것이다. 그 점에서 역사서술의 학문화는 오히려 역사서술의 다양성을 방해해왔다. 다시 말해 역사학이 제도화되면서, 그리고 역사연구와 서술의 전범이 만들어지면서 강화된 역사서술 양식의 고정화, 폐쇄화는 곧 다양한 역사 글쓰기의 억압과 저해로 이어졌다. 이는 역사를 일반 대중에게 널리 보급하고 알리는 문제뿐 아니라 올바른 역사인식과 제대로 된 역사의식을 고취시키는 데에도 별로 도움이 되지 못한다. 왜냐하면 역사가들의 역사 안에는 학술적으로 틀 지어진 일정한 형식의 내용들만 담겨 있기 때문이다. 그 안에서는 다양한 역사인식이 펼쳐지기가 힘들다. 심한 경우 진정한 역사인식과 의식이 방해받을 수도 있다. 역사에서 문학성을 수용해서 장려하고 활용해야 할 이유가 바로 여기에 있다. 더구나 역사의 대중화가 그 어느 때보다 중요시되는 오늘날, 역사의 문학성 회복은 더 이상 역사가의 선택이 아닌 필수 항목이 되었다. 이제 역사가들이 어두운 독방에서 뛰쳐나와 새로운 문학적 또는 대중적 글쓰기를 시도할 시간이

도래했다. '언어로의 전환', '서사의 부활' 등의 모토들이 말해주듯 주변 환경도 많이 달라졌다. 성공한 역사 소설들이 반증하듯 역사가들이 부드럽게만 다가간다면 독자들은 언제라도 손짓할 준비가 되어 있다.

소설가도 마찬가지이다. 역사가들이 상아탑 안에만 갇혀 지내왔다면, 소설가들은 너무 규제 없는 자유로운 삶을 살아왔다. 다시 말해 지금까지 역사 소설가들은 작품의 소재로 이용하는 역사적 사실에 대한 진위 여부에 그다지 관심이 없었고, 또한 없던 새로운 역사적 사실을 만들어내는 데 특별한 제약도 받지 않았다. 물론 역사 소설이 역사를 있는 그대로 재현할 의무와 필요는 없지만, 그렇다고 가공의 시대와 공간 또는 인물들을 무수히 창조함으로써 역사를 무한정 변형해도 되는지, 그러한 종류의 소설도 역사 소설로 부를 수 있을지는 의문이다. 개인적 바람으로, 이제는 역사 소설의 범주 안에 실제 역사적 사실에만 입각해 글을 구성하고, 조금이라도 확실치 않은 부분은 주註든 그 외의 특별한 표식으로 역사적 사실에 입각하지 않았음을 명시하면서 글을 전개하는 새로운 장르의 역사 소설, 만일 이 표현에 어폐가 있다면, '역사서사'가 창작되었으면 한다. 이런 종류의 글들이 아동이나 청소년을 위한 책으로 이미 출판시장에 나와 있지만, 일반 성인들을 겨냥해서는 아직까지 활성화되어 있지 않은 듯하다. 소설가들이 각별히 신경 써서 노력해야 할 부분이 아닌가 한다.

이처럼 역사가와 소설가들이 각자의 영역에서 서로의 장점을 받아들여 대중의 흥미를 끌면서도 동시에 올바른 역사지식을 전달하기 위해 협력해나간다면 대중을 향한 올바른 역사 보급에 이것보다 멋진 만남도 없을 것이다.

| 한국사 시민강좌 제42집 |

(2008년 2월 발간 예정)

■ **특집—역사상 한국인의 해외 견문록**

혜초, 『왕오천축국전』 | **곽승훈**

이승휴, 『빈왕록』 | **변동명**

신숙주, 『해동제국기』 | **손승철**

최부, 『표해록』 | **박원호**

강항, 『간양록』 | **하우봉**

신유한, 『해유록』 | **이혜순**

박지원, 『열하일기』 | **김명호**

민종묵 등, 「조사시찰단보고서」 | **허동현**

민영환, 『해천추범』 | **조재곤**

현순, 『포와유람기』 | **한규무**

■ **한국의 역사가**

이수광 | **신병주**

■ **나의 책을 말한다**

『요동사』 | **김한규**

■ **역사의 진실을 찾아서** | **오영섭**

■ **한국사학에 바란다** | **송하춘**

■ **역사학 산책**

조선시대 한국인의 외국관 | **고병익**

개화기에 서양인은 한국을 어떻게 보았는가? | **정연태**

한국사 시민강좌

연2회 발행

제 1 집 ~ 제 21 집 특집 주제

제 1 집 • **특집** — 植民主義史觀 批判

제 2 집 • **특집** — 古朝鮮의 諸問題

제 3 집 • **특집** — 廣開土王陵碑

제 4 집 • **특집** — 世界 속의 韓國思想

제 5 집 • **특집** — 韓國史上의 分裂과 統一

제 6 집 • **특집** — 農民과 國家權力

제 7 집 • **특집** — 開化期 自主와 外壓의 갈등

제 8 집 • **특집** — 高麗의 武人政權

제 9 집 • **특집** — 朝鮮 후기의 商工業

제 10 집 • **특집** — 韓國史上의 理想社會論

제 11 집 • **특집** — 任那日本府說 批判

제 12 집 • **특집** — 解放政局

제 13 집 • **특집** — 변혁기의 帝王들

제 14 집 • **특집** — 한국의 風水地理說

제 15 집 • **특집** — 韓國史上의 女性

제 16 집 • **특집** — 조선시대의 科學技術

제 17 집 • **특집** — 해방 직후 新國家 構想들

제 18 집 • **특집** — 한국 大學의 역사

제 19 집 • **특집** — 日本의 大韓帝國 침탈의 不法性

제 20 집 • **특집** — 韓國史學, 무엇이 문제인가

제 21 집 • **특집** — 오늘의 북한 역사학

제 22 집 ~ 제 42 집 특집 주제

제 22 집 • **특집** — 부정축재의 사회사

제 23 집 • **특집** — 한국의 문화유산, 왜 자랑스러운가

제 24 집 • **특집** — 족보가 말하는 한국사

제 25 집 • **특집** — 20세기 한국을 움직인 10대 사상

제 26 집 • **특집** — 역사적으로 본 한국의 오늘과 내일

제 27 집 • **특집** — 단군, 그는 누구인가

제 28 집 • **특집** — 한국인의 해외 이주, 그 애환의 역사

제 29 집 • **특집** — 양반문화의 재평가

제 30 집 • **특집** — 정신적 유산을 남긴 사람들

제 31 집 • **특집** — 실패한 정치가들

제 32 집 • **특집** — 한국인의 기원

제 33 집 • **특집** — 한국사에서의 보수 · 진보 읽기

제 34 집 • **특집** — 한국을 사랑한 서양인

제 35 집 • **특집** — 고려의 멸망과 조선의 건국

제 36 집 • **특집** — 국운을 좌우한 외교정책

제 37 집 • **특집** — 책의 문화사

제 38 집 • **특집** — 대한민국 건국사의 새로운 이해

제 39 집 • **특집** — 고려사회 속의 인간과 생활

제 40 집 • **특집** — 한국사의 15개 대쟁점

제 41 집 • **특집** — 역사와 소설, 드라마

제 42 집 • **특집** — 역사상 한국인의 해외 견문록

한국사 시민강좌 2007년 제2호 〈제41집〉

2007년 8월 20일 1판 1쇄 발행
2008년 3월 20일 1판 2쇄 발행

편집인 『한국사 시민강좌』 편집위원회
발행인 김 시 연

발행처 (주) 일 조 각
서울특별시 종로구 신문로2가 1-335
전화 (02)733-5430~1(영업부), (02)734-3545(편집부)
팩스 (02)738-5857(영업부), (02)735-9994(편집부)
www.ilchokak.co.kr
등록 1953년 9월 3일 제300-1953-1호(구 : 제1-298호)

ISBN 978-89-337-0524-7 03900
ISSN 1227-349X-41

값 9,000 원